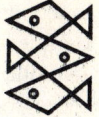

Innere und äußere Isolation ist in unserer Zeit weit verbreitet. Sie kann jeden treffen: ob als Grundgefühl, indem wir uns unverstanden fühlen, oder ausgelöst durch äußere Umstände wie Trennung, Umzug oder Tod eines nahestehenden Menschen. Isoliert fühlen wir uns auch meist, wenn wir den richtigen Partner noch nicht gefunden haben, in einer frustrierenden Beziehung leben oder selbst im Freundeskreis nicht wagen, uns offen zu zeigen.

Wie auch immer: Wir sehnen uns danach, diesen Zustand zu beenden und zu anderen Menschen einen wirklich befriedigenden Kontakt zu finden. Nur stehen wir uns dabei oft selbst im Wege. Erfahrungen, die bis in die Kindheit reichen, hindern ebenso wie die aktuelle Angst, zurückgewiesen oder verletzt zu werden. Und häufig fehlt auch das praktische Know-how, um Kontakte zu knüpfen.

Eva Wlodarek geht davon aus, daß mangelnder Kontakt und das Gefühl von Einsamkeit kein Schicksal sind und es jeder selbst in der Hand hat, seine Isolation zu beenden. Sie zeigt, wie man die Ursachen erkennt und behebt, den eigenen Anteil entdeckt und neues Verhalten erlernt. Durch Selbsterkenntnis, konkrete Ziele und aktives Handeln läßt sich jede innere und äußere Isolation überwinden.

Eva Wlodarek, geboren 1947, studierte Germanistik, Philosophie und Psychologie. Als Diplom-Psychologin promovierte sie über das Thema ›Glücklichsein‹. Seit 1979 führt sie in Hamburg eine psychologische Praxis mit dem Schwerpunkt Beratung bei persönlichen und beruflichen Problemen. Gleichzeitig schreibt sie Artikel, hält Seminare und Vorträge. 1997 veröffentlichte sie im Krüger Verlag ihr äußerst erfolgreiches Buch ›Mich übersieht keiner mehr. Größere Ausstrahlung gewinnen‹ (auch als Fischer Taschenbuch, Bd. 14 458) und im Frühjahr 2001 ihr neuestes Buch ›Spielregeln des Lebens – für mehr Glück und Erfolg‹. Außerdem erschien im Fischer Taschenbuch Verlag ihr Ratgeber »Den richtigen Mann finden. Sechs Schritte zur passenden Partnerschaft« (Bd. 14 080).

Unsere Adresse im Internet: www.fischer-tb.de

Eva Wlodarek

Jetzt geh ich's an

Besseren Kontakt zu sich und anderen finden

Fischer
Taschenbuch
Verlag

Veröffentlicht im Fischer Taschenbuch Verlag GmbH,
Frankfurt am Main, Mai 2001

Lizenzausgabe mit Genehmigung des
Krüger Verlages, Frankfurt am Main
© Wolfgang Krüger Verlag GmbH, Frankfurt am Main 1999
Druck und Bindung: Clausen & Bosse, Leck
Printed in Germany
ISBN 3-596-15066-3

Inhalt

Vorwort

Wo wünschen Sie sich besseren Kontakt? Vielleicht sieht es bei Ihnen so aus: Sie liegen an einem heißen Sommertag im Schwimmbad allein auf Ihrem Handtuch, um Sie herum Cliquen und schmusende Paare. Oder Sie kommen abends gestreßt vom Job nach Hause, schließen die Haustür auf, und nur Ihre Katze freut sich, daß Sie da sind. Vielleicht hocken Sie auch an einem verregneten Sonntag in Ihrem Appartement und warten, daß das Wochenende endlich vorübergeht. Lieber lesen Sie Liebesromane oder hängen vorm Fernseher, als daß Sie schon wieder solo ins Museum oder ins Kino gehen. Im Urlaubshotel sitzen Sie zwischen Familien und verliebten Pärchen am Frühstückstisch. Sylvester umarmen Sie halbherzig einige nette Menschen, schauen in den Himmel und hoffen, daß sich im neuen Jahr endlich etwas ändert.

Es kann aber auch ganz anders aussehen: Sie treffen regelmäßig Ihre Freunde, haben genug Jubel, Trubel, Heiterkeit um die Ohren, und trotzdem fühlen Sie sich innerlich traurig und leer.

Vielleicht könnten Sie jede Menge Leute um sich haben, aber Sie wollen niemand sehen. Weil ja doch keiner versteht, daß Sie immer noch an Ihrer alten Beziehung hängen oder wie sehr Sie der Tod Ihres Vaters niederdrückt.

Möglich ist auch, daß Sie mit Ihrem Partner oder Ihrer Partnerin abends nebeneinander im Bett liegen und sich dennoch wie auf einem fremden Stern fühlen – keine Zärtlichkeit, schon lange kein richtiges Gespräch mehr.

Wie immer Ihre Situation auch aussehen mag, mir liegt es am Herzen, Ihnen einen Weg zu zeigen, auf dem Sie sicher zu gutem

Kontakt finden. Der erste Schritt ist der, sich ehrlich einzugestehen: Ich bin einsam. Von diesem Ausgangspunkt können Sie erfolgreich weitergehen. Sie dürfen mir glauben, daß sich der Weg, den ich Ihnen vorschlage, bewährt hat. Schließlich habe ich ihn jahrelang gründlich erkundet. Zunächst einmal, indem ich meine eigenen Strecken der Einsamkeit bewältigen mußte, und dann in meiner Praxis an der Seite von Klienten, die mir ihr Vertrauen schenkten. Auf diese Weise habe ich unterschiedliche Arten von Einsamkeit kennengelernt. Ich habe erfahren, wie weh es tut, mutterseelenallein in einer fremden Stadt zu sein, einen geliebten Menschen durch den Tod zu verlieren, unter einer Trennung zu leiden, keinen passenden Partner zu finden oder in einer Beziehung die Einsamkeit zu zweit zu erleben. Ich kenne das Gefühl der Verlassenheit, das scheinbar keine konkrete Ursache hat und oft als »Weltschmerz« abgetan wird. Fremd in einer Gruppe zu sein, nicht verstanden zu werden, keine Freunde zu haben, plötzlich allein dazustehen – auch diese Facetten der Einsamkeit sind mir vertraut.

Inzwischen bin ich fest davon überzeugt: Einsamkeit ist kein unentrinnbares Schicksal. Ich behaupte nicht, daß wir sie in *jedem* Fall aus eigener Kraft überwinden können. Mir ist durchaus bewußt, daß es tiefliegende Ursachen für das Einsamkeitsgefühl gibt, die ohne professionelle Hilfe kaum aufzulösen sind. Wir fühlen es meist selbst tief in unserem Innern, ob wir es alleine schaffen können. Vielleicht sind wir es inzwischen auch einfach leid, alles selbst herauszufinden zu müssen und kürzen den Weg mit einem kompetenten Gegenüber ab.

Oft genug jedoch ließe sich die Einsamkeit durchaus in Eigeninitiative beheben. Wir stecken nur deshalb fest, weil uns niemand zeigt, wie wir Kontakt finden können. Mit mehr psychologischem und praktischem Know-how sind wir durchaus in der Lage, uns selbst zu befreien.

Wenn Sie beschließen, Ihre gegenwärtige Situation aktiv anzugehen und besseren Kontakt zu finden, dann haben Sie die besten Chancen auf Erfolg, indem Sie

- die wahren Ursachen Ihrer Einsamkeit erkennen.
- wissen, wie Sie Ihre innere Einstellung ändern können.
- erfahren, welche konkreten Schritte Sie tun müssen.

Dieses umfassende Wissen möchte ich Ihnen an die Hand geben. Es ist für Männer und Frauen gleichermaßen geeignet. Dabei ist es mein tiefer Wunsch, daß Sie Nutzen daraus ziehen und daß es Ihr Leben verändert. Dieses Buch soll aber nicht nur ein sachlicher Ratgeber sein. Ich möchte damit auch eine Verbindung zu Ihnen herstellen, Sie trösten und Ihnen Mut machen. Ich bin sicher, Sie werden es schaffen, wieder glücklich zu sein. Sie werden Ihr Herz öffnen und Menschen finden, die Sie lieben.

Manchmal geschieht das Wunder, daß ein kleiner Anstoß genügt, doch meist verändern wir uns nicht von heute auf morgen. Wenn Sie Ihre Einsamkeit überwinden und guten Kontakt herstellen wollen, brauchen Sie vor allem Beharrlichkeit, um innere und äußere Gewohnheiten abzulegen, und Mut, um Ihre Ängste zu überwinden und Neues zu wagen. Dabei sind Sie ab jetzt nicht mehr allein. Stellen Sie sich vor, daß wir auf Ihrem Weg nebeneinander gehen.

Den Weg sollen Sie so gehen, wie es für Sie am besten ist. Deshalb möchte ich Ihnen gerne noch Hinweise geben, auf welche Weise Sie die Wegbeschreibung, die Sie jetzt in der Hand halten, anwenden können:

- *Sie gehen systematisch vor.*

Die einzelnen Schritte bauen aufeinander auf. Wenn Sie grundlegend etwas verändern möchten, arbeiten Sie sich Kapitel für Kapitel vor. Im Selbststudium gehen Sie die Übungen durch, lernen sich dadurch besser kennen und verändern sich.

- *Sie nutzen gezielt die für Sie passenden Strecken.*

Jeder Schritt ist in sich abgeschlossen. Sie können sich deshalb die einzelnen Kapitel auch unabhängig voneinander vornehmen. Suchen Sie sich aus, wo Sie anfangen möchten.

- *Sie lassen sich anregen.*

Möglicherweise ist es Ihnen zu aufwendig, die zahlreichen Übungen durchzuführen. Auch wenn Sie die Beispiele und psychologischen Hinweise einfach nur lesen, werden Sie Ihre »Aha«-Erlebnisse haben.

In diesem Buch finden Sie viele Beispiele von Männern und Frauen, die in ihrem Leben vermutlich einen ähnlichen Weg gegangen sind wie Sie. Ihre Erfahrungen können Ihnen helfen, manches besser zu verstehen. Selbstverständlich habe ich die persönlichen Daten so verändert, daß eine Identifizierung ausgeschlossen ist. Ich möchte denjenigen, mit denen ich ein kleines oder großes Stück des Weges gehen durfte, an dieser Stelle von Herzen danken.

Einführung

Was Einsamkeit ist, bestimmen Sie. Niemand kann von außen beurteilen, ob Sie einsam sind – höchstens, ob Sie im Augenblick *allein* sind. Einsamkeit können wir nur ganz persönlich empfinden. Und ich bin sicher, niemand braucht Ihnen den Unterschied zwischen Alleinsein und Einsamkeit zu erklären. Sie fühlen ihn.

Alleinsein tut gut – Einsamkeit tut weh

Daß wir allein sind, kommt immer mal wieder für längere oder kürzere Zeit vor. Solche Phasen kennen Sie garantiert auch. Nach einem Umzug in eine andere Stadt etwa. Die Freunde sind weit weg, die neuen Nachbarn noch unbekannt. Oder wenn Sie schlapp mit einer Grippe im Bett liegen. Oder wenn Sie daheim sitzen und eisern für eine Prüfung lernen müssen. Alleinsein bildet den Kontrast zum Umgang mit anderen. Es ist zwar nicht immer angenehm, gibt uns aber die Chance, uns zu erholen, zu besinnen oder etwas konzentriert zu schaffen. Sofern wir uns diesen Zustand selbst aussuchen, ist er sogar wohltuend. Der Modedesigner Karl Lagerfeld beschrieb vor kurzem in einem Fernsehinterview, wie sehr er es genießt, sich am Wochenende in seine vier Wände zurückzuziehen. Dann hört er Musik, liest, zeichnet und denkt nach. In seiner Klausur hebt er nicht mal den Telefonhörer ab.
Einsamkeit dagegen fühlt sich völlig anders an. Es gibt kaum et-

was, das so weh tut. Wenn wir einsam sind, fühlen wir uns zutiefst verloren. Am besten läßt sich das in Bildern beschreiben: Wir fühlen uns wie ein verlassenes Kind. Wir stecken in einem tiefen, schwarzen Loch. Wir sitzen in einem Gefängnis, aus dem es keinen Ausweg gibt. Gleichzeitig denken wir: Keiner liebt mich. Keinem bin ich wirklich wichtig. Nichts macht mir Freude.

Dieses Empfinden ist zunächst einmal unabhängig davon, ob Menschen um uns herum sind oder nicht. Einsamkeit als Grundgefühl kann auch quälen, wenn wir einen Partner, Familie oder einen großen Bekanntenkreis haben.

Meist jedoch entsteht Einsamkeit, wenn wir tatsächlich zuwenig Kontakt haben. Besonders schmerzlich empfinden wir das, sobald wir uns mit anderen vergleichen. Es gibt klassische Situationen, in denen wir besonders deutlich spüren, wie einsam wir sind, etwa an Festtagen wie Weihnachten oder im Sommer, wenn sich alle Welt draußen trifft. Stephan Schäfer, Mitarbeiter der Zeitschrift »Allegra«[1], hat in München im Englischen Garten junge Männer und Frauen angesprochen, die zwischen lauter Paaren und Grüppchen alleine auf der Wiese lagen. Er wollte von ihnen wissen, wie sie sich gerade fühlen. Martina, eine fünfundzwanzigjährige Studentin, antwortete ganz direkt: »Beschissen. Überall sieht man verliebte Pärchen. Da wird man wahnsinnig neidisch und fühlt sich noch einsamer, als man ohnehin schon ist. Ich wünsche mir auch einen Mann, der mir den Rücken eincremt.« Simon, 28, gab zu: »Ich fühle mich einsam. Alle Leute planschen gemeinsam im Wasser rum und haben Spaß. Nur ich stehe hier allein rum.«

All the lonely people

Es ist nur ein schwacher Trost, daß die Zahl der Einsamen riesengroß ist und sogar wächst. Der »Stern« hat eine Umfrage gemacht[2] und herausgefunden: Jeder vierte Deutsche fühlt sich

»vom Leben ausgeschlossen« – übrigens eine sehr treffende Beschreibung für Einsamkeit. Petra Schnitt, die Autorin der Untersuchung, stellt fest: »Einsame sind keine einheitliche Gruppe.« Einsamkeit betrifft sämtliche Altersstufen und Gesellschaftsschichten: das dicke Kind, mit dem keiner spielen will; den Jugendlichen, der stundenlang vor seinem Computer hockt, weil ihn die Clique nicht akzeptiert; die in einer stummen Beziehung verharrende Ehefrau; den arbeitssüchtigen Kollegen und die zänkische Nachbarin. Erfolgreiche Karrierefrauen und Manager zählen ebenso dazu wie Arbeitslose, Leute mit viel und mit wenig Geld, Alleinerziehende und Singles. Einsamkeit kann also jeden von uns treffen.

Warum outen wir uns nicht?

Wenn es schon so viele einsame Menschen gibt, dann könnten sie doch einfach offen sagen, wie es um sie steht, und sich zusammentun, oder? Genau das funktioniert nicht. Niemals hätte ich in meinen einsamen Phasen zugegeben, daß ich einsam bin. Mit erhobenem Haupt bin ich ins Kino gegangen oder scheinbar lässig mit einem Taschenbuch in die Kneipe. Neugierigen Fragen, was ich denn so am Wochenende mache, bin ich geschickt ausgewichen. Warum dieses Versteckspiel?

Einsamkeit ist peinlich

Wir geben unsere Einsamkeit nicht zu, weil wir uns dafür schämen. Offiziell haben wir keinen Grund, uns minderwertig zu fühlen. Soziologen bestätigen, daß Einsamkeit typisch für unsere Zeit ist, und belegen das mit Begriffen wie »Single-Gesellschaft« oder »individualisierte Gesellschaft«. Daß wir beruflich mobil sein müssen und die Scheidungsrate steigt, sind nur zwei der immer wieder genannten allgemeinen Ursachen. Psychologen sprechen außerdem von der »narzißtischen Gesellschaft« und verkünden, daß der Trend zum Egotrip allgemein wächst.

Das klingt ja alles schön wissenschaftlich und erklärt auch einiges, entlastet uns aber nicht wirklich. Unsere Einsamkeit erscheint uns weiterhin als persönlicher Makel, nach dem Motto »Wenn du einsam bist, dann muß ja etwas mit dir nicht stimmen. Vielleicht bist du langweilig oder unsozial, nicht bindungsfähig, neurotisch oder einfach nicht attraktiv genug.« Auch wenn wir nicht an unserer Einsamkeit schuld sind und uns niemand Versagen vorwirft, reicht es schon aus, daß wir solche Gedanken bei anderen vermuten. Wir denken ja selbst, es müsse an uns selbst liegen. Warum sonst schaffen es denn alle anderen, zu zweit zu sein oder gute Freunde zu haben?

Mit dieser Einstellung beginnt ein Teufelskreis: Je mehr wir unsere Einsamkeit verbergen wollen, desto schlimmer wird sie.

Einsamkeit dringt aus allen Poren

Linda, eine neununddreißigjährige Journalistin, ist es satt, alleine zu leben. Sie sehnt sich nach einem Partner. Aber sie schafft es einfach nicht, einen Mann länger an sich zu binden. Nach ein, zwei Verabredungen melden sich die Männer nicht mehr. »Ich versteh das nicht«, beschwert sich Linda. »Ich habe mich doch ganz locker gegeben. Kein Wort davon, daß ich nicht mehr allein sein will.« Trotzdem spüren die potentiellen Partner offenbar, wie verzweifelt Linda auf der Suche ist. Sie ergreifen die Flucht.

Was passieren kann, wenn wir einen Partner oder eine Partnerin suchen, läuft auch ab, wenn wir uns allgemein nach Kontakt sehnen. Obwohl wir uns bemühen, unsere Einsamkeit zu kaschieren, dringt sie uns doch aus allen Poren. Möglicherweise reagieren wir zu intensiv auf oberflächliche Angebote. Wir zeigen uns zu kompromißbereit und setzen zu wenig Grenzen, um bloß nicht länger einsam zu sein. Wir sind lieb und angepaßt und hoffen, damit Gegenliebe zu gewinnen. Oder wir sind inzwischen mißtrauisch geworden, verhalten uns arrogant, kühl und kritisch, um ja nicht verletzt zu werden. Mit solchen Verhaltensweisen verschrecken wir die anderen und verfestigen unsere Einsamkeit mehr und mehr.

Das klingt ziemlich deprimierend, nicht wahr? Stimmt, wenn wir tatsächlich an diesem Punkt stehenbleiben, ist es das auch. Aber wer sagt denn, daß wir warten müssen, bis sich die äußeren Umstände wandeln oder ein Wunder geschieht?

Der Status quo ist nicht festgeschrieben

Wenn Sie einsam sind, müssen Sie es nicht bleiben – vorausgesetzt, Sie sind bereit, sich zu verändern. Der Preis dafür ist zugegeben ziemlich hoch. Indem wir versuchen, unsere Einsamkeit zu überwinden, berührt das den Kern unserer Persönlichkeit: Wir müssen uns unseren Ängsten und Bequemlichkeiten stellen. Wir müssen immer wieder entscheiden, ob wir ein Risiko eingehen wollen. Last but not least ist es nötig, konsequent zu sein. Es bringt wenig, wenn man nur mal kurz testet, ob sich etwas verändern läßt, und dann wieder aufgibt.

Entscheiden Sie sich jetzt

Ich frage Sie also ganz ernsthaft: Sind Sie bereit, Ihre Einsamkeit aufzugeben? In Grimms Märchen machen sich die Bremer Stadtmusikanten trotz Furcht und Schwierigkeiten auf den Weg ins Ungewisse, weil ihre gegenwärtige Lage unhaltbar ist. Sie motivieren sich gegenseitig mit dem Satz: »Etwas Besseres als den Tod finden wir allemal.« Wenn Sie Ihre Einsamkeit wirklich gründlich satt haben, sind Sie genau in der richtigen Verfassung, um zu neuen Ufern aufzubrechen. Sie gewinnen dadurch die Energie, etwas zu verändern.

Schauen Sie nicht mehr zurück. Sagen Sie entschieden: »Jetzt ist Schluß mit der Einsamkeit.« Das ist der erste und wichtigste Schritt auf dem Weg hinaus.

Kapitel 1

Wie wir lernen, einsam zu sein

Angenommen, ich bitte Sie, mir zu sagen, warum Sie einsam sind. Was antworten Sie? Wahrscheinlich nennen Sie überzeugende Gründe: Sie sind gerade in eine andere Stadt gezogen und kennen keinen Menschen. Oder: Ihre Clique hat sich in alle Welt verstreut. Oder: Die Männer, die Ihnen gefallen, sind alle verheiratet. Oder: Sie und Ihr Partner haben sich auseinandergelebt. Oder: Ihr Beruf verlangt so viel Engagement, daß Sie für ein Privatleben keine Zeit haben.

Äußere Bedingungen sind der Auslöser

Ich weiß wohl, daß die äußeren Bedingungen ihr gutes Teil dazu beitragen, daß wir uns einsam fühlen.
Mit zweiundzwanzig Jahren machte ich nach meinem ersten Studium das Referendariat als Lehrerin am Gymnasium. Dazu schickte mich die Schulbehörde für zwei Jahre in einen kleinen Ort, in dem es außer einem Supermarkt, einer Dorfkneipe und einem Friseur nichts gab. Abgeschnitten von sämtlichen Bekannten und fünfhundert Kilometer von meinem Freund entfernt, saß ich da mutterseelenallein. Die Kollegen in der Schule waren alle älter und hatten ihre eigenen Interessen. Meine unmittelbare Umgebung war auch nicht sonderlich anheimelnd. Ich wohnte zur Untermiete und verbrachte meine Abende damit, zu lesen oder deprimiert wahlweise auf die Blümchentapete oder das Ölgemälde mit den röhrenden Hirschen zu schauen.

Mein Referendarsgehalt und die Freizeit reichten nicht aus, um mir häufig Fahrten zu meinen Freunden oder in die nächste Großstadt zu erlauben.

Wenn Sie mich damals gefragt hätten, warum ich einsam bin, dann hätte ich geantwortet: »Warum wohl! Weil ich in diesem öden Dorf sitze!«

Die eigentlichen Gründe liegen tiefer

Gewiß, äußere Gründe können eine auslösende Rolle spielen, doch die eigentliche Ursache liegt oft tiefer. Einsamkeit ist schließlich kein objektiver Tatbestand, sonst müßten ja alle Menschen unter den gleichen Bedingungen einsam sein. Einsamkeit ist ein subjektives Gefühl. Unsere Art, auf das zu reagieren, was uns begegnet, entscheidet darüber, ob wir uns einsam fühlen oder nicht, und auch darüber, wie schnell wir die Einsamkeit durchbrechen können. Damit sind es nicht allein die ungünstigen Umstände oder ein schweres Schicksal, das uns einsam macht. Es gibt immer auch psychische Gründe, die zu unserer Einsamkeit beitragen. Der holländische Psychologie-Professor Bernard Lievegoed drückt das so aus: »Das Schicksal kommt von innen.«[3]

Innere Voraussetzungen spielen für die Einsamkeit eine Rolle

Ob unsere Lebensbedingungen uns einsam machen oder nicht, hängt nicht zuletzt von unserer Grundeinstellung, der Meinung über uns selbst und unserem Vertrauen in andere Menschen ab. Eine Rolle spielt ebenfalls, wie aktiv wir sind, ob wir uns Hilfe holen können oder wie kontaktfreudig wir sind.

Wir bringen schon bei der Geburt bestimmte Anlagen mit, die

sich darauf auswirken, etwa unsere speziellen Begabungen, unser Temperament und unsere körperliche Ausstattung. Doch den größten Teil unseres Verhaltens und unserer Einstellung lernen wir in der Kindheit und Jugend.

Deshalb möchte ich mit Ihnen gerne einen Blick in die Vergangenheit werfen, bevor wir uns konkret mit den äußeren Situationen und ihrer Bewältigung befassen.

Wir werden nicht einsam geboren – wir werden einsam gemacht

Stellen Sie sich vor, Sie wachsen unter idealen Bedingungen auf:

Sie werden schlicht und einfach so geliebt, wie Sie sind. Man findet Sie in jedem Fall schön und intelligent. Wenn Sie etwas sagen, hört man Ihnen aufmerksam zu. Sollten Sie Kummer haben, werden Sie getröstet, und falls Sie etwas Neues ausprobieren möchten, verhält sich Ihre Umgebung tolerant und unterstützend. Zeit und Zuwendung gibt es jede Menge. Aber Sie können sich auch zurückziehen, wenn Sie das wollen. Ihre Individualität wird nicht nur respektiert, sondern sogar begrüßt und gefördert. Auf die Menschen um Sie herum können Sie sich verlassen.

Unter diesen Voraussetzungen hätten Sie beste Chancen, auch später als erwachsener Mensch nicht einsam zu sein. Warum? Ihr Selbstbewußtsein ist dann groß genug, um mit Mut und Initiative die äußeren Gegebenheiten so zu bestimmen, daß Sie sich wohl fühlen. Sie haben keine Angst, sich anderen zu öffnen, und können deshalb leicht Kontakte knüpfen oder Freundschaften schließen. Ihr Urvertrauen verhindert, daß Sie sich mißtrauisch abkapseln. Doch die Verhältnisse, sie sind nicht so. Aus der Traum! Wer von uns ist schon in so einem psychischen Schlaraffenland groß geworden? Wir können zufrieden sein, wenn unsere Eltern, Lehrer und Freunde uns wenigstens einen Teil der eben beschriebenen positiven Voraussetzungen vermittelt haben. Je weniger das der Fall war, desto schlechter stehen die Chancen für ein Leben ohne Einsamkeitsgefühle. Durch ungünstige Bedingungen in unserer Umgebung wird Einsamkeit verursacht oder zumindest gefördert. Je früher diese auf uns einwirken, desto ungeschützter sind wir ihnen ausgesetzt, und desto mehr prägen sie uns.

Als Kinder sind wir für Eindrücke besonders offen

In den ersten Lebensjahren sind wir noch ganz direkt mit unseren Gefühlen verbunden. Der Psychologe Henry Ebel belegt das mit einem kleinen, einleuchtenden Beispiel. Sagen Sie einem Dreijährigen: »Ja, ich weiß, daß ich dir versprochen habe, heute mit dir in den Zoo zu gehen, aber leider klappt das nicht.« Der Dreijährige wird in Tränen ausbrechen. Teilen Sie dagegen einem Kollegen mit, daß eine für ihn wichtige Besprechung leider ausfällt, dann hat er seine Enttäuschung höchstwahrscheinlich unter Kontrolle.[4]

Dieser unmittelbare Zugang zu unseren Gefühlen macht uns als Kinder ungeheuer verletzlich. Er führt dazu, daß wir sämtliche Eindrücke ungefiltert aufnehmen. Uns fehlt die Möglichkeit, sie zu relativieren. Deshalb wirken sie besonders stark. Ich erinnere mich noch sehr genau an ein Erlebnis, das ich als Vierjährige hatte: Meine Großmutter hatte mir eine Puppe mit einem Porzellankopf geschenkt, die ich heiß und innig liebte. Als ich ihr eines Tages ein anderes Kleid anziehen wollte, rutschte sie mir aus der Hand. Der Kopf zerbrach in tausend Stücke. Ich habe unglaublich geweint und so getrauert, als ob ein lieber Mensch gestorben wäre. Da nutzte es gar nichts, daß die Erwachsenen beschwichtigend sagten: »Es ist doch nur eine Puppe.«

Innere Katastrophen in der Kindheit

In jungen Jahren haben wir noch wenig Lebenserfahrung und wissen kaum etwas über die Ursachen dessen, was uns begegnet. Wir müssen notwendigerweise glauben, was man uns sagt, und für bare Münze nehmen, was wir erleben.

Wenn uns als Kind niemand die Zusammenhänge erläutert oder wir noch nicht in der Lage sind, sie zu verstehen, interpretieren wir sie so, wie es uns auf unserem Entwicklungsstand möglich ist, nämlich ganz einfach und geradlinig. Wir beziehen negative Erfahrungen direkt auf uns und entwickeln daraus meist unbewußt ein entsprechendes Bild von der Welt, anderen Menschen und uns selbst.

Auf der Suche nach den Ursachen für aktuelle Einsamkeitsgefühle bin ich in der Psychotherapie zusammen mit meinen Klientinnen und Klienten oft auf tiefsitzende schmerzliche Erinnerungen aus der Kindheit gestoßen. Erlebnisse, die für Erwachsene zwar leidvoll, aber nicht unüberwindbar gewesen wären, hatten auf das kleine Mädchen oder den kleinen Jungen eine verheerende Wirkung: Ihr Vertrauen in eine liebevolle, beschützende Umwelt und ihr Selbstwertgefühl wurden nachhaltig beschädigt. Negative Bedingungen, besonders in frühen Jahren, führen dazu, daß wir die Welt als einen Ort der seelischen oder körperlichen Leiden betrachten. Wir fühlen uns verlassen oder getäuscht. Diese Erfahrung gräbt sich ein und bestimmt möglicherweise im Unterbewußtsein unser weiteres Leben.

Traumatische Situationen hinterlassen ihre Spuren

Am tiefsten sitzen Erlebnisse, die uns in einer Zeit zustoßen, bevor wir sprechen können. Etwa wenn ein Kind zu früh geboren wurde und seine erste Lebenszeit im Krankenhaus verbringt. Schlimm ist es auch, wenn ein Säugling die Mutter entbehren muß, Schmerzen leidet, in einer kalten, gewalttätigen Atmosphäre oder mit Ablehnung aufwächst.

Ein Klient von mir wurde mit einem Hüftleiden geboren. Schon als Säugling wurde er operiert und über Monate in ein Gipsbett gesteckt. Im Laufe der folgenden zwei Jahre mußte er noch mehrmals ins Krankenhaus. Seine Mutter erzählte ihm, daß er nach den Aufenthalten dort immer ganz verstört gewesen sei.

Es kommt auch häufiger vor, als man denkt, daß eine Mutter nach der Geburt ihres Kindes eine Depression bekommt. Sie fühlt sich nicht in der Lage, ihr Kind anzunehmen. Ein Säugling spürt über den Körper sehr genau, ob er liebevoll angenommen wird. Oft reagiert er auf die Ablehnung der Mutter, indem er die Nahrung verweigert.

Der Psychoanalytiker Heinz Kohut, ein Spezialist für frühe Störungen, sieht das Problem einer frühen Störung besonders darin: »Derartige primäre Zustände können nie durch verbalisierte Erinnerungen zurückgerufen werden wie etwa Traumata, die nach dem Spracherwerb aufgetreten sind.«[5] Er beschreibt die Folgen früher Störungen als eine namenlose Depression und einen Zustand innerer Lähmung, der uns ein Leben lang begleiten und sich als innere Einsamkeit zeigen kann.

Doch auch spätere dramatische Ereignisse wie der Tod eines nahen Angehörigen, Trennung der Eltern, Umzug, Krankheit, Mißbrauch, Kriegserlebnisse können die Wurzel für Kontaktprobleme sein.

Haben Sie früh einen geliebten Menschen verloren?

Als Kinder haben wir keine Vorstellung vom Tod. Wir glauben, daß Papa, Mama, Oma, Opa und alle anderen, die wir lieben, ewig leben. Werden wir in jungen Jahren plötzlich mit dem Sterben konfrontiert, hinterläßt das meist einen tiefen Schock. Ich denke an ein Mädchen, das erst acht Jahre alt war, als seine

Mutter an Krebs starb. Niemand hatte das Kind auf den Tod vorbereitet. Plötzlich war Mama nicht mehr da. Nach der Beerdigung wurde nicht über den Verlust gesprochen. Nur hinter der vorgehaltenen Hand bedauerte man »das arme Kind« und warf ihm mitleidige Blicke zu. Das Leben ging weiter, das Mädchen blieb mit seiner Trauer allein.

Die Scheidung der Eltern kann sich auf ein Kind emotional ähnlich wie ein Todesfall auswirken. Häufig ist ein Elternteil so gekränkt, daß er jedes mögliche Zusammmentreffen mit dem anderen entweder verhindert oder – soweit er es notgedrungen zulassen muß – mit bitteren Worten und psychischem Druck auf das Kind begleitet und so die Beziehung zerstört.

Vielleicht haben Sie durch ein ähnliches Erlebnis zu früh erfahren, wie vergänglich Bindungen sind. Das kann dazu führen, daß Sie sich nie mehr richtig auf einen Menschen einlassen. Selbst wenn Sie heute einen Partner oder eine Familie haben, halten Sie unbewußt ein Stück von Ihrem Herzen zurück. Sicher ist sicher.

Waren Sie Grausamkeiten ausgeliefert?

Seelische und körperliche Gewalt in der Kindheit lehrt uns, daß wir schutzlos sind. Meist müssen wir unser Leiden sogar noch als Familiengeheimnis bewahren und dürfen es niemandem anvertrauen. Keiner darf von dem sexuellen Mißbrauch, den Schlägen oder den psychischen Quälereien erfahren.

In einem Seminar bewegte uns alle die Geschichte von Britta. Ihre Eltern waren Anhänger einer Sekte. Musik, Tanzen, Fernsehen, Make-up und auffällige Kleidung waren den Mitgliedern strikt verboten. Darüber hinaus entwickelte der autoritäre Führer ständig neue Regeln. So hatte er überraschend angeordnet, daß auch Blumen und Haustiere nicht mehr erlaubt seien. Als die zwölfjährige Britta eines Tages aus der Schule kam, hatten die Eltern ohne Vorwarnung ihren liebsten Spielgefährten, den kleinen Terrier »Blacky«, in ein Tierheim gegeben und ihre selbst gezogenen Pflanzen in den Abfall geworfen.

Als ebenso sadistisch empfand ich, was Karl als Junge erlebt hat. Sein Vater, ein ehrgeiziger Richter, holte ihn fast jede Nacht aus dem Schlaf, ließ ihn strammstehen und lateinische Grammatikregeln aufsagen. Sobald er zögerte, gab es Schläge.

Wenn Sie körperlichen oder seelischen Grausamkeiten ausgesetzt waren, kann sich eine verborgene Angst vor anderen Menschen entwickeln. Sie schließen dann mit sich selbst den unbewußten oder sogar bewußten Pakt, daß Sie alles dafür tun werden, nie wieder in Ihrem Leben so ausgeliefert zu sein.

Haben Sie die Welt als unsicheren Ort erlebt?

Als Kinder brauchen wir Stabilität. Wir müssen uns auf die Menschen unserer Umgebung verlassen können. Vor allem unsere Eltern sollten uns Schutz und eine gewisse Gleichmäßigkeit bieten. Das gilt sowohl für die äußere als auch für die emotionale Sicherheit. Doch oft genug ist beides nicht gegeben.

Besonders gravierend erlebte ich das bei einem Klienten, dessen Vater Alkoholiker war. In nüchternem Zustand war der Vater ein umgänglicher Mann, doch sobald er ein paar Flaschen Bier getrunken hatte, wurde er unberechenbar. Mal jammerte er voller Selbstmitleid, wie übel ihm doch das Leben mitspielte, mal beschimpfte er seinen Sohn höhnisch als Versager. Die Mutter beklagte sich zwar, war aber zu schwach, um sich gegen ihren Mann durchzusetzen.

Ähnliche Unsicherheiten erlebte eine Klientin, deren Mutter unter Depressionen litt und ständig mit Selbstmord drohte. Mehrmals mußte die Tochter mit ansehen, wie ihre Mutter gerade auf der Bahre in den Notarztwagen getragen wurde, als sie aus der Schule kam.

Auch scheinbar harmlose Begebenheiten wie häufige Umzüge können sich auswirken. Der Vater einer Freundin von mir war Offizier der Bundeswehr. Bei jeder beruflichen Versetzung mußte die Familie umziehen. Bis zu ihrem zehnten Lebensjahr hatte meine Freundin mit ihren Eltern fünfmal den Wohnort gewechselt. Das bedeutete jedesmal Abschied von Schulkameradinnen, Einleben in ein neues Umfeld. Sie hatte keine Gelegenheit, wirklich Wurzeln zu schlagen.

Wenn wir als Kinder eine unsichere Welt erleben, schließen wir daraus, daß wir völlig auf uns selbst angewiesen sind. Wir verlernen, uns anderen anzuvertrauen oder uns Hilfe zu suchen. Wir entwickeln unsere tüchtige, selbständige Seite und bauen damit einen emotionalen Schutzwall um uns auf.

Sind Sie überfordert worden?

Falls Sie in der Gegenwart Mühe haben, sich auf andere einzulassen, kann das auch daran liegen, daß Sie als Kind überlastet wurden. Sie mußten Leistungen bringen, die Ihrem Alter einfach nicht angemessen waren. Ich habe tatsächlich schon gehört, daß ein sechsjähriges Mädchen regelmäßig für seine beiden kleineren Geschwister kochen mußte. Besonders Kinder mit kranken Eltern oder einem behinderten Geschwister werden oft intensiv in deren Betreuung einbezogen, müssen zuviel Verständnis zeigen und verlieren auf diese Weise ihre Unbeschwertheit.

Ein Kollege erzählte mir von seiner Kindheit. Sein jüngerer Bruder war Epileptiker. Die Eltern konzentrierten sich ganz auf das kranke Kind, während er für alles selbst verantwortlich war. Mit zehn Jahren mußte er sich sogar alleine fürs Gymnasium anmelden. Ich konnte mich sehr gut in ihn einfühlen. Ich war dreizehn Jahre alt, als meine Schwester Silke zur Welt kam. Sie war mongoloid. Keine Frage, daß ich meine Eltern voll unterstützte. Zwischen den Schularbeiten und der Aufgabe, auf meine geistig und körperlich behinderte Schwester aufzupassen, gab es für mich nicht mehr viel von dem, womit sich Teenager normalerweise beschäftigen.

Überfordert wird ein Kind auch dann, wenn ein Elternteil es zum Vertrauten macht. Wo sich die Verhältnisse zwischen Eltern und Kindern umkehren, wo das Kind den Vater oder die Mutter stützen und beschützen muß, ist es überlastet. So mußte sich die kleine Doris schon mit vier Jahren anhören, welche Probleme ihre Mutter mit ihrem unzuverlässigen Vater hatte. Der zehnjährige Walter war gezwungen, nach der Scheidung der Eltern bei seinem Vater das Unterhaltsgeld einzutreiben, weil seine Mutter sich dazu nicht in der Lage fühlte.

Kinder, die überfordert wurden, durften nicht nein sagen. Sie wurden früh zur Solidarität verpflichtet und lernten: »Einen anderen Menschen lieben heißt sich selbst aufgeben.«

Wenn Sie ein überfordertes Kind waren, dann ist es nur zu verständlich, daß Sie sich heute nicht mehr einlassen möchten. Das könnte ja bedeuten, daß man Sie wieder bis an die Grenze Ihrer Belastbarkeit benutzt.

Wurden Sie innerlich vergiftet?

Die meisten Eltern sagen gelegentlich etwas Abwertendes zu ihren Kindern. Wenn mein Sohn Felix zum x-ten Mal seine Mütze in der Schule liegenläßt, dann fauche ich auch schon mal entnervt: »Du bist wirklich total schlampig!« Gelegentliche Ausrutscher sind noch nicht grundsätzlich als verbale Mißhandlung einzuordnen, auch wenn es selbstverständlich besser wäre, sie zu lassen. Anders ist es, wenn ein Kind permanenten Demütigungen ausgesetzt ist. Die amerikanische Psychotherapeutin Susan Forward sagt es in ihrem Buch »Vergiftete Kindheit« ganz deutlich: »Es stellt eine Mißhandlung dar, wenn man ein Kind häufig wegen seines Aussehens, seiner Intelligenz, Kompetenz und seines Wertes als Menschwesen angreift.«[6]

Dabei ist es gleich, ob es sich um direkte oder versteckte Gifte handelt. Offen giftige Angriffe bezeichnen das Kind direkt als dumm, wertlos oder häßlich.

Jedesmal, wenn Giselas Mutter Streit mit ihrem Mann hatte, bekam Gisela wütend zu hören: »Wenn du nicht gewesen wärst, dann hätte ich deinen Vater nie geheiratet.« Die Mutter sparte auch nicht die Geschichte aus, wie sie versucht hatte, Gisela mit heißen Senfbädern abzutreiben.

Günthers Vater übertrug seine eigenen Minderwertigkeitsgefühle auf seinen Sohn. Oft schleuderte er ihm ins Gesicht: »Du bist für mich ein Nichts!«

Lisa wurde in der Pubertät von ihrem Vater ständig wegen ihres Aussehens gekränkt. Ihre Beine nannte er »Saustecken« und ihr Gesicht »Pfannkuchen«.

Genauso schlimm ist die indirekte Form der verbalen Mißhandlung, ein verstecktes Gift. Sie ist außerdem noch besonders perfide, weil sich die giftige Absicht hinter scheinbarem Humor verbirgt. Das Kind wird mit Ironie, subtilen Abwertungen und beleidigenden Spitznamen gequält. Susan Forward beschreibt als Beispiel dafür die Geschichte von Phil, einem gutaussehenden, erfolgreichen Mann. Phil kam in ihre Praxis, weil er unter seiner starken inneren Isolation litt. Es stellte sich heraus, daß sein Vater ihn als Kind ständig gehänselt hatte. So sagte er etwa zu Phils Geschwistern: »Dieses Kind kann nicht von uns sein, seht euch nur sein Gesicht an. Ich wette, man hat ihn im Krankenhaus vertauscht. Warum bringen wir ihn nicht zurück und suchen das richtige Baby?« Da war Phil erst sechs Jahre alt und dachte wirklich, man würde ihn von zu Hause wegbringen.[7]

In die gleiche Richtung gehen Bemerkungen wie: »Das ist aber eine schöne Jacke ... für einen Clown.« Oder: »Als Gott den Verstand verteilte, hast du wohl in der letzten Reihe gestanden.« Zu dieser Art der Abwertung gehört auch, daß die Gefühle des Kindes lächerlich gemacht oder geleugnet werden. Sobald es auf die giftige Botschaft ängstlich oder traurig reagiert, tun die Erwachsenen so, als sei das völlig absurd. Als Phil allen Mut zusammennahm und versuchte, seinen Vater wegen der Hänseleien zur Rede zu stellen, beschuldigte der ihn, keinen Spaß zu verstehen.

Manche Eltern mißhandeln auch unter dem Deckmantel guter Ratschläge. Sie rechtfertigen ihre herabsetzenden Bemerkungen, indem sie sie rationalisieren: »Ich versuche doch nur, dir zu helfen, ein besserer Mensch zu werden.« Oder: »Die Welt ist hart, und wir bringen dir bei, damit klarzukommen.« Für ein Kind ist es besonders schwer, hinter dieser pädagogischen Maske die Destruktivität zu erkennen. Der englische Kinderbuchautor Clemens Freud hat solche Doppelbotschaften in seinem Buch »Grimpel« dargestellt. Besonders deutlich werden sie in einer Szene, die vordergründig komisch ist, bei der einem jedoch das Lachen im Halse steckenbleibt: Grimpel, von seinen Eltern mal wieder allein gelassen, hat Hunger und sucht etwas zu essen. Schließlich findet er in einer Dose einen einzigen Keks. Auf dem steht mit grüner Tinte: »Lieber Grimpel, iß diesen Keks nicht, denn grüne Tinte schadet dir.« [8]

Direkte und indirekte Abwertungen wirken wie Gift auf unsere Seele und verunsichern uns zutiefst. Wir lernen, daß wir ungewollt und nicht liebenswert sind. Also verkriechen wir uns mißtrauisch in ein emotionales Schneckenhaus.

Hatten Ihre Eltern keine Zeit?

Im Zusammenhang mit einer tiefsitzenden Einsamkeit taucht auch immer wieder die traurige Formel auf: »Meine Eltern hatten nie Zeit für mich.«

Ich weiß aus eigener Erfahrung, wie schmerzhaft es für ein Kind ist, wenn Eltern keine Zeit haben. Mein Vater war als junger Pastor in seiner großen Gemeinde sehr engagiert und mit seinen seelsorgerischen Pflichten voll ausgelastet. Von der Frau des Pastors erwartete man damals selbstverständlich, daß sie an der Seite ihres Mannes diese Aktivitäten engagiert unterstützte. Und vom Kind des Pastors erwartete man, daß es keine Probleme machte. Das tat ich denn auch nicht. Mit ein paar Buntstiften und später mit Büchern konnte man mich unbesorgt stundenlang allein lassen.

Mit der Erfahrung, daß die Eltern keine Zeit haben, befinde ich mich in bester Gesellschaft mit all denjenigen, deren Eltern berufstätig waren. Besonders Kinder von Geschäftsleuten erzählen, daß das Geschäft und die Kunden immer vorgingen. Wenn sie Glück hatten, kümmerte sich wenigstens eine Haushälterin um sie. Meistens waren sie jedoch sich selbst überlassen. Kein Wunder, daß sich auf die Dauer der Gedanke einstellte: »Ich bin nicht wichtig.«

Zeigten Ihre Eltern kein Interesse?

Mangelnde Zeit ist keineswegs der einzige Faktor, der uns glauben macht, daß wir nicht zählen. Schließlich kommt es auch darauf an, wie die Zeit genutzt wird. Manche Kinder hatten den Vorteil, daß ihre Mutter nicht berufstätig war und daß sogar der Vater regelmäßig am Familienleben teilnahm. Zeit war also für sie genug da. Trotzdem ging es ihnen nicht besser als denen, die viel allein gelassen wurden, weil ihre Eltern nicht wirklich an ihnen interessiert waren. Was sie beschäftigte, war unwichtig. Sie hatten dem Wunschbild der Eltern zu entsprechen und zu funktionieren.

Im kleinen zeigte sich das elterliche Desinteresse meist in Ungeduld. Manchen Eltern war es einfach lästig, sich intensiv mit ihrem Kind zu beschäftigen.

Rike malte gerne. Wenn sie ihrer Mutter ein neues Bild zeigte, sagte die nach einem flüchtigen Blick: »Hübsch, mein Schatz« und wandte sich wieder ihrer Beschäftigung zu.

Boris wollte seinem Vater dabei helfen, ein Regal aufzubauen, und reichte ihm nicht auf Anhieb den richtigen Schraubenschlüssel. Der Vater winkte entnervt ab: »Laß mal, ich mach das lieber selbst, das geht schneller.«

Die emotionale Übersetzung lautet: »Du interessierst mich nicht.« Wenn Sie das nicht nur gelegentlich, sondern immer wieder erlebt haben, glauben Sie am Ende selbst, nicht zu genügen.

Noch gravierender zeigt sich der Mangel an echtem Interesse, wenn Eltern das Verhalten ihres Kindes nach ihren Vorstellungen formen wollen.

Lillis Mutter kam nicht damit zurecht, daß ihre Tochter ein lebhaftes kleines Mädchen war. Sie selbst war ein introvertierter Typ, der gerne las und musisch begabt war. Sie akzeptierte nicht, daß ihre Tochter kein Buch in die Hand nahm, lieber draußen herumtobte und mit kaputten Knien nach Hause kam. Immer wieder bestrafte sie Lilli und zwang ihr ihre Vorstellung von einem braven Mädchen auf.

In meiner Praxis saßen auch schon zahlreiche Menschen, die durch den Willen ihrer Eltern in falsche Berufe gedrängt worden waren. Sie hatten durchaus Erfolg als Rechtsanwälte, Ärzte oder Bankangestellte, fühlten sich aber unglücklich. Inzwischen bereitete es ihnen große Mühe, die eigenen Neigungen überhaupt noch zu erkennen oder den Mut zu finden, sie umzusetzen.

Es ist schwer, sich zu akzeptieren, wenn man als Kind erfahren mußte: »Du bist nicht richtig.« Zurück bleibt das anstrengende Gefühl, anderen immer etwas vorspielen zu müssen. Nur allein darf man sich so geben, wie man wirklich ist.

Hatten Sie als Kind ein körperliches Handicap?

Ich mag das Foto, das ein Fotograf von meiner Einschulung gemacht hat. Ein munteres sechsjähriges Mädchen lacht mich darauf an, mit wachem Blick, neugierig auf die Schule. Gleichzeitig werde ich traurig. Denn auf dem Bild ist auch deutlich zu sehen, was mich meine ganze Kindheit lang bis zum zwölften Lebensjahr belastet hat: Ich schiele, mein linkes Auge rutscht deutlich zur Nase. Mit vier Jahren wurde ich das erste Mal operiert, ohne Erfolg. Erst später gelang es, die Augen gerade zu richten. Bis dahin hatte ich erlebt, was Kinder mit einer körperlichen Beeinträchtigung erwartet. Die Umgebung kann ziemlich grausam sein. Es war an der Tagesordnung, mich mit »Schielauge« und »Brillenschlange« zu hänseln. Auch daß Kinder mit einem Defizit häufig aus der Gruppe ausgeschlossen werden, bekam ich zu spüren. Ich erinnere mich noch schmerzlich an einen Kindergeburtstag, an dem die kleinen Mädchen kichernd von innen die Türe abschlossen und mich draußen stehenließen.

Mich haben diese Erfahrungen in meinem Beruf als Therapeutin für Menschen sensibilisiert, deren Wurzeln ihrer Einsamkeit in einem Handicap liegen. Etwa für den Unternehmer, der als Kind ständig wegen seiner abstehenden Ohren aufgezogen wurde. »Da kommt Dumbo angeflogen« war noch einer der netten Scherze. Dumbo ist der kleine Elefant bei Walt Disney, der mit seinen großen Ohren durch die Luft segeln kann. Damals hat der Junge sich geschworen: »Euch werde ich es noch zeigen.« Heute besitzt er zwei florierende Firmen und ist unendlich einsam, weil er niemanden näher an sich heranläßt.

Oder für die junge Frau, die wegen ihrer roten Haare immer die Außenseiterin war und sich Sprüche wie »Rote Haare, Sommersprossen sind des Teufels Volksgenossen« anhören mußte.

Auch Kinder mit Übergewicht, mit Sprachfehlern und solche, die schwächlich sind, sich nicht gut bewegen können, chronisch krank sind oder Hautprobleme haben, ziehen Ablehnung auf sich.

Wenn Sie als Kind unter einem Handicap gelitten haben, dann wissen Sie, wovon ich rede. Sie können sich gewiß auf der Stelle Szenen vor Augen holen, in denen Sie die Reaktion auf Ihren körperlichen Mangel schmerzhaft erlebt haben. Vielleicht haben Sie Ihr Defizit kompensiert, etwa durch ein freches Mundwerk oder besondere Leistungen. Das hindert jedoch nicht daran, daß Sie sich wahrscheinlich innerlich zurückgezogen haben.

Entsprach Ihre Familie nicht der Norm?

Nicht immer liegt es direkt an unserer Person, daß uns die Gruppe, in der wir leben, ausgrenzt. Manchmal leiden wir unter einer regelrechten »Sippenhaft«. Die Eigenheiten unserer Familie sind dafür verantwortlich, wie man uns behandelt.

Im Gymnasium hatte ich eine Mitschülerin, die wie vom anderen Stern wirkte. Ihre Eltern stachen in ihrer Lebensweise von den normalen Kleinstädtern ab. Sie gehörten zu den Anthroposophen. Damals waren esoterische Richtungen noch unbekannt und die Toleranz dafür niedrig. Camilla trug keine normalen Kleider, sondern selbstgestrickte wollene Gewänder. Außerdem roch sie immer intensiv nach undefinierbaren Kräutern mit der Kopfnote Kampfer. Parties oder Disco waren für sie tabu. Wegen der strengen Gerüche wollte niemand neben ihr sitzen, und bei den üblichen Unterhaltungen konnte sie nicht mitreden. Camilla war ziemlich isoliert.

Zum Außenseiter aus familiären Gründen wird man immer dann, wenn sich die Familie von der übrigen Umgebung abhebt. Zum Beispiel durch den Dialekt. Ein Kind mit norddeutscher Aussprache hat es schwer, in einem bayrischen Dorf akzeptiert zu werden. Oder durch die Religion. Evangelische Christen bleiben oft lange Fremde in rein katholischen Gegenden, und umgekehrt.

Ein ausgrenzendes Element ist auch die Armut. Der Modedesigner Wolfgang Joop beschrieb in einem Interview, wie sehr er unter Mißachtung seiner wohlhabenden Mitschüler gelitten hat. Während die in Markenkleidern auftraten, mußte er alte Sachen auftragen. Er rettete sich, indem er aus der Not eine Tugend machte und das als etwas Extravagantes darstellte.

Für ein Kind ist es besonders schwer, wenn es durch die eigene Familie isoliert wird. War das bei Ihnen der Fall, so wissen Sie, wie sehr man zwischen der Loyalität zur Familie und der Sehnsucht, doch auch zu den anderen zu gehören, zerrissen wird. Zwischen beiden Stühlen sitzend fühlt man sich sehr einsam.

Sind Sie sicher, daß Ihre Verletzungen nur leicht waren?

Bei eklatanten Verletzungen gelingt es sicher leichter, eine Verbindung zur Gegenwart herzustellen. Dagegen erscheinen die üblichen Beeinträchtigungen in der Kindheit oder Jugend nahezu harmlos. Wenn in meinen Seminaren die Teilnehmer und Teilnehmerinnen Erfahrungen austauschen, dann gibt es immer einige, die sagen: »Wenn ich höre, was die anderen hier erlebt haben, dann kommen mir meine Erlebnisse ganz unwichtig vor.« Ich sehe das anders. Es gibt keine emotionalen »Peanuts«. Viel eher haben wir einen blinden Fleck oder spielen vor uns selbst herunter, wie sehr wir damals unter scheinbar normalen Verhältnissen gelitten haben.

Häufig habe ich auf der Suche nach Gründen für gegenwärtige Probleme gehört: »Also, an meiner Kindheit kann das nicht liegen, die war wunderbar.« Wenn mein Gegenüber mir dann Details aus seiner »wunderbaren« Kindheit berichtete, bekam ich eine Gänsehaut. Zum Beispiel als Carla mir amüsiert erzählte, wie ihre Eltern sie während des Krieges bei einem Luftangriff einfach im Garten vergessen hatten und nur ihren Bruder in den Luftschutzkeller mitnahmen. Zum Glück ist es ihnen dann aber doch noch rechtzeitig eingefallen. Oder als Maria lebhaft und witzig schilderte, wie sie sich als Schlüsselkind lange Nachmittage selbst unterhielt, indem sie mit verschiedenen Stimmen in die Rollen von Radiomoderatorinnen schlüpfte.

Solche Erlebnisse kann man zwar verharmlosen, aber damit sind sie noch lange nicht unwirksam.

Was für die Gegenwart folgt

Wenn Ihnen bewußt ist, daß Ihre Einsamkeit mit Verletzungen aus der Kindheit zusammenhängt, sind Sie schon weiter als viele andere. Oft setzen wir nämlich als Erwachsene die Strategie fort, die uns damals das seelische Überleben gesichert hat: Wir verdrängen unsere Schmerzen. Hätten wir die Ereignisse in ihrer tatsächlichen Bedeutung aufgenommen, wären wir innerlich vielleicht zerbrochen.

Noch heute mögen wir uns oft der Wahrheit nicht stellen, daß man uns vernachlässigt, überfordert oder nicht genug geliebt hat. Manchmal erzählen mir Klienten von ihrer Kindheit und Jugend mit unbeteiligter Stimme. Sie betonen, das sei doch »Schnee von gestern«. Darüber seien sie längst hinweg. Vernünftig fügen sie dann hinzu: »Man kann ja nicht immer anderen Menschen die Schuld geben. Heute bin ich für mich selbst verantwortlich.«

Doch der Schmerz wirkt im Untergrund weiter und kann unser Leben weit mehr bestimmen, als wir glauben. Erfahrungen von Unsicherheit, Verlust, Abwertung, Gewalt oder Überforderung führen dazu, daß wir in Zukunft alles tun, um eine Wiederholung zu vermeiden. Wir passen auf, daß uns keiner mehr zu nahe kommt. Es könnte ja sein, daß er uns auch irgendwann im Stich läßt, wie wir es damals erlebt haben, daß er uns ähnlich weh tut oder uns ausnutzt. Dagegen legen wir uns einen verläßlichen Schutz zu. Der zeigt sich nicht gleich von außen. Sonst gäbe es gewiß viele einsame Singles, die sich entschieden gegen jede Bindung aussprechen. Nein, die Abwehr ist wesentlich subtiler, so daß wir sie manchmal selbst nicht durchschauen. Zum Beispiel, wenn wir uns immer in einen Mann oder eine Frau verlieben, die schon gebunden ist oder viele Kilometer weit weg wohnt. Oder indem wir zwar einen riesigen Bekanntenkreis haben, doch keinen wirklichen Freund, keine beste Freundin. Oder indem wir kein Kind wollen, weil uns die Verantwortung zu groß ist.

Frühe negative Erfahrungen führen oft zu verborgenen Einsamkeitsgefühlen, trotz Partnerschaft, trotz Familie, trotz netter Kollegen und beruflichem oder privatem Erfolg. Tief innen bleibt das Gefühl, nicht richtig und nicht wichtig zu sein. Hinter der glatten, kompetenten, sicheren Fassade sitzt das kleine Mädchen oder der kleine Junge und hat Angst. So lange, bis Sie das verlassene, verunsicherte Kind in sich erlösen. Der erste Schritt dazu ist, daß Sie die Zusammenhänge zwischen damals und heute erkennen. Nur wenn Sie Ihre Ängste ans Licht holen, können Sie sie entkräften.

Einsamkeit ist nicht notwendig die Folge

Möglicherweise sagen Sie nach gründlicher Überlegung: »Ich habe als Kind schlimme Erfahrungen gemacht, aber das ist ganz sicher nicht der Grund dafür, daß ich heute einsam bin.« In dem Fall möchte ich Ihnen nicht widersprechen. Ihre problematische Kindheit muß nicht zwangsläufig die Ursache für Einsamkeit sein. Eine simple »Wenn – dann«-Theorie würde der Komplexität unserer Psyche gewiß nicht gerecht.

Dafür spricht auch eine amerikanische Langzeitstudie, von der ich vor Jahren las. Sie wurde mit Kindern aus belasteten Milieus durchgeführt. Die Kinder entwickelten sich in ihrem sozialen Verhalten und ihrer Einstellung keineswegs gleich. Während die einen neurotische Verhaltensweisen zeigten und schlimmstenfalls in die Kriminalität abrutschten, entwickelten die anderen sogar eine besondere Stärke im zwischenmenschlichen Umgang.

Ohnehin können wir in der Erinnerung nicht alles erfassen, was damals auf uns eingewirkt hat. Vielleicht gab es trotz des Kummers doch einen liebevollen Menschen, der vieles aufgefangen hat, z. B. einen Lehrer, eine Freundin oder die Großmutter. Oder wir waren in der Lage, gut zu kompensieren. Mit Hilfe unserer Phantasie, der Flucht in die Welt der Bücher oder dem Erfolg in der Schule haben wir uns selbst gestärkt.

Sie können sich den praktischen Schritten aus der Einsamkeit auch zuwenden, ohne vorher zurückzuschauen. Nur müssen Sie sich dabei wirklich sicher sein, daß sich Ihre derzeitige Einsamkeit nicht auf weitreichende Wurzeln zurückführen läßt. Sonst bleibt alles Weitere nur ein Kurieren am Symptom. Entscheiden Sie also selbst, ob Sie sich im folgenden auf Ihre Vergangenheit einlassen möchten.

Kapitel 2

Die Wunden der Vergangenheit heilen

Stellen Sie sich vor, Sie sitzen in einer Konferenz. Ihr Chef äußert sich wohlwollend zu den Wortmeldungen der anderen. Doch immer wenn Sie etwas sagen, übergeht er das schweigend, als wären Sie Luft. Oder: An einem heißen Tag sind Sie im Schwimmbad. Sie fühlen sich ein bißchen unsicher, weil Sie nicht gerade eine Bikini-Figur haben. Da kichern hinter Ihnen zwei Jugendliche: »Ey, guck mal die Dicke da!«

Was glauben Sie, was in Ihnen abläuft? Ich bin sicher, daß Sie sich nicht souverän sagen: »Na, mein Chef kann ja auch nicht alle im Auge haben« oder »Die Jungs müssen sich wohl profilieren«. Wahrscheinlicher ist es, daß Sie im inneren Fahrstuhl blitzschnell gefühlsmäßig in Ihre Kindheit zurückrauschen. Halb unbewußt schießen Ihnen Gedanken durch den Kopf: Keiner liebt mich, keiner mag mich, ich bin unattraktiv, ich bin ausgeschlossen, ich bin falsch. Prompt fühlen Sie sich schlecht, voller Wut oder Scham. Wahrscheinlich ziehen Sie sich in Ihr inneres Schneckenhaus zurück.

Selbsterfüllende Prophezeiungen

Die Vergangenheit ist eben nicht Schnee von gestern. Was wir damals an Verletzungen erlebt haben, ist mehr als eine bloße Erinnerung, die wir heute beliebig hervorholen oder wieder in der Versenkung verschwinden lassen können. Sie sind uns zu einer Zeit zugefügt worden, in der wir uns noch in unserer körperlichen, geistigen und seelischen Entwicklung befanden. Während dieser sensiblen Phase hat sich das Muster herausgebildet, nach dem wir uns selbst und die Welt beurteilen.

Sobald Sie eine Sonnenbrille mit blau getönten Gläsern aufsetzen, sehen Sie Ihre Umgebung in einem kühlen Farbton, obwohl der Sommer die Landschaft in warmes Gelb taucht. Ähnlich liefert uns unsere Vergangenheit die Brille, mit der wir sämtliche neuen Erlebnisse anschauen. Sie können sich ausmalen, wie eine Welt aussieht, die durch die Brille »Ich bin nicht liebenswert«, »Ich muß es allen recht machen« oder »Nur keine Schwäche zeigen, sonst bist du verloren« betrachtet wird.

Unsere Sichtweise beeinflußt auch unsere Erwartung. Wir rechnen vorab schon fest damit, daß man uns ablehnt, daß wir gedemütigt oder beschämt werden, daß Männer uns ausnutzen, daß Frauen mit uns nichts zu tun haben wollen, daß man uns langweilig findet, daß wir uns nicht durchsetzen können, daß wir vorsichtig sein müssen, daß wir lieber Risiken vermeiden.

Damit behindern wir uns und setzen gleichzeitig eine Wechselwirkung in Gang. Unbewußt manipulieren wir die anderen, uns so zu sehen und zu behandeln, wie wir selbst es tun. Schließlich bekommen wir genau das, was wir erwarten. Auf diese Weise erneuern wir regelmäßig die Verletzungen unserer Kindheit. Wir denken, fühlen und handeln bis in die Gegenwart nach dem Muster, das wir seinerzeit gelernt haben. Wir machen uns damit selbst einsam.

Veränderung setzt beim alten Muster an

Wenn Sie Ihre aus frühen Quellen gespeiste Einsamkeit ablegen wollen, dann müssen Sie sich diesem Muster zuwenden und es erforschen. Das funktioniert allerdings nicht nur rational und mit kühlem Kopf. Ich kenne eine Menge Leute, die sich psychologisches Wissen angeeignet haben, ohne in ihren Gefühlen berührt worden zu sein. Mit dem Effekt, daß sie das psychotherapeutische Vokabular bestens beherrschen. Sie reden souverän über ihren Ödipuskomplex, ihre Mutterproblematik oder ihre narzißtische Störung – nur geändert hat sich bei ihnen nichts. Eine echte Lösung ist erst dann möglich, wenn wir nicht nur intellektuell verstehen, sondern auch *erleben*, was uns damals geschehen ist und uns heute noch bestimmt.

Wie kommen Sie an diese Gefühle heran? Das ist nicht so schwer, wie Sie glauben. Sie besitzen nämlich – wie wir alle – einen zuverlässigen inneren Führer, der Ihre Vergangenheit mit Ihrer Gegenwart verbinden kann: das Kind in Ihnen.

Vielleicht denken Sie jetzt irritiert: »Wie bitte? In mir soll ein kleines Kind sitzen, das den Schlüssel zur Veränderung in der Hand hält? Sehr merkwürdig.« Ich gebe zu, daß sich das für psychologisch ungeübte Ohren gewöhnungsbedürftig anhört. Deshalb möchte ich Ihnen gerne erläutern, was ich damit meine.

Das Glockenspiel in uns

Vermutlich haben Sie schon bei sich selbst und anderen festgestellt, daß unsere Persönlichkeit mehr als eine Seite besitzt. Ein Beispiel dafür ist die die taffe Karrierefrau, die sich in der Firma von ihren Kollegen nicht die Butter vom Brot nehmen läßt, im privaten Umgang mit Männern dagegen zaghaft und abhängig erscheint. Oder der Arzt, der seine Patienten äußerst fürsorglich behandelt. Sobald jedoch ein Familienmitglied krank ist, raunzt er genervt: »Stell dich doch nicht so an.«

Wir haben eben viele verschiedene Facetten in uns: Wir können sensibel und dickfellig sein, zart und hart, hilflos und sicher, kreativ und begriffsstutzig. Die Liste ließe sich beliebig verlängern. Alle Seiten lassen sich auch als »Persönlichkeitsanteile« bezeichnen. Wenn wir wollen, können wir diesen Anteilen einen symbolischen Namen geben, etwa der »wilde Mann« oder die »weise Frau«, die »Hexe« oder der »Organisator« in uns. Solch eine Personifizierung einzelner Anteile hilft uns, sie leichter zu erfassen. Ein solcher Persönlichkeitsanteil ist auch das »innere Kind«. Er repräsentiert die Gefühle, Erinnerungen und Muster, die mit unserer Kindheit verbunden sind und die bis heute nachwirken.

Unsere verschiedenen Persönlichkeitsanteile sind nicht ständig gefordert, sondern ruhen die meiste Zeit in uns. Aktiv werden sie erst, wenn durch äußere Ereignisse ein entsprechender Reiz ausgelöst wird. Sie können sich das ähnlich wie bei einem Glockenspiel vorstellen. Kennen Sie das Glockenspiel am Münchner Rathaus? Pünktlich zur Mittagszeit öffnet sich ein Türchen, und Ritter, Tod, Teufel und andere Figuren drehen sich zu einer Melodie langsam auf einer Scheibe. Im Wechsel sind immer einige sichtbar und andere unsichtbar. So ist es auch mit unseren Persönlichkeitsanteilen. Manche Anteile sind verborgen, andere deutlich, doch alle existieren in uns.

Das Modell der Transaktionsanalyse

Der amerikanische Psychotherapeut Eric Berne hat drei Persönlichkeitsanteile ausgemacht, die jeder von uns besitzt. Er beschreibt sie in seinem Modell der Transaktionsanalyse. Weil wir sie sehr gut nutzen können, um mit unserem inneren Kind Kontakt aufzunehmen, möchte ich Ihnen zunächst diese drei Ich-Zustände nach Berne vorstellen.

Das Eltern-Ich

Wir haben viele Informationen darüber gespeichert, wie sich unsere Eltern uns gegenüber verhalten haben, und wie sich allgemein Eltern gegenüber Kindern benehmen. Erinnern Sie sich, wie es war, wenn Sie krank im Bett lagen? Vielleicht hat Ihre Mutter Ihnen Kakao gekocht oder eine Geschichte vorgelesen. Oder Sie haben den liebevollen Umgang der Eltern einer Freundin oder eines Freundes mit ihren Kindern beobachtet. Jedenfalls haben Sie verinnerlicht, was es heißt, *fürsorglich* zu sein.

Andererseits gab es strenge Blicke oder Strafen, wenn Sie nicht taten, was Ihre Eltern verlangten, oder eine schlechte Note in der Klassenarbeit mit nach Hause brachten. Sie erfuhren, was es bedeutet, wenn Ihre Eltern Ihnen *kritisch* gegenüberstanden.

Heute zeigen Sie in bestimmten Situationen selbst Züge wie damals Ihre Eltern oder andere wichtige Bezugspersonen. Nach Eric Berne befinden Sie sich damit im Zustand des »Eltern-Ichs«. Das heißt, Sie verhalten sich so, wie es ein Elternteil gegenüber einem Kind täte. Das geschieht entweder liebevoll im fürsorglichen Eltern-Ich oder eher abweisend im kritischen Eltern-Ich.

Typisch für das fürsorgliche Eltern-Ich ist, daß Sie sich ermutigend, anerkennend, besorgt, mitfühlend, beschützend und verständnisvoll äußern. Wenn Sie zu Ihrer schwer erkälteten Kollegin sagen: »Sie sehen ja wirklich elend aus, Frau Müller. Gehen Sie mal ruhig nach Hause und legen sich ins Bett, ich halte den Laden hier schon in Schwung«, dann sprechen Sie aus dem fürsorglichen Eltern-Ich.

Bestimmend für das kritische Eltern-Ich ist es, daß Sie urteilen, werten, tadeln und verbieten oder autoritär, rechthaberisch, zurechtweisend oder ironisch sind. Auch Formulierungen wie »Du mußt . . .« oder »Du solltest . . .« sind dafür kennzeichnend. Wenn Sie zu Ihrem Nachbarn sagen: »Mein lieber Herr Polke, so geht das aber nicht! Sie können Ihren Wagen nicht direkt vor der Einfahrt parken«, dann spricht eindeutig Ihr kritisches Eltern-Ich.

Das Erwachsenen-Ich

Das Erwachsenen-Ich ist schnell vorgestellt, denn was einen erwachsenen Menschen ausmacht, läßt sich leicht auf einen Begriff bringen: Er benimmt sich vernünftig. Und das ist auch das Hauptmerkmal des Erwachsenen-Ichs. Wenn Sie in diesem Zustand sind, handeln Sie besonnen und überlegt. Sie organisieren und planen. Dabei sind Sie ziemlich frei von Emotionen, aufgeschlossen, konzentriert. Während Sie diese Zeilen lesen und sich über die Theorie von Eric Berne informieren, befinden Sie sich wahrscheinlich im Erwachsenen-Ich.

Im Umgang mit anderen sind Sie sachlich. Etwa so: »Herr Jürgens, ich brauche bis zum Nachmittag die Akte Meier. Können Sie sie mir bitte auf den Schreibtisch legen?«

Das Kind-Ich

Nicht umsonst spricht man zumindest vom »Kind im Manne«. Ob Mann oder Frau – wie Sie wissen, lebt in Ihnen noch immer das Kind, das Sie einmal waren. Wie das Eltern-Ich besitzt nach Berne auch das Kind-Ich mehr als nur eine Seite. In diesem Fall sind es sogar drei: das angepaßte, das rebellische und das natürliche Kind-Ich.

Im *angepaßten* Kind-Ich befinden wir uns, wenn wir gehorchen, uns gut benehmen, uns schuldig fühlen, uns fürchten, uns zurückziehen. In diesem Zustand empfinden wir uns als gehemmt, ängstlich, unsicher, überfordert und unterdrücken unsere wahren Gefühle. Angenommen, ein unzufriedener Kunde beschimpft Sie am Telefon. Sie fühlen sich wie gelähmt und bekommen nur noch ein gequältes: »Tut mir leid, aber das ist nicht meine Schuld« heraus. Dann befinden Sie sich garantiert im angepaßten Kind-Ich.

Im *rebellischen* Kind-Ich tun Sie genau das Gegenteil von dem, was Ihre Umwelt von Ihnen erwartet. Im Grunde sind Sie im gleichen Zustand wie das angepaßte Kind, nur mit umgekehrtem Vorzeichen. Trotzig sagen Sie sich innerlich: »Nun gerade nicht!« Sie motzen, sind wütend, gehässig, störrisch und aggressiv. Beispiel: Ihre Chefin hat durchblicken lassen, daß Sie für das neue Projekt wohl doch nicht qualifiziert genug sind. Sie sind darüber stinkesauer und fühlen sich ungerecht behandelt. In Ihrem Büro schimpfen Sie: »Diese ignorante Ziege. Jetzt mach' ich gar nichts mehr. Soll die doch mal sehen, wie sie ohne mich fertig wird!«

Im *natürlichen* Kind-Ich finden wir das unbeeinflußte, freie Kind wieder. Es lacht und weint, wenn ihm danach zumute ist. Außerdem ist es neugierig wie eine Katze, kreativ und verspielt. Natürlich kann es auch faul sein und ziemlich egoistisch handeln. Wenn Sie im natürlichen Kind-Ich sind, kann das so aussehen: Eigentlich müßten Sie die Bügelwäsche erledigen oder einen bestimmten Bericht fertigmachen. Statt dessen sagen Sie sich: »Ich hab' Lust, ein Eis essen zu gehen.«

Ihre drei Ich-Zustände unterhalten sich

Ihre drei Ich-Zustände sind nicht nur auf andere Menschen bezogen, sie kommunizieren auch im Selbstgespräch miteinander.

Das erscheint Ihnen jetzt sicher erst einmal merkwürdig. Normalerweise hält man Leute, die mit sich selbst sprechen, für ein bißchen verwirrt. Das mag für lautes Reden gelten. Tatsache ist aber, daß wir innerlich den ganzen Tag über Selbstgespräche führen. Wenn Sie einmal genau darauf achten, werden Sie das feststellen. Sie überlegen beispielsweise, was Sie kochen sollen, ob Sie es noch schaffen, das Jackett aus der Reinigung zu holen, daß das Wetter ja mal wieder scheußlich ist und so fort. Dieses innere Geplauder ist ganz normal.

Die Vergangenheit prägt Ihr inneres Selbstgespräch

Die Unterhaltung läuft nicht bei jedem gleich ab. Menschen, die als Kind verletzt oder allein gelassen wurden, befinden sich in ihren Selbstgesprächen oft im Zustand des angepaßten Kind-Ichs. Sie haben Angst, zu versagen, fühlen sich klein oder unsicher. Außerdem ist durch ihre negative Erfahrung das kritische Eltern-Ich in ihnen sehr ausgeprägt. Sie haben verinnerlicht, wie ihre Bezugspersonen mit ihnen umgegangen sind, und sprechen im gleichen harten Ton mit sich selbst. Solch ein typischer innerer Dialog hört sich etwa so an:

Kritisches Eltern-Ich (eiskalt): »Bei der Konferenz heute hast du dich ja schön blamiert. Die anderen haben ziemlich merkwürdig geguckt, als du da so 'rumgestottert hast.«

Angepaßtes Kind-Ich (niedergedrückt): »Mensch, das ist mir schrecklich peinlich.«

Kritisches Eltern-Ich (wütend): »Wie konntest du auch die Unterlagen vergessen. Aber kein Wunder, du bist eben unfähig.«

Angepaßtes Kind-Ich (resigniert): »Ich hab's ja gewußt. Ich tauge für den Job nicht.«

Solche Dialoge sind uns selten bewußt. Sie laufen einfach automatisch ab – und wir spüren nur hinterher, daß wir uns niedergedrückt fühlen.

Seien Sie sich selbst ein fürsorglicher Elternteil

Das Modell der Transaktionsanalyse kann Ihnen helfen, vieles von dem wiedergutzumachen, was Ihnen als Kind angetan worden ist. Es ist formal sehr einfach, verlangt allerdings Disziplin. Sie müssen aufmerksam darauf achten, wann Ihr kritisches Eltern-Ich in Aktion tritt und ihm sofort mit dem fürsorglichen Eltern-Ich und dem sachlichen Erwachsenen-Ich Paroli bieten. Damit kein Mißverständnis entsteht: Natürlich ist es gelegentlich angebracht, sich kritisch zu hinterfragen. Aber das sollte dann nüchtern aus dem Erwachsenen-Ich heraus nach dem Motto: »Was kann ich besser machen?« geschehen und nicht aus dem niederschmetternden kritischen Eltern-Ich kommen.

Sie sind fest entschlossen, die Grundlagen Ihrer Einsamkeit zu verändern? Dann sollte es Ihr Ziel sein, Ihr angepaßtes, ängstliches Kind-Ich aufzubauen und Ihr natürliches Kind-Ich zu stärken. Das gelingt Ihnen, wenn Sie mit sich selbst ab sofort nur noch liebevoll aus dem fürsorglichen Eltern-Ich oder sachlich aus dem Erwachsenen-Ich heraus sprechen. Dann hört sich obiger Dialog etwa so an:

Angepaßtes Kind-Ich: »In der Konferenz habe ich mich vorhin ja schön blamiert.«

Fürsorgliches Eltern-Ich: »Mach dir nichts draus. Eine kleine Panne kann doch mal jedem passieren.«

Angepaßtes Kind-Ich: »Aber alle haben mich so komisch angesehen ...«

Erwachsenen-Ich: »Das glaubst du nur. So interessant ist man erfahrungsgemäß für andere Menschen gar nicht.«

Angepaßtes Kind-Ich: »Es ist meine Schuld, ich habe die Unterlagen vergessen.«

Erwachsenen-Ich: »o.k., aber Fehler sind dazu da, daß man daraus lernt. Nächstes Mal machst du dir vorher einen Zettel und prüfst, ob du alles hast.«

Angepaßtes Kind-Ich (schon ein bißchen beruhigt): »Ich fühle mich aber immer noch schlecht.«

Fürsorgliches Eltern-Ich: »Was hältst du davon, wenn wir jetzt zusammen ins Kino gehen? Das wird dich ablenken.«

Angepaßtes Kind-ich (getröstet): »Ja gern!«

Merken Sie, wie sich beim zweiten Dialog eine viel positivere Stimmung entwickelt? Auf diese Weise geben Sie sich selbst die freundliche, liebevolle Begleitung, die Sie früher entbehren mußten. Wenn Sie wirklich daran arbeiten, können Sie ein neues Selbstbild gewinnen.

Der amerikanische Psychotherapeut John Bradshaw, ein Pionier der Arbeit mit dem »inneren Kind«, ist von der Wirksamkeit dieser Methode überzeugt: »Das Kind in Ihnen wird die Dinge so erleben, wie Sie sie in der Kindheit erlebt haben, aber diesmal ist Ihr erwachsenes Ich da, um das Kind zu beschützen, während es seine wichtigen unerledigten Angelegenheiten zu Ende bringt.«[9] Bradshaw betont auch, wie notwendig es ist, daß wir uns endlich liebevoll um uns selbst kümmern: »Das verletzte Kind in uns ist erstarrt, es braucht einen Menschen, dem es vertrauen kann. Und dieser Mensch sind Sie selbst. Trauen Sie es sich zu, zum Verbündeten Ihres inneren Kindes zu werden und ihm zu helfen.«[10]

Wenn Sie Ihrem inneren Kind noch näher kommen möchten ...

Eric Bernes Transaktionsanalyse ist praktisch anwendbar. Mit diesem psychologischen Handwerkszeug können Sie in der Gegenwart Ihr altes Muster verändern und damit auch Ihre Einsamkeit ablegen.
Doch möglicherweise wollen Sie gar nicht sofort etwas bewegen, sondern erst einmal verstehen, was damals war. Dazu müssen Sie tiefer in Ihre Vergangenheit eintauchen. Die meisten Menschen scheuen sich davor. Sie spüren intuitiv, daß es viel Mut erfordert, sich darauf einzulassen. Mit der Vergangenheit betreten Sie eine Welt, die voller Phantasie und Spiel ist, aber auch voller Monster, Schrecken und Einsamkeit. Es ist die Welt, die Sie damals wahrgenommen haben. Darin werden Sie der Trauer, dem Schmerz, der Verachtung, der Vernachlässigung noch einmal begegnen und sie durchleben. Die folgenden drei Wege aktivieren Ihre Erinnerung und können Sie dorthin führen.

Gehen Sie an die Orte Ihrer Kindheit zurück

Auf einer Durchreise kam ich nach fünfundzwanzig Jahren das erste Mal wieder in den Ort, in dem ich bis zu meinem sechsten Lebensjahr gelebt hatte. Es hatte sich nicht viel verändert: Da war der Wall, auf dem wir als Kinder Indianer gespielt hatten, die Bäckerei, in deren volle Milchkannen ich damals als Dreijährige quietschvergnügt mit meinem Eimerchen Sand geschüttet hatte. Und da war der Kindergarten, in den ich gegangen war. Es war später Nachmittag, und der Spielplatz vor dem Kindergarten war leer. Ich setzte mich auf die Wippe. Plötzlich fühlte ich mich wie in H. G. Wells' berühmter Zeitmaschine. Ich war wieder vier Jahre alt und erlebte noch einmal eine Zeit, die für mich nicht leicht gewesen war. Ich mußte mir innerlich einen Ruck geben, um in die Gegenwart zurückzufinden.

Orte der Kindheit haben ihre eigene Magie. An ihnen werden die alten Gefühle und Gedanken wieder wach. Falls es Ihnen möglich ist, suchen Sie sie auf. Ihre Reise in die Vergangenheit sollten Sie möglichst allein machen, denn Sie brauchen Zeit und Ruhe, um in sich hineinzuhorchen. Spüren Sie nach, wie es Ihnen damals ergangen ist. Wenn dabei Gefühle auftauchen, lassen Sie ihnen einfach freien Lauf. Manche Menschen schämen sich dessen und halten Trauer für Wehleidigkeit und Wut für unangemessen. Mit übertriebenem Selbstmitleid hat das jedoch gar nichts zu tun. Das Kind von damals verdient es, daß Sie endlich Mitleid mit ihm haben.

Betrachten Sie Ihr Kinderfoto

Nehmen Sie sich in einer ruhigen Stunde einmal Ihr Fotoalbum mit den Kinderbildern vor. Blättern Sie darin, und suchen Sie sich das Bild aus, das Sie am meisten anspricht. Lassen Sie sich Zeit, und versenken Sie sich in den Anblick dieses kleinen Mädchens oder dieses kleinen Jungen. Wie stehen Sie zu ihm? Es kann sehr wohl sein, daß bei der Betrachtung starke Emotionen hochkommen.

Vor einiger Zeit bat ich einen Klienten, eines seiner Kinderbilder mitzubringen. Auf seinem Foto saß er als Dreijähriger auf einem Schaukelpferd und schaute mit großen Augen in die Welt. Als er sich auf das Bild einließ, traten Tränen in seine Augen. Ihn rührte, wie offen und arglos er darauf war. Und er spürte die tiefe Trauer um den Verlust dieser Offenheit.

Vielleicht wird es Ihnen ähnlich ergehen. Sie werden sich berührt fühlen, wenn Sie das Kind auf dem Foto anschauen. Sie können noch einen Schritt weitergehen und mit ihm sprechen. Fragen Sie, was es erlebt, was seine Hoffnungen und seine Ängste sind, was es vermißt. Die Antwort werden Sie als innere Stimme hören. Möglicherweise sagt es Ihnen: »Ich bin so allein. Keiner will mit mir spielen. Papa und Mama sind auch immer weg.« Oder Sie hören: »Dauernd wollen die von mir, daß ich vernünftig bin. Dabei habe ich den Kopf voller Ideen.« Über das Medium des Fotos nehmen Sie mit dem Kind, das Sie einmal waren, Kontakt auf und befreien es aus seiner stummen Warteposition.

Schreiben Sie aus der Kinderperspektive einen Brief an Ihre Eltern

Sie können sich auch in das Kind, das Sie einmal waren, hineinversetzen: Nehmen Sie sich ein Blatt Papier, und schreiben Sie den Menschen einen Brief, die damals für Sie von Bedeutung waren. Meist sind das die Eltern oder nahe Verwandte. Schreiben Sie ihnen, was Sie vermißten und was Sie sich damals gewünscht haben. Sie brauchen diesen Brief niemals an den Adressaten abzuschicken. Er dient nur dazu, daß Sie selbst sich klarer darüber werden, was Sie damals gebraucht hätten.

Der Psychotherapeut John Bradshaw setzt diese Form häufig in seinen Workshops ein und ist immer wieder über die tiefe Wirkung erstaunt. In seinem Buch »Das Kind in uns« zitiert er zwei Briefe, die ein Mann und eine Frau aus der Kinderperspektive an ihre Eltern geschrieben haben. Ich finde diese Briefe sehr anrührend und bin sicher, daß sie Ihnen zeigen, was gemeint ist:

»Lieber Dad,
du sollst wissen, wie sehr du mich verletzt hast. Als wir noch zusammen waren, hast du mich oft bestraft. Die Striemen und Schrammen hätte ich ja noch ertragen können, wenn du bloß mehr Zeit für mich gehabt hättest.
Ich habe dir nie sagen können, wie sehr ich mich nach deiner Liebe gesehnt habe. Wenn du doch nur mit mir gespielt oder mich zu einem Fußballspiel mitgenommen hättest. Wenn du mir doch nur ein einziges Mal gesagt hättest, daß du mich liebhast. Ich wünschte, du hättest dich um mich gekümmert ...«

»Mutter,
du warst immer zu sehr mit deinen Wohltätigkeitsveranstaltungen beschäftigt. Du hattest nie Zeit, mir zu sagen, daß du mich liebhast. Du hast dich nur um mich gekümmert, wenn ich krank war oder wenn ich Klavier spielte und du stolz auf mich warst. Du hast mir nur die Gefühle gestattet, die dir paßten. Ich war nur dann wichtig, wenn ich dir Freude machte. Du hast mich nie um meiner selbst willen geliebt. Ich war so allein ...«[11]

Wenn Sie Ihren persönlichen Brief schreiben, zensieren Sie ihn bitte nicht. Finden Sie auch keine Rechtfertigungen für Ihre Eltern. Es ist wichtig, daß Sie Ihre Gefühle endlich einmal ganz ernst nehmen. Diesmal geht es allein um Sie.

Bieten Sie Ihrem inneren Kind Ihre volle Unterstützung an

Wenn Sie einen oder sogar alle drei der oben vorgeschlagenen Wege gegangen sind, ist Ihnen Ihr inneres Kind sicher vertrauter geworden. Sie haben erfahren, was es sich wünscht und was es braucht. Als erwachsener Mensch sind Sie glücklicherweise in der Lage, seinem Mangel abzuhelfen. Schließlich ist vieles von dem, was Sie als Kind hinnehmen mußten, inzwischen aufgehoben. Keiner darf Sie mehr herumkommandieren. Wahrscheinlich besitzen Sie Ihr eigenes Geld, können sich mühelos per Auto fortbewegen und nach persönlichem Geschmack einrichten. Sie haben beruflichen Erfolg, leisten sich schicke Kleider. Was immer Sie an erwachsenen Privilegien erreicht haben, können Sie für das Kind, das Sie an den alten Orten finden oder das Sie vom Foto anschaut, nutzen. Erläutern Sie ihm, daß sich die Situation seit damals geändert hat, und zählen Sie ihm auf, was Sie heute alles für es tun können.

Sentas Eltern hatten wenig Geld. Deshalb mußte Senta die geänderten Kleider einer reichen Freundin ihrer Mutter auftragen. In der Schule wurde sie oft wegen ihres merkwürdigen Aussehens gehänselt. Anhand ihres Fotos erinnerte sich Senta mit Grausen an einen schwarzweißen Mantel mit Hahnentrittmuster, der zu einer Dreißigjährigen, aber nicht zu einer Zwölfjährigen paßte. Die erwachsene Senta konnte der kleinen Senta sagen: »Du mußt nie wieder Angst haben, wegen deines unmöglichen Aussehens ausgelacht zu werden. Ich habe Geschmack und Geld, um dich so toll anzuziehen, daß dich alle bewundern.«

Leonard war ein dickes Kind und wurde deshalb oft von Spielen ausgeschlossen. Als der Sechsunddreißigjährige sein Foto betrachtete, sagte er zu dem Kind: »Na, Kleiner, wie du siehst, bin ich immer noch nicht gertenschlank. Aber ich bin inzwischen ein erfolgreicher Rechtsanwalt. Ich werde respektiert. Ich sorge dafür, daß dich keiner mehr ablehnt.«

Sie können Ihrem inneren Kind geben, was es bisher schmerzlich vermißt hat: Liebe, Aufmerksamkeit, Wohlwollen, Unterstützung, gute Freunde, materielle Dinge, mehr Ausbildung, häufige Erholungspausen, daß Sie seine Gefühle ernst nehmen. Versprechen Sie ihm, daß Sie in Zukunft darauf achten werden, daß es bekommt, was es möchte. Eines ist dabei ganz wichtig: Sie müssen Ihr Versprechen auch halten! Das bedeutet, daß Sie sich auch wirklich bemühen, diese Dinge zu erreichen. Auf diese Weise unterbrechen Sie einen unglücklichen Kreislauf und heilen alte Wunden.

Suchen Sie sich Wahlverwandtschaften

Möglicherweise fühlen Sie sich im Blick auf Ihr inneres Kind ein bißchen als alleinerziehende Mutter oder als alleinerziehender Vater. Zwar macht es unabhängig von anderen, sich selbst zu geben, was man braucht, es ist aber auch ziemlich anstrengend. Schauen Sie sich deshalb doch einmal in Ihrem Bekannten-, Verwandten- und Freundeskreis um: Wer hat die mütterlichen und väterlichen Eigenschaften, nach denen Sie sich sehnen? Das ist übrigens keine Altersfrage. Es gibt auch junge Leute, die sehr fürsorglich und liebevoll sind.

Als ich mich kürzlich einmal so richtig gestreßt fühlte, beklagte ich mich am Telefon bei meiner Freundin Astrid. Und Astrid, zehn Jahre jünger als ich, kam spontan in die Praxis und sagte mütterlich: »Du brauchst jetzt eine Pause.« Während wir beim Italiener einen Cappuccino tranken, sah die Welt schon wieder freundlicher aus.

Suchen Sie sich jemand, der liebevoll, aufbauend, unterstützend ist. Jemand, der an Sie glaubt und Ihnen Zeit und Aufmerksamkeit schenkt. Ihr inneres Kind wird aufblühen.

Damit verbunden ist manchmal eine traurige Wahrheit, die ich nicht einfach übergehen möchte: Ihre eigenen Eltern, sofern sie noch leben, können Ihnen oft weniger geben als andere Menschen, die Sie sich sorgfältig aussuchen. Häufig habe ich erfahren, daß erwachsene Männer und Frauen die Hoffnung nicht aufgeben, von ihren Eltern doch noch endlich die Zuneigung und Anerkennung zu bekommen, nach der sie sich als Kind so sehnten. Eine fünfzigjährige Frau erzählte, wie sie noch am Sterbebett der Mutter sehnsüchtig darauf gewartet hat, endlich zu hören: »Ich habe dich lieb, und ich bin stolz auf dich.« Vergeblich.

Sicher, es besteht die Möglichkeit, daß sich Eltern ändern, mit dem Alter weicher und einsichtiger werden. Doch geschieht das eher selten. In den meisten Fällen bleibt alles so, wie es einmal war, und die eigene Hoffnung wird wieder und wieder enttäuscht.

Deshalb rate ich Ihnen, nicht einer lebenslangen Illusion nachzujagen, sondern sich lieber die Erfüllung bei anderen zu suchen. In der Psychologie gibt es den Begriff »nachbeeltern«. Er klingt nicht schön, drückt aber genau das aus, was Sie erreichen können: Holen Sie sich heute bei anderen, was Sie damals nicht bekommen haben. Ihre Chancen stehen gut, daß Sie es finden.

Deuten Sie Ihre negativen Erfahrungen um

Kennen Sie das Märchen vom »Rumpelstilzchen«? Es beginnt damit, daß ein armer Müller behauptet, seine Tochter könne Stroh zu Gold spinnen. Der König nimmt ihn beim Wort. Das Mädchen wird mit ein paar Ballen Stroh und einem Spinnrad eingeschlossen und weiß: Wenn es nicht bis zum folgenden Morgen das Stroh zu Gold gesponnen hat, muß es sterben.

Mir kommt dieses Märchen in den Sinn, wenn ich darüber nachdenke, wie sich die Leiden unserer Vergangenheit fruchtbar machen lassen. Auch wir können Stroh zu Gold spinnen, indem wir unsere Verletzungen, unsere Trauer, unsere Wut, unsere Einsamkeit von damals in einen Bonus für unser gegenwärtiges Leben umwandeln: wenn wir daraus lernen und nicht in Klagen stekkenbleiben.

Daß sich negative Erfahrungen in Stärke oder besondere Empfindungsfähigkeit ummünzen lassen, bestätigt die kanadische Psychoanalytikerin Polly Young-Eisendraht in ihrem Buch »Die starke Persönlichkeit«. Sie nennt dazu einige Möglichkeiten:

»Der frühe Tod eines Elternteils, der zu Verlassenheitsängsten und Depressionen führt, kann die Fähigkeit fördern, dem Thema Verlust in Gedichten, Romanen und Bildern Ausdruck zu verleihen. Hat ein Mensch narzißtische Wunden, die von einer Erziehung herrühren, in der es an Einfühlungsvermögen und Wärme mangelte, kann er sie in Hilfe für Kinder umwandeln, die durch Gewalttätigkeit und Vernachlässigung verletzt wurden. Oder es kann, wie in meinem Fall, das frühe Erleben von familiären Streitigkeiten zur ausgeprägten Fähigkeit führen, zu analysieren und zu verstehen, was Menschen veranlaßt, sich gegenseitig zu verletzen – was mich veranlaßte, den Beruf der Psychoanalytikerin zu ergreifen.«[12]

Wir geben mit einer solchen Umwandlung unserem früheren Schmerz einen Sinn und heben ihn damit auf eine höhere, spirituelle Ebene. Von daher lohnt sich die Frage: Was hat mir mein Leid von damals gebracht? In vielen Biographien zeigt sich, daß die Betroffenen letztlich gerade deshalb so erfolgreich waren, weil ihre schwere Kindheit und Jugend sie gelehrt hat, wie man kämpft oder worauf es ankommt.

Schreiben Sie auf, was Sie durch die Mängel Ihrer Kindheit und Jugend gelernt haben. Ich habe zum Beispiel meine Phantasie entwickelt. Ich habe die Liebe zu Büchern entdeckt und durch Literatur ein Gefühl für Sprache bekommen. Ich habe Verständnis für Menschen gewonnen, die keine glückliche Kindheit hatten.

Auch Sie werden Ihr »Gold« finden. Vielleicht haben Sie gelernt, wie man sich durchsetzt, wie Sie ein gutes Einkommen erzielen, wie man sich mit Stil kleidet und einrichtet. Oder Sie sind eine hervorragende Gastgeberin oder ein bewunderter Unterhalter geworden, können gut zuhören, sind eigenständig. Führen Sie sich einmal alles vor Augen, was Sie die Härte der Kindheit oder Jugend gelehrt hat. Sie dürfen davon überzeugt sein, daß dieses »Gold« echt ist. Diesen Schatz kann Ihnen keiner nehmen. Zudem wird er mit den Jahren immer wertvoller. Menschen, die nie Schwierigkeiten erlebt haben, kommen mit den unvermeidlichen Lebenskrisen, die das Alter bringt, schwerer zurecht. Ihnen fehlt oft die innere Substanz, die Reife und Standfestigkeit. Sie reagieren depressiv, wenn z. B. die jugendliche Attraktivität schwindet oder sich Leere ausbreitet, weil die Kinder das Haus verlassen oder sie beruflich nicht mehr gebraucht werden. Sie dagegen wissen, wie man mit schwierigen Situationen umgeht. Es ist also keineswegs Selbstbetrug oder Schönfärberei, wenn Sie Ihren Blick auf den Gewinn richten, den Sie aus den frühen Jahren mitnehmen.

Gönnen Sie sich professionelle Hilfe

Mit den bisher genannten Möglichkeiten haben Sie bewährtes psychologisches Handwerkszeug, um sich selbst weitgehend von den Altlasten der Vergangenheit zu befreien. Ich bin davon überzeugt, daß man selbst viel verändern kann, wenn man mit festem Willen, Disziplin und Mut sein Ziel anstrebt.

Trotzdem gibt es auch gute Gründe, sich fachliche Unterstützung zu suchen: Wenn Ihre Verletzung so schwer war, daß Sie sich nicht ungeschützt noch einmal damit befassen möchten, etwa bei sexuellem Mißbrauch oder alkoholkranken Eltern. Oder wenn Sie immer wieder die gleichen schlechten Erfahrungen machen und einfach nicht herausfinden, was Sie eigentlich ständig wiederholen. Manchmal haben wir einen blinden Fleck, den ein fachkundiges Gegenüber leichter auflösen kann.

Last but not least müssen Sie ja nicht unbedingt alles alleine bewältigen. Eine gute Psychotherapie ist nicht immer nur harte Arbeit, sondern auch ein Luxus. Daß sich jemand regelmäßig mindestens eine Stunde pro Woche nur um Sie kümmert, hat bereits heilenden Einfluß. Vorausgesetzt natürlich, Ihnen sitzt ein einfühlsamer, fachlich kompetenter Mensch gegenüber. Scheuen Sie sich nicht, so viel Hilfe von außen zu suchen, wie Sie möchten. Eigene Initiative, wie ich sie oben beschrieben habe, können Sie ja trotzdem einsetzen. Sie ist eine gute Ergänzung und wird Ihnen zusätzliches Material für Ihre psychotherapeutischen Sitzungen liefern.

Lassen Sie los

Gehen wir davon aus, daß Sie die Geduld und den Mut aufgebracht haben, sich mit Ihrer Vergangenheit zu beschäftigen. Falls Sie weit genug vorgedrungen sind – ob allein, mit Freunden oder einer fachlichen Betreuung –, dann hat Sie das tief berührt. Aus meiner eigenen Lehrtherapie und den Therapien, die ich begleitet habe, weiß ich, wieviel Tränen, wieviel Erschrecken, wieviel ohnmächtige Wut das freisetzen kann – und muß. Denn ohne Gefühl bleibt die Rückschau eine intellektuelle Beschäftigung. Es ist nötig und wichtig, die alten Gefühle nicht länger zu verdrängen. Dafür muß genügend Raum zur Verfügung stehen.
Doch irgendwann sollte dieser Prozeß abgeschlossen sein. Das heißt nicht, daß nie wieder Schmerz hochkommt oder daß wir uns keine professionelle Hilfe mehr holen dürfen, nach dem Motto: »Meine Therapie ist abgeschlossen, ich bin jetzt damit durch.« Das wird vermutlich nie der Fall sein. Unsere Wunden bleiben uns lebenslang bewußt und können auch aktuell wieder aufbrechen. Nein, ich meine damit, daß Sie die Vergangenheit nicht mehr als Alibi dafür heranziehen, daß Sie in der Gegenwart passiv bleiben.
Leonie, eine neunundzwanzigjährige Arzthelferin, ist unzufrieden mit ihrem Leben. Sie nimmt ihren Eltern immer noch übel, daß sie nicht akzeptiert wurde, nur weil sie ein Mädchen war. Entsprechend durfte sie kein Abitur machen. »Mädchen brauchen das nicht. Du heiratest ja doch mal«, hatte ihr Vater gemeint, und ihre Mutter hatte dazu geschwiegen. Ihrem jüngeren Bruder, der nicht halb so interessiert war wie sie, wurde die Schulausbildung förmlich nachgeworfen. Vor kurzem hat er

nach einigen verbummelten Semestern sein Studium der Theaterwissenschaft abgebrochen und jobbt jetzt in einer Werbeagentur. Das ist für Leonie bitter, aber trotzdem sollte das kein Grund sein, den Eltern bis in alle Ewigkeit Ungerechtigkeit vorzuwerfen und ihnen ihre Ignoranz mit dem Scheitern des eigenen Lebens zu beweisen. Sinnvoller ist es, einen Strich unter die Versäumnisse der anderen zu ziehen und zu überlegen, was man heute selbst tun kann. In Leonies Fall bieten sich beispielsweise der zweite Bildungsweg oder andere Fortbildungen an.

Der beste Weg, mit der Vergangenheit abzuschließen, ist, denen zu verzeihen, die daran beteiligt waren. Wohlgemerkt rede ich damit nicht einer Friede-Freude-Eierkuchen-Einstellung das Wort. Ich bin sehr skeptisch gegenüber den edelmütigen Menschen, die zu schnell sagen: »Alles vergeben und vergessen.« Ich finde es sehr schwer, gerade frühe Versäumnisse zu verzeihen. Schließlich ist es schlimm, wenn man für Jahre bei der Großmutter abgegeben wurde, weil die Eltern sich noch nicht reif für ein Kind fühlten. Oder wenn man keine Jugend hatte, weil man als Teenager den Babysitter für die kleinen Geschwister machen mußte. Nachdem wir jedoch bewußt gesehen haben, was damals war, ist Verzeihen der einzige Weg, die Bitternis aus dem Herzen zu entfernen und endlich frei zu werden für das eigene Handeln. Wenn Sie sich alles angeschaut, sich ausgeweint und ausgewütet haben, übernehmen Sie die Verantwortung. Indem Sie die Wurzeln für die heutigen Probleme kennen, können Sie sich auch darum kümmern, sie auszureißen. Dann sind Sie wirklich so weit zu sagen: »Meine Vergangenheit ist Schnee von gestern. Ich werde jetzt alles tun, um an mir zu arbeiten und aus der Einsamkeit herauszufinden.« Auf dieser Basis können Sie das psychologische Handwerkszeug verwenden, das Sie in den folgenden Kapiteln finden.

Kapitel 3

Die Masken der Einsamkeit

Kleiner Test: Setzen Sie sich in ein Café, ziehen Sie dieses Buch aus der Tasche, und halten Sie es so, daß die übrigen Gäste den Titel gut lesen können. Wie schwer fällt es Ihnen? Ich vermute, es wäre Ihnen wie den meisten Menschen peinlich, wenn alle Welt wüßte, daß Sie sich aus persönlichen Gründen mit dem Thema Einsamkeit befassen. Wir geben uns reichlich Mühe, das zu kaschieren, denn Einsamkeit erscheint uns oft schlimmer als eine ansteckende Krankheit. Dieser Einstellung kann man sich kaum entziehen.

Wenn ich zu Vorträgen in anderen Städten unterwegs bin, merke ich das ganz deutlich. Zum Beispiel, wenn ich alleine essen gehe. Dann sitze ich garantiert unter lauter Paaren oder Grüppchen und falle als Einzelgängerin auf. Obwohl ich es wirklich besser weiß, beschleicht mich ein unbehagliches Gefühl. Warum sage ich mir nicht einfach: »Die schauen zu mir rüber, weil ich ein schickes Kostüm anhabe«? Statt dessen denke ich, daß die denken, daß mich irgendwer versetzt hat oder daß ich – Himmel, ja – ein einsamer Mensch bin. Ich brauche ein Weilchen, bis ich meine Souveränität wiedergewinne.

Wir können uns hundertmal mit dem Kopf sagen: »Einsamkeit kann jedem widerfahren. Einsamkeit hat nichts mit meinem Wert zu tun.« Unser Herz hört nicht darauf. Es zieht sich zusammen und sagt: »Einsamkeit ist eine Schande.« Da erscheint es nur logisch, daß wir diese Schande so gut wie möglich vor anderen verbergen wollen.

Bevor wir uns mit den verschiedenen Masken befassen, hinter denen sich Einsamkeit verstecken läßt, möchte ich mich erst einmal mit Ihnen darüber unterhalten, warum das Versteckspiel überhaupt so bitter nötig ist. Wie kommt es, daß gerade Einsamkeit von den Betroffenen selbst und ihrer Umgebung so wenig akzeptiert wird?

Warum uns Einsamkeit so tief unter die Haut geht

Der griechische Philosoph Aristoteles bezeichnete den Menschen als ein »Zoon politikon«, als Gesellschaftswesen. Bisher wurde seine Beobachtung von den Ergebnissen der Anthropologie, Soziologie und Psychologie bestätigt. Offenbar handelt es sich um ein uraltes Menschheitserbe, das jeder in sich trägt. Seit den Anfängen unserer Geschichte sind wir auf andere Menschen angewiesen. Stellen Sie sich vor, ein Neandertaler hätte plötzlich beschlossen, sich von seiner Horde zu trennen. Wahrscheinlich wäre er dem Hungertod oder dem nächsten wilden Tier zum Opfer gefallen. Daß unsere Artgenossen ganz konkret unser körperliches Überleben sichern, können wir noch bis in die Gegenwart feststellen. Ein Säugling ohne Pflege würde sterben.

Genauso wichtig wie die physische ist die seelische Zugehörigkeit. Wir brauchen eine Gruppe, zu der wir uns zählen können. Für unser psychisches Wohl erfüllt die Gruppe vielfältige Funktionen. Eine große Rolle spielt sie für unsere Identität. Indem uns die übrigen Gruppenmitglieder bestätigen: »Du bist richtig«, gelingt es uns leichter, zu erkennen, wer wir sind, und uns selbst zu akzeptieren. Außerdem fühlen wir uns in einer Gruppe geborgen. Sie bietet eine geistige und reale Heimat, in die wir uns flüchten können. Hier werden wir getröstet und aufgefangen, falls uns etwas Unangenehmes geschieht. Hier können wir aber auch unsere Freude und unsere Erfolge teilen.

Wenn wir einsam sind, stehen wir außerhalb der Gruppe, und unser Grundbedürfnis insbesondere nach Nähe, Geborgenheit und Austausch bleibt unerfüllt. Dieser Mangel läßt sich nicht wie irgendein beliebiger unerfüllter Wunsch durch Einsicht überwinden. Er geht an die Substanz, weil er einen zentralen Kern unseres Menschseins berührt. Solange wir mit anderen Kontakt haben – und das ist auch auf die innere Begegnung bezogen –, hilft uns ihre Zuneigung und Liebe zu vergessen, was wir in Wirklichkeit sind: Einzelwesen. Erst die Einsamkeit macht uns das wieder schmerzhaft deutlich.

Warum Einsamkeit von außen als Makel gesehen wird

Wenn wir bewußt oder unbewußt zeigen, daß wir einsam sind, bleibt das nicht ohne Wirkung. Im positiven Fall rühren wir unser Gegenüber damit an, überwiegend aber lösen wir Fluchtimpulse aus. Von einem einsamen Menschen ziehen sich die meisten eher zurück. Das hat verschiedene Gründe.
Eine der Ursachen dafür läßt sich in gesellschaftlichen Bedingungen finden. Zu den Gesetzen einer Gruppe gehört, daß sich die Mitglieder weitgehend anpassen und nicht aus der Reihe tanzen, denn nur so bleibt der Zusammenhalt gewahrt. Wer von der gängigen Norm abweicht, gefährdet die Einheit und wirkt störend oder sogar bedrohlich. Die Gruppe versucht, ihn so bald wie möglich loszuwerden, nicht immer auf die feine Art. In Firmen wird gemobbt, in Familien wird das »schwarze Schaf« isoliert oder ausgeschlossen.
Wenn wir einsam sind, senden wir Außenseitersignale. Natürlich geschieht das nicht dadurch, daß alle Einsamen in gedämpften Farben herumlaufen und ständig in Tränen ausbrechen. Höchstens offensichtliche Einsamkeit nehmen die anderen deutlich wahr, wenn man beispielsweise auf der Party allein im Raum steht, verlegen das Weinglas zwischen den Fingern dreht und kaum mit jemandem spricht. Weit häufiger strahlen wir eher subtil aus, daß wir einsam sind. Möglicherweise ist unsere Kör-

persprache verschlossen, unsere Wortwahl drückt wenig Optimismus und Vertrauen aus, oder wir suchen zu intensiv Nähe. Das sind nur einige Beispiele. Selbst wenn die anderen ihr Unbehagen uns gegenüber nicht konkret belegen können, registrieren sie doch, daß irgend etwas nicht stimmt. Einsame erscheinen anders, eben nicht so wie die übrigen Mitglieder, die problemlos Kontakt zueinander haben. Es ist, als ob sie ein unsichtbares Schild mit der Aufschrift »Vorsicht, einsam!« am Revers trügen. Die Einsamkeit macht sie zu Fremden.

Einsamkeit löst bei anderen eigene Ängste aus

Kürzlich fuhr ich vom Einkaufen mit dem Fahrrad nach Hause. Unmittelbar vor mir radelte eine junge Frau. Plötzlich wurde sie vom Fahrrad geschleudert. Neben ihr hatte ein Autofahrer von innen seine Türe geöffnet, ohne sich vorher umzuschauen. Zum Glück kam die Frau mit ein paar blauen Flecken und dem Schrecken davon. Der war mir ebenso wie ihr in die Glieder gefahren. Sie tat mir leid – und gleichzeitig dachte ich: »Ein paar Sekunden später, und ich wäre dran gewesen.« Wenn Sie einen Unfall beobachten oder hören, daß jemand aus Ihrem Bekanntenkreis plötzlich erkrankt ist, ziehen Sie gewiß auch unwillkürlich die Parallele zu sich selbst. Schließlich könnte Ihnen das ebenfalls passieren.

Ähnlich ist es mit der Einsamkeit. Wenn wir einen einsamen Menschen sehen, berührt uns das nicht nur in bezug auf ihn, sondern vor allem im Hinblick auf uns selbst. Uns wird in dem Moment plötzlich bewußt, daß auch wir nicht für immer vor Einsamkeit gefeit sind. Die Einsamkeit des anderen erinnert uns an unsere eigene Verletzlichkeit. Ich möchte sogar noch einen Schritt weitergehen, obwohl ich mir bewußt bin, damit ein Tabu anzusprechen: Einsamkeit gibt uns eine Ahnung vom Tod. Nicht umsonst spricht man von »tödlicher Einsamkeit«. Jeder von uns wird sterben. Und jeder wird diesen Weg alleine gehen müssen, auch wenn er noch so viele liebe Menschen um sich versammelt. Einsamkeit – äußere und innere – nimmt einen Teil dieses Erlebens vorweg. Sie tut deshalb so weh, weil wir damit der Tatsache ins Auge sehen müssen, daß wir letztlich allein auf dieser Welt sind. Deshalb ist es so schwer, die Einsamkeit eines anderen Menschen zu sehen. Wir werden durch ihn mit unserer eigenen, verdrängten Einsamkeit konfrontiert.

Einsamkeit ist anderen lästig

Angenommen, Sie wollen Weihnachten diesmal ganz stimmungsvoll mit Freunden oder der Familie feiern. Auf der Treppe treffen Sie zufällig Ihre alte Nachbarin. Sie erzählt, daß ihre Tochter nach Australien gezogen ist und daß sie am Heiligen Abend mutterseelenallein in ihrer Wohnung sitzen wird. Dabei treten ihr die Tränen in die Augen. Wenn Sie ein Herz haben, geraten Sie jetzt in Konflikt: Sollen Sie die alte Dame am 24. Dezember einladen?

Einsamkeit verursacht leicht Schuldgefühle. Man fühlt sich verpflichtet, etwas dagegen zu unternehmen. Wenn wir ehrlich sind, geschieht das meist aus purem Pflichtgefühl, weniger aus einem echten mitmenschlichen Impuls.

Dabei können wir schon zufrieden sein, wenn wir überhaupt aktiv werden. Wo es irgend möglich ist, drücken wir uns um die notwendige Unterstützung und überlassen sie lieber denjenigen, die von Berufs wegen dafür zuständig sind, wie etwa Psychologen oder Geistlichen. Verdenken kann man das nicht, denn wer lädt sich schon gerne fremde Probleme auf?

Heimlich haben wir dabei auch im Hinterkopf, daß es ja wahrscheinlich mit einem Mal nicht getan ist. Wenn wir die einsame Kollegin einmal ins Theater mitnehmen, dann will die vielleicht immer mit. Oder wenn wir den einsamen Kollegen mal auf ein Bier in die Kneipe einladen, dann erwartet er möglicherweise, daß wir ihn auch regelmäßig zum Essen in die Firmenkantine mitschleppen.

Wir fürchten uns davor, daß sich der einsame Mensch an uns klammert wie ein Ertrinkender an den Rettungsschwimmer. Dann lassen wir doch lieber gleich die Finger davon, denn so sozial sind wir nun auch wieder nicht. Wir haben Angst, zuviel geben zu müssen.

Einsamkeit muß verborgen bleiben

Sie sehen, es gibt gute Gründe, warum Einsamkeit ungern offenbart wird. Sie liegen tief in unserem menschlichen Dasein und in unserem Naturell. Von daher ist es kein Wunder, daß sie nicht mit kühlem Kopf vorgebracht werden, etwa mit dem sachlichen Argument »Ich zeige meine Einsamkeit bewußt nicht, weil sie in der Gesellschaft nicht akzeptiert wird«. Wo wir Einsamkeit kaschieren, geschieht das intuitiv aus Selbstschutz.

Wir verstecken die Einsamkeit vor uns selbst

Die allererste Person, vor der wir die Einsamkeit verstecken, sind oft genug wir selbst. Wir wollen ungern wahrhaben, daß wir einsam sind. Weil nicht sein kann, was nicht sein darf, finden wir Mittel und Wege, unseren Zustand zu verharmlosen oder zumindest die Verantwortung dafür abzuweisen.

Eine gängige Form, Einsamkeit zu leugnen, ist, sie zu rationalisieren. Wir sagen z. B. gerne: »Mein Job ist so stressig, daß ich einfach keine Zeit habe, jemanden kennenzulernen.« Häufig gehen wir auch nach dem »Fuchs-Prinzip« vor. Sie kennen gewiß das Sprichwort: »Der Fuchs, dem die Trauben zu hoch hängen, sagt, sie seien zu sauer.« Wenn man etwas nicht haben kann, macht man es schlecht. In diesem Sinne beschweren wir uns: »Es gibt keine guten Männer mehr.« Oder: »Frauen sind doch nur auf Geld und tolle Autos aus.« Falls sich der Wunsch nach einem Freundeskreis noch nicht erfüllt hat, hört sich das bei Frauen manchmal so an: »Mit Frauen kann ich einfach nicht, die sind mir zu konkurrentig.« Bei Männern: »Ich habe keine Lust auf dieses Gelaber am Tresen. Vereinsmeierei liegt mir auch nicht.« Vor allem aber müssen die Umstände herhalten. Wir und einsam? Na ja, vorübergehend, weil wir gerade umgezogen sind. Wenn wir uns erst einmal eingelebt haben, dann gibt sich das schon wieder. Oder: Seit dieser gemeine Kerl (dieses herzlose Weib) uns damals verlassen hat, sind wir mißtrauisch.

Sämtlichen Erklärungen ist gemeinsam, daß wir die Gründe für unsere Einsamkeit von uns auf die Umstände oder andere Menschen verlagern. Auf diese Weise müssen wir unserer Einsamkeit nicht ins Auge sehen.

Im Umgang mit anderen gehen wir über diese Rationalisierungen noch hinaus. Wir entscheiden uns dafür, unsere Einsamkeit zu übertünchen. Wir tragen eine Maske.

Die Funktion der Maske

Ich gebe zu, daß »Maske« erst einmal nach Falschheit, Betrug und Bankraub klingt. So ist das hier aber nicht gemeint. Die Psychodrama-Therapeutin Katharina Sommer beschreibt in ihrem Buch »Maskenspiel und Pädagogik« die Bedeutung einer echten Maske, wie sie beispielsweise im griechischen oder japanischen Theater benutzt wurde: »Die Ausdrucksqualität der Maske hatte ursprünglich die Funktion, eine Identität zu konstituieren oder eine bestimmte Seite der Identität zu zeigen, sichtbar zu machen. Sie bewirkt aber auch, daß damit andere Seiten zurücktreten. So entsteht das Moment der Verbergung.« [13]

Auch im übertragenen Sinne gilt für uns alle, daß wir im Umgang mit anderen Menschen eine Maske tragen. Unser soziales Leben funktioniert nur deshalb relativ reibungslos, weil wir in der Lage sind, unser Auftreten zu kontrollieren. Es würde sogar auf eine psychische Störung hinweisen, wenn wir unser Inneres immer und überall bloßlegten. Also verbergen wir unsere intimen Gefühle sinnvollerweise hinter einer Maske.

Die Maske, die wir wählen, ist kein Fremdkörper. Sie ist ein echter Teil unserer Persönlichkeit, der durchaus auch in anderen Zusammenhängen auftreten kann. Unbewußt suchen wir uns genau diejenige aus, die am besten zu uns paßt. Auf was wir zurückgreifen, hängt von unseren Fähigkeiten, unserem Temperament und unseren Lebensbedingungen ab. Die einen geben sich zum Beispiel kühl und intellektuell, die anderen naiv, lebhaft oder witzig. Der eine tritt als Gentleman auf, der andere als großer Junge. Die eine erscheint mütterlich und warmherzig, die andere als Lady oder guter Kumpel.

Masken können aber auch ganz bestimmte Funktionen haben, zum Beispiel eben die, Einsamkeit zu verbergen. Je länger eine Maske in einer bestimmten Funktion getragen wird, desto mehr verschmilzt sie mit der Person, die sie trägt. So kann es geschehen, daß uns die Maske gar nicht mehr als solche bewußt ist.

So bekommen Sie ein Gespür für Ihre Maske

Möglicherweise ist Ihnen nicht klar, wie Sie Ihre Einsamkeit vor anderen verbergen. Deshalb möchte ich Ihnen eine Übung vorschlagen, die Sie auf die Spur bringt und Ihnen zeigt, welche Funktion so eine Maske haben kann.

Dazu vorab ein Hinweis: Bitte halten Sie sich genau an die Anleitung der Übung. Wie jede Phantasiereise kann sie eine leichte Trance verursachen. Deshalb ist es wichtig, die einzelnen Schritte genau auszuführen und keinen zu überspringen.

Die Masken-Übung

- Suchen Sie sich einen ruhigen Platz, an dem Sie nicht gestört werden, und setzen Sie sich bequem hin.
- Schließen Sie die Augen.
- Spüren Sie Ihren Atem, wie er sanft und kühl die Nasenlöcher hinein- und wieder hinausfließt, ohne daß Sie bewußt etwas verändern.
- Tasten Sie mit den Händen Ihr Gesicht ab. Lassen Sie danach die Gesichtshaut ganz locker und entspannt.
- Vergegenwärtigen Sie sich nun das Gesicht bzw. die Mimik, die Sie Ihrer Umwelt überwiegend zeigen. Ist es ein munterer Ausdruck? Lächeln Sie oft? Zeigen Sie ein Pokerface? Oder tragen Sie eher eine deprimierte Miene mit herunterhängenden Mundwinkeln zur Schau?
- Stellen Sie sich vor, daß Ihr Gesicht momentan diesen Ausdruck trägt – ohne daß Sie ihn tatsächlich zeigen.
- Lassen Sie nun in Ihrer Phantasie diesen Gesichtsausdruck zu einer Maske aus einem festen Material werden, z. B. aus Pappmaché.
- Rücken Sie diese Maske im Geiste etwa zehn Zentimeter von Ihrem Gesicht ab, jedoch so, daß Ihr Gesicht dahinter gut geschützt bleibt.
- Spüren Sie jetzt, wie sich Ihr Gesicht hinter der Maske anfühlt. Wahrscheinlich werden Ihre Züge schlaffer. Vielleicht fühlen Sie sich erschöpft oder deprimiert. Eventuell fühlen Sie sich auch wütend, ärgerlich, frech oder lustig. Alles ist möglich.
- Nehmen Sie diese Empfindung, geschützt hinter der Maske, so intensiv wahr, wie es Ihnen angenehm ist.
- Stellen Sie sich nun vor, daß Sie die Maske direkt auf Ihr Gesicht setzen. Sie wird weich, wird zu Ihrer Haut. Die Maske und das Gesicht dahinter verschmelzen wieder zu einer Einheit.
- Massieren Sie Ihr Gesicht leicht und sanft mit den Händen.

- Reiben Sie Ihre Handflächen fest aneinander. Atmen Sie tief durch. Beenden Sie die Übung.

Typische Masken der Einsamkeit

Haben Sie gemerkt, daß es einen Unterschied zwischen dem gibt, was Sie anderen zeigen, und dem, was Sie wirklich fühlen? Vielleicht haben Sie auf diese Weise bereits Ihre persönliche Einsamkeitsmaske entdeckt. Wenn nicht, dann möchte ich Ihnen gerne einige Masken vorstellen, die häufig dazu benutzt werden, sich selbst von der Einsamkeit abzulenken und gleichzeitig den inneren Zustand vor der Umwelt geheimzuhalten. Lassen Sie die folgenden Beschreibungen einmal in Ruhe auf sich wirken. Möglicherweise finden Sie darin eigene Verhaltensweisen wieder.

Die Workaholic-Maske

Wer die Arbeit zu seinem einzigen Lebensinhalt erhebt, vermeidet es zu fühlen, wie es ihm wirklich geht. Nach außen hin ist diese Haltung in unserer leistungsorientierten Gesellschaft akzeptiert. Die Karriere verlangt eben ganzen Einsatz. Wenn man deshalb keine Möglichkeit mehr findet, über den Beruf hinaus Kontakte zu knüpfen, ist das ja verständlich.

Ein echter Workaholic – sei er männlich oder weiblich – würde sein Bett am liebsten in der Firma, der Praxis oder der Kanzlei aufschlagen. Überstunden sind die Regel. Urlaub macht er höchst ungern. Am liebsten nimmt er seinen Laptop, sein Handy und die wichtigsten Unterlagen mit und macht das Hotelzimmer zum Büro. Oder er schleppt einen Koffer voller Fachbücher mit. Falls er es überhaupt fertigbringt, ein paar zusammenhängende Tage auszuspannen! Schon einzelne Feiertage sind ihm ein Horror. Da weiß er nichts mit sich anzufangen, es sei denn, er nutzt sie, um einiges aufzuarbeiten. In einer Vorgesetztenposition kann ein Workaholic das Privatleben sämtlicher Mitarbeiter und Mitarbeiterinnen sabotieren, indem er ihnen ähnliches abverlangt wie sich selbst. Ich erinnere mich noch an die Klage einer Sekretärin, die immer eine Stunde länger bleiben mußte, obwohl es nichts mehr zu tun gab. Angeblich hätten nach siebzehn Uhr ja noch Kunden anrufen können. Es kam nie ein Anruf.

Die Action-Maske

Bei ihr handelt es sich um die private Variante der Workaholic-Maske. Entsprechend bunter kommt sie daher. Früher nannte man das etwas betulich eine »Betriebsnudel« oder einen »Hans Dampf in allen Gassen«. Die Action-Maske hat etwas von dem alten Zarah-Leander-Song »Nur nicht aus Liebe weinen, es gibt auf Erden nicht nur den einen. Es gibt so viele auf dieser Welt. Ich liebe jeden, der mir gefällt«. Ein wilder Lebenstanz soll darüber hinwegtäuschen, daß innen drin die Sehnsucht nach Ruhe und Geborgenheit noch immer unbefriedigt ist.

Erst kürzlich saß in meiner Praxis ein Mann, der seine Einsamkeit auf diese Art verbarg. Er zählte mir ein Unterhaltungsprogramm auf, das mich schon vom bloßen Zuhören erschöpfte: In aller Herrgottsfrühe joggt er erst einmal um die Alster und absolviert sein Fitneßprogramm am Hometrainer. Über Tag wird dann vom Büro aus der Abend organisiert, zum Beispiel mit ein paar Kumpels um die Ecken zu ziehen oder Fußball spielen und anschließend noch bis nach Mitternacht in die Kneipe. Am Wochenende kommt seine Harley Davidson zum Einsatz, auf der Rennstrecke in Richtung Ostsee. Nach Berlin fährt er auch ziemlich oft, weil da richtig was los ist.

Ja, es ist immer etwas los – so viel, daß er nicht mehr spüren muß, wie einsam er im Grunde ist, und daß niemand auf die Idee kommt, Einsamkeit bei ihm zu vermuten. Sogar während der Beratungsstunde erzählte er viel und schnell, damit keine Pause entstand, in der ich ihn am Ende nach seinen Gefühlen hätte fragen können. Schließlich kam er wegen dieser merkwürdigen Herzbeschwerden. Nichts Organisches, meinte sein Arzt. Meine Vermutung: akute Einsamkeit hinter der Action-Maske.

Die Sex-Maske

Der kurzfristige Wechsel zwischen den Liebesobjekten verschafft die Illusion, nicht allein zu sein. Wenn schon keine echte Verbindung zustande kommt, dann wenigstens körperliche Nähe. Indem man immer wieder Liebesabenteuer eingeht, beweist man sich und anderen, daß man kein weibliches oder männliches Mauerblümchen ist. Leider bleibt von diesen kurzen Verbindungen oft nichts weiter zurück als ein schaler Geschmack.

Normalerweise ist die Bildzeitung nicht gerade die Quelle, die ich als Referenz zitiere, doch in diesem Fall gibt sie mir volle Unterstützung: Vor einiger Zeit brachte sie einen großen Artikel über Frauen, die mit vielen Männern geschlafen haben. Ich muß sagen, daß mich die freimütigen Aussagen dieser Frauen ziemlich erschüttert haben. Nicht etwa aus moralischen Gründen – ich finde, jeder Mensch soll sein Liebesleben nach seinem Gusto gestalten –, sondern weil ich aus den Sätzen eine unglaubliche Einsamkeit und Traurigkeit herauslesen konnte. Die Frauen boten ihren Körper an, um Nähe und Zuneigung zu gewinnen, und wurden doch nur ausgenutzt. Inzwischen waren einige von ihnen sehr verletzt und verbittert. Mit Sexualität Einsamkeit zu verbergen, ist keineswegs nur Frauensache. Ich kenne auch Männer, die versuchen, ihr Einsamkeitsgefühl mit möglichst vielen erotischen Abenteuern zu kompensieren.

Die Sozial-Maske

In der Maske des Altruismus vermitteln wir uns selbst und anderen die Illusion, gebraucht zu werden und einen festen Platz im sozialen Gefüge zu haben. Mit echtem Engagement hat das wenig zu tun, wohl aber viel mit Einsamkeit. Dabei sieht die Sozial-Maske auf den ersten Blick überhaupt nicht nach Einsamkeit aus. Schließlich hat ihre Trägerin oder ihr Träger immer jemanden zum Kümmern an der Seite.

So wie damals meine Kommilitonin Annette. In unserer Arbeitsgruppe zeigte sie eine ausgesprochen mütterliche Art. Wenn sie ihren besorgten Blick auf mich richtete und sagte: »Ist alles in Ordnung? Du siehst blaß aus!«, dann fühlte ich mich auf der Stelle schlecht und nahm dankbar den Vorschlag an, mit ihr einen Kaffee zu trinken. Annette war für ihre Florence-Nightingale-Attitüde bekannt. Sie nahm jede Möglichkeit wahr, sich emotional unentbehrlich zu machen. Ständig betreute sie irgendwen, der gerade unter Liebeskummer litt, oder bot Leuten Asyl, die ohne Job oder Dach über dem Kopf waren. Eines Tages schleppte ihr ein flüchtiger Bekannter sogar vier noch nicht stubenreine Welpen an und bat sie, auf die Hundebabys aufzupassen, derweil er auf Reisen ging. Annette sagte zu allem ja und amen. Nur einmal, als sie bei einem Unifest zu viel Rotwein getrunken hatte, brach es aus ihr heraus, daß immer sie sich um andere kümmern mußte, aber nie einer danach fragte, wie es ihr denn ging. Annette wußte: Sobald sie ihre unterstützende Funktion aufgab, war sie allein.

Dieses Muster habe ich später noch bei zahlreichen anderen Frauen wiedergefunden. Sie hören stundenlang zu, spielen den Babysitter, gießen die Blumen der Nachbarn, backen Kuchen für das Stadtteilfest, helfen beim Umzug oder der Renovierung. In der Firma gelten sie als Seele des Betriebes, in der Familie sind sie diejenigen, die die pflegebedürftige Mutter betreuen und die Geschwister zusammenhalten.

Männer sind aufgrund ihrer Sozialisation weniger gefährdet, sich diese Maske aufzusetzen. Nur gelegentlich trifft man sie in Form des gutmütigen Hausfreundes, der immer bereit ist, die Katzen zu füttern oder das liegengebliebene Auto abzuschleppen. Und doch: In der vergangenen Woche hörte ich die Geschichte eines einsamen Mannes, der in seiner Freizeit einem Paar ohne Entgelt für seine Arbeit ein halbes Eigenheim gebaut hat – nur um nicht allein zu sein.

Die Kauf-Maske

Materieller Anreiz kann eine erfolgreiche Maske gegen die Einsamkeit sein. Es gibt immer Menschen, die wie die Fliegen am Fänger hängen, sobald andere mit etwas winken, das sie gerne hätten: ein schnelles Auto, Beziehungen, Kontakte, eine Machtposition. Dafür zahlen sie mit ihrer Anwesenheit und ihrer Aufmerksamkeit. Mit diesem Freundschaftsersatz gibt sich der einsame Mensch zufrieden, täuscht es doch ihm und seiner Umgebung Sympathie und Gesellschaft vor.

Vielleicht hatten Sie auch in Ihrer Schulklasse ein Kind, das sich mit Bonbons und Spielzeug Zuwendung erkaufte? Das gleiche System funktioniert auch bei Erwachsenen. Gerd, ein Zahnarzt in der Nähe von München, verdient genug, um als Mäzen aufzutreten. Er versammelt junge Künstlerinnen und Künstler um sich und kauft ihre Bilder auf. Da Kunst meist brotlos ist, sind sie finanziell von ihm abhängig. Obwohl seine Schützlinge heimlich meutern, daß sie schon wieder an einem von diesen langweiligen Essen teilnehmen müssen, spielen sie mit. Schließlich stellt er ihnen ja auch sein Haus in der Toscana als Atelier zur Verfügung.

Die Extravaganz-Maske

Gedichte schreiben, malen, Ausdruckstanz proben, esoterische Techniken erlernen, weite Reisen unternehmen, Philosophie betreiben, aus einer feinen Familie kommen – alles, was uns den Hauch des Besonderen vermittelt, kann als exzentrische Maske genutzt werden. Durch unsere Selbstdarstellung vermitteln wir, daß einfach niemand zu uns paßt. In Wirklichkeit sind unsere Ansprüche eine Schutzmauer, hinter der wir unsere Einsamkeit verbergen.

Die Maske des Besonderen ist Ihnen möglicherweise von früher vertraut. Viele Jugendliche setzen sie sich gerne in der Pubertät auf. In einer Zeit des inneren Umbruchs umgeben sie sich mit einer Aura der Individualität, um zu verbergen, wie unsicher und einsam sie im Grunde sind. Ich erinnere mich jedenfalls gut daran, wie nützlich diese Maske seinerzeit war. Damals war zwar Punk noch kein Begriff, aber Schwarz war durchaus schon die Farbe, mit der man sich vom Rest der Welt abheben konnte. Existentialistisch düster gekleidet, wanderte ich mit meinem Skizzenblock unterm Arm durch unsere Kleinstadt und würdigte niemanden eines Blickes. Ich war nicht einsam, ich war eine angehende Malerin, die mit den örtlichen Spießern nichts zu tun haben wollte.

Die Extravaganz-Maske ist nicht nur auf die Zeit zwischen fünfzehn und achtzehn beschränkt. Ich kenne eine Reihe Exzentriker beiderlei Geschlechts, die schon fast vor der Midlife-crisis stehen und sich ihrer immer noch eifrig bedienen. Toni zum Beispiel, der seinen Status als angehender Opernsänger pflegt. Daß er seinen Lebensunterhalt als Nachhilfelehrer für Englisch und Mathematik verdient, unterschlägt er gerne. Selten sieht man ihn ohne Partitur unterm Arm. Für Frauen und enge Freundschaften hat er keine Zeit. Die Musik bestimmt sein Leben. Oder Marlene, die zweiundvierzigjährige Lektorin. Sie hat längere Zeit in einem Ashram in Indien gelebt und dort meditieren gelernt. Nun lebt sie zurückgezogen, meist in geistiger Versenkung.

Wer dagegen etwas sagt, »ist eben in seiner Entwicklung noch nicht soweit«. Meditation ist ein einsames Geschäft, wie jeder weiß.

Die Hilferuf-Masken

Ich habe hier zwei Masken zusammengefaßt, weil sie exakt die gleiche Bedeutung haben: Sie stellen eine versteckte Aufforderung dar, ihren Trägern Aufmerksamkeit zu schenken und sie damit aus der Einsamkeit zu erlösen. Leider kommen sie so verdreht daher, daß sie genau das Gegenteil bewirken:

Wenn wir die *Igelmaske* tragen, fahren wir jede Menge Stacheln aus. Wir behandeln die Kollegin, die uns die falsche Akte auf den Tisch gelegt hat, wie ein dummes Kind oder fauchen die Sprechstundenhilfe an, weil wir so lange im Wartezimmer sitzen müssen. Wir liegen mit unseren Nachbarn im Streit, weil die immer ihren Müllbeutel im Treppenhaus stehenlassen, und schreiben böse Briefe ans Bezirksamt wegen der vielen Hunde im Park. Wir sind nicht wirklich böse – wir sind unglücklich und wünschen uns im Grunde, daß das endlich jemand erkennt, uns in den Arm nimmt und sagt: »Ich mag dich.« Doch wer küßt schon gerne einen Kaktus? Mit der Igelmaske vertreiben wir alle.

Die *Krankheitsmaske* erscheint sanfter, schreckt aber ebenso ab. Permanentes Leiden geht vielen auf die Nerven. Die Sekretärin, die mit gequälter Miene im Büro herumläuft, weil sie wieder diese schrecklichen Kopfschmerzen hat, oder der Ingenieur, der wegen seiner Bandscheibe ständig alle möglichen Rücksichtnahmen fordert – sie erhalten zwar für ein Weilchen Mitleid, doch dann wird es den anderen lästig. Wohlgemerkt handelt es sich bei den ewig kränkelnden Mitmenschen nicht um Simulanten. Der Kopf, der Rücken oder was immer tut wirklich weh. Aber die wahre Ursache für das Leiden ist kein organischer Defekt, sondern Einsamkeit.

Eine Maske ändert nichts

Vielleicht hat Ihnen diese Typologie der gängigen Masken ein Aha-Erlebnis vermittelt, indem Sie einige Züge bei sich wiedergefunden haben. Oder die Beschreibung hat Ihnen den Blick für Verhaltensweisen geschärft, die Sie selbst benutzen.

Sämtliche Masken der Einsamkeit, egal, wie sie im Detail aussehen, haben einen großen Nachteil: Sie ändern nichts. Im Gegenteil, sie schreiben den Status quo immer fester. Sie wirken wie Schmerztabletten gegen Kopfweh. Für eine Weile ist der Schmerz betäubt, doch an den Ursachen ändert sich nichts.

Wenn Sie aus der Einsamkeit herauswollen, geht kein Weg daran vorbei, die Maske abzulegen.

So legen Sie Ihre Einsamkeitsmaske ab

Sich von einer Maske zu trennen, ist sehr schwer. Immerhin handelt sich um ein vertrautes Verhalten, das wahrscheinlich schon lange besteht. Unter Umständen hat es sich schon so verfestigt, daß man sich nicht mehr allein daraus befreien kann. Ausgeprägter Workaholismus oder psychosomatische Störungen zum Beispiel benötigen eine psychotherapeutische Behandlung.

Doch auch bei normaler Ausprägung dürfen Sie nicht erwarten, daß sich von heute auf morgen etwas ändern läßt. Die eigene Persönlichkeit krempelt man nicht mal eben in ein paar Wochen um. Sie müssen geduldig und behutsam mit sich umgehen. Am besten gehen Sie schrittweise vor.

Der erste und wichtigste Schritt besteht darin, daß Ihnen überhaupt bewußt wird, daß Sie sich hinter einer Maske verschanzen. Damit haben Sie schon eine große Leistung vollbracht. Nur wenige Menschen wagen es, so ehrlich mit sich zu sein. Sie dürfen jedenfalls stolz darauf sein, daß Sie Ihre Maske erkannt haben. Registrieren Sie genau, wie sie aussieht.

Der nächste Schritt ist eine Art Trockenkurs. In Ihrem konkreten Verhalten müssen Sie zunächst noch gar nichts verändern. Stellen Sie sich erst einmal vor, wie ein anderes Verhalten überhaupt aussehen würde. Sie können nämlich kein unerwünschtes Verhalten abbauen, ohne eine Alternative zu haben. Malen Sie sich den Kontrast zu Ihrer Maske in allen Einzelheiten aus. Wenn Sie z. B. dazu neigen, so zu tun, als wären Sie total ausgebucht, dann stellen Sie sich vor, wie Sie sagen, daß Sie an diesem Wochenende nichts vorhaben. Oder wenn Sie sich schnell ins Schneckenhaus zurückziehen, dann malen Sie sich aus, wie Sie freundlich mit anderen plaudern.

Durch diese geistige Übung entsteht ein genaues Bild von der Haltung, die Sie in Zukunft einnehmen möchten. Indem Sie eine Vision, ein Ziel entwickeln, kommen Sie Ihrer Veränderung ein gutes Stück näher. Lassen Sie diese Bilder so oft wie möglich vor Ihrem inneren Auge ablaufen.

Im dritten Schritt notieren Sie sich zuerst, was für Ihr Kontrastprogramm charakteristisch ist. Setzen Sie das portionsweise in die Praxis um. Machen Sie regelmäßig kleine Experimente mit dem neuen Verhalten. Dabei sollen Sie sich nicht übernehmen. Am besten fangen Sie mit den leichtesten Übungen an und steigern sich dann in Schwierigkeitsgrad und Häufigkeit.

Kontrastprogramme zu den Masken der Einsamkeit

Falls Ihre Maske einer der beschriebenen Formen ähnelt, möchte ich Ihnen gerne noch spezielle Hinweise geben, wie Sie davon loskommen können.

- Als *Workaholic* beenden Sie Ihre Arbeit so pünktlich wie möglich. Sie entwickeln Ideen, was Sie in Ihrer Freizeit alles unternehmen möchten. Sie buchen einen Kurzurlaub und tun nur, wonach Ihnen zumute ist. Vielleicht liegen Sie tagsüber faul im Liegestuhl, abends gehen Sie tanzen.

- Falls Sie bisher eine *Action-Maske* getragen haben, genießen Sie jetzt einen gemütlichen Abend oder ein Wochenende zu Hause. Gehen Sie höchstens dreimal pro Woche aus. Telefonieren Sie weniger häufig. Hören Sie mehr zu, als daß Sie selbst etwas erzählen.

- Sie möchten die *Sex-Maske* ablegen? Dann schleppen Sie als Mann niemanden mehr abends aus der Disco ab. Als Frau laden Sie keine Zufallsbekanntschaft zu sich ein. Sie unterhalten sich gerne – aber mehr ist in der nächsten Zeit nicht drin. Trinken Sie keinen oder wenig Alkohol. Mustern Sie als Frau eventuell auch einiges aus Ihrem Kleiderschrank aus. Wenn Sie sich in Ihrem scharfen Mini schön finden, ist das okay, aber als Köder sollte er ausgedient haben.

- Das Kontrastprogramm zur *Sozial-Maske* heißt »Grenzen setzen«. Sagen Sie entschieden nein, sobald jemand Ihre Gutmütigkeit ausnutzen will. Halten Sie die Schuldgefühle aus, die garantiert kommen werden. Überlegen Sie, was Sie sich selbst Gutes tun können.

- Soll die *Kauf-Maske* für Sie passé sein, dann schweigen Sie eisern über Ihre Beziehungen oder sonstigen Meriten. Bieten Sie eine Zeitlang nichts ohne echte Gegenleistung an. Bleiben Sie lieber ohne Gesellschaft, als daß Sie sie sich erkaufen. Prüfen Sie, wer dann noch übrigbleibt.

- Wenn Sie die *Extravaganz-Maske* ablegen möchten, geben Sie sich bewußt ganz natürlich. Verzichten Sie entsprechend auf auffällige Kleidung, auf besondere Ausdrucksweise oder exaltiertes Verhalten. Sie brauchen nicht zur grauen Maus mutieren, aber vermeiden Sie jede Übertreibung.

- Die *Hilferuf-Masken*:
  Wenn Sie sich hinter *Leiden* verbergen, lassen Sie sich als erstes gründlich von einem Arzt untersuchen, damit die körperliche Seite eindeutig abgeklärt ist. Halten Sie sich an die ärztlichen Verordnungen. Gehen Sie mental gegen die Beschwerden an. Vermeiden Sie es, vor anderen zu klagen. Lenken Sie sich ab.

Wenn Sie die *Igel-Maske* gewählt haben, ist bewußte Freundlichkeit Ihr neuer Weg. Reagieren Sie nicht automatisch gereizt. Fragen Sie sich erst einmal, ob sich der Ärger wirklich lohnt. Stellen Sie sich dazu vor, Sie hätten nur noch ein Jahr zu leben. Würde diese Kleinigkeit Sie dann wirklich aufregen?

Vor allem aber machen Sie sich klar, daß die Hilferuf-Maske einen Umweg darstellt. Versuchen Sie lieber direkt, positive Aufmerksamkeit zu gewinnen. Am besten gelingt es Ihnen, wenn Sie anderen die Zuwendung geben, die Sie sich wünschen.

Ohne Maske frei für neue Wege

Sich von seiner Maske zu trennen, bedeutet nicht nur, Ballast abzuwerfen. Es ist auch ein Abschied. Möglicherweise verabschieden Sie sich von einem Abschnitt Ihres Lebens. Trösten Sie sich damit, daß es kein Abschied für immer ist. Wesenszüge oder Verhaltensmuster, die Ihnen als Maske gegen die Einsamkeit gedient haben, sind ja nicht endgültig verschwunden. Sie werden nur nicht mehr in dieser Funktion eingesetzt. Sie dürfen also auch weiterhin Anfälle von Arbeitseifer bekommen, eine Nacht durchtanzen oder flirten. Sie dürfen auch mal jammern, zickig sein, sich um andere kümmern oder Ihre Beziehungen spielen lassen – nur eben mit anderem Motiv.

Sie werden sehen: Wenn Sie sich von der Maske trennen, mit der Sie bisher Ihre Einsamkeit vor sich und anderen kaschiert haben, steht Ihnen plötzlich viel mehr Energie frei zur Verfügung. Ihre Kraft wird nicht länger durch Angst oder Scham gebunden. Jetzt sind Sie frei und können sich um Strategien kümmern, die Sie *wirklich* aus der Einsamkeit führen.

Kapitel 4

Die Einsamkeit in den Lebensphasen

Sie glauben, es liegt an Ihnen, daß Sie zur Zeit einsam sind? Stop, suchen Sie die Ursachen nicht zu schnell allein bei sich. Es kann auch an Ihrer aktuellen Lebensphase liegen.

Geteiltes Leid ist halbes Leid

Vielleicht sagen Sie jetzt: »Na und? Was nützt mir das? Einsamkeit ist schließlich Einsamkeit.« Das sehe ich anders. Wenn es ganz natürlich ist, daß wir gegenwärtig einsam sind, dann können wir uns leichter damit abfinden, als wenn wir uns vorwerfen, persönlich zu versagen. Geteiltes Leid ist ja bekanntlich halbes Leid.

Wie wahr dieses Sprichwort ist, habe ich in den vergangenen Monaten erlebt. An Seminaren zu Themen wie »Warum esse ich zuviel?« oder »Das Leben entrümpeln, Ballast abwerfen« nahmen Frauen teil, die sich belastet fühlten. Sie wollten daran etwas ändern und sprachen, teilweise zum ersten Mal, ganz offen über ihre Probleme. Daß sie so mutig und ehrlich waren, zeigte einen für sie erstaunlichen Nebeneffekt: Als sie hörten, daß es den anderen ähnlich ging, wurde ihre Last plötzlich leichter. Einige sagten wörtlich: »Es tut gut zu erfahren, daß ich mich nicht alleine damit herumquäle.«

Das gilt auch für die Einsamkeit. Indem wir erfahren, daß andere in einer vergleichbaren Situation stecken, relativiert sich das eigene Leiden.

Wer den Auslöser kennt, kann ihm wirkungsvoller begegnen

Wenn Sie wissen, in welcher Phase Sie Einsamkeit erwartet, haben Sie die Chance, sich rechtzeitig vorzubereiten. Sie werden dann nicht einfach von der Einsamkeit überfallen, sondern sind gewappnet und können Gegenstrategien entwickeln. So weit, so gut. Aber eines ist damit noch nicht geklärt: Gibt es solche Phasen überhaupt?

Lebensphasen – gibt es die?

Diese Frage ist gar nicht so leicht zu beantworten, wie es auf den ersten Blick erscheint. Offenbar gibt es bestimmte wichtige Abschnitte im Leben. Schließlich können wir sie bei anderen und auch bei uns selbst nachweisen. Gleichzeitig existieren aber immer auch Gegenbeispiele. Manche Menschen gleiten einfach so durchs Leben, ohne daß man etwas von bestimmten Abschnitten merkt. Die haben offenbar keine Pubertätskrise oder Probleme mit dem Älterwerden.

Trösten Sie sich, auch die Forscher sind sich in diesem Punkt uneins. Damit Sie sich selbst ein Bild machen können, möchte ich Ihnen kurz einige gegensätzliche Richtungen vorstellen.

Phasenmodelle: Levinsons Leiter und Eriksons acht Lebensphasen

In den vergangenen Jahrzehnten hat es immer wieder bedeutende Wissenschaftler, vor allem Psychologen und Pädagogen, gegeben, die nach langjähriger Erfahrung ein Schema der Lebensphasen aufgestellt haben.

Einer der bedeutenden ist der Psychologe Levinson von der Yale University. Er begann seine Untersuchungen Ende der sechziger

Jahre, indem er Fragebögen, Interviews und die Auswertung von Biographien bekannter Männer der Zeitgeschichte benutzte. Daraus entwickelte er für die Zeitspanne zwischen Jugend und Alter die sogenannte »Levinson-Leiter«. Sie besagt, daß man sich in jedem Alter ganz spezifischen Aufgaben und Herausforderungen stellen muß, z. B. der Berufs- oder Partnerwahl. An der Schwelle jeder wichtigen Phase im Erwachsenenleben gibt es einen vorhersehbaren unruhigen Übergang: von 17 bis 22 Jahren zum frühen Erwachsenenleben, zwischen 40 bis 45 Jahren zum mittleren Erwachsenenleben und mit 60 bis 65 Jahren zum späten Erwachsenenleben. Allerdings sind diese Ergebnisse nur auf Männer bezogen.

Beide Geschlechter berücksichtigt der Entwicklungspsychologe Erik Erikson, dessen Werk bis heute gültig ist. Erikson entwickelte ein Acht-Phasen-Modell, in dem er das Leben in folgende Etappen aufteilt: 1. Kleinkindalter, 2. Frühe Kindheit, 3. Spielalter, 4. Schulalter, 5. Jugend, 6. Junges Erwachsenenleben, 7. Reife, 8. Alter.

Jede einzelne Etappe hat laut Erikson ihre spezifischen Konflikte. So kämpfen z. B. im Schulkind Eifer und Minderwertigkeitsgefühle miteinander und bei jungen Erwachsenen Intimität gegen Isolation. Nach Erikson muß der Mensch mit den Konflikten jeder Phase fertig geworden sein, bevor er zur nächsten weitergehen kann.

Gegenposition: Es gibt keine Phasen!

Während auf der einen Seite die Phasentheorien entwickelt wurden, kamen Wissenschaftler mit anderen Studien zu genau entgegengesetzten Ergebnissen.

Der Soziologe Michael Farrel von der State University of New York etwa suchte vergeblich nach der großen Krise bei Männern mittleren Alters. Für den Psychologen Albert Bandura von der

Stanford University spielen Zufälle eine entscheidendere Rolle als ein vorgegebenes Raster. Wann wir unseren Job anfangen oder wann wir heiraten ist oft davon abhängig, welche berufliche Chance uns geboten wird oder ob uns die große Liebe über den Weg läuft. Nancy Schlosser, Psychologin an der Universität von Maryland, bestreitet ebenfalls aufgrund eigener Untersuchungen, daß es einen einzigen allgemeingültigen Fahrplan für die Entwicklung im Erwachsenenalter gibt.

Die Wahrheit liegt in der Mitte

Wer hat denn nun recht? Nachdem sie die unterschiedlichen Theorien gesichtet haben, kommen Anne Rosenfeld und Elisabeth Stark, Redakteurinnen der Zeitschrift »Psychology Today«, zu folgendem Fazit: »Wer nach einem allgemein gültigen Muster für sein Leben sucht und Gewißheit will, für den werden die widersprüchlichen Forschungsergebnisse frustrierend sein. Sie lassen jedoch genügend Raum für die unterschiedlichsten Szenarios im jungen und späteren Erwachsenenalter.«[14]

Das heißt im Klartext, daß die Wahrheit offenbar in der Mitte liegt: Eine starre Einteilung funktioniert nicht mehr in einer Welt, in der sich ehemals feste Strukturen auflösen und jeder weitgehend frei entscheiden kann. Es gibt nicht mehr das »passende« Alter zum Kinderkriegen, ebenso wenig wie die »richtige« Zeit zum Heiraten. Gleichzeitig gilt aber auch, daß wir zu bestimmten Zeiten unseres Lebens bestimmte Anforderungen erfüllen müssen. Z. B. daß wir mit etwa sechs Jahren eingeschult werden, oder daß erwachsene Kinder irgendwann das Elternhaus verlassen. Einfluß haben auch festgelegte biologische Vorgänge, wie die Hormonschübe in der Pubertät oder in den Wechseljahren.

Wenn wir also im folgenden über Phasen sprechen, die Einsamkeit auslösen können, dann ist das nicht als unverrückbare Tatsache zu verstehen. Wir sind flexibler als unsere Großeltern, die Grenzen zwischen den Lebensaltern sind fließender geworden. Doch die Erfahrung zeigt uns auch, daß es immer noch einige »klassische« Schaltstellen für Einsamkeit geben kann.

In Seminaren arbeite ich häufig mit dem sogenannten »Lebens-panorama«: Die Teilnehmer und Teilnehmerinnen gehen ihr Leben zunächst in Gedanken noch einmal durch. Danach malen sie es, von der Geburt angefangen bis zur Gegenwart. Welche Form sie für ihre Erinnerung wählen, bleibt ihnen überlassen. Manche drücken sich mit Strichmännchen und Sprechblasen aus, andere mit Farben und abstrakten Formen. Dieser Blick von oben auf das gesamte bisherige Leben – daher auch der Name »Lebenspanorama« – erlaubt es, Zusammenhänge und Verläufe genauer zu sehen. In den zahlreichen Lebensbildern, die ich auf diese Weise betrachten durfte, habe ich immer wieder bestimmte Phasen gefunden, die unabhängig von den individuellen Erleb-nissen erschienen.

Es gibt durchaus kritische Phasen, in denen sich Einsamkeit be-sonders leicht einstellen kann. Man darf sie gewiß nicht als zwingend notwendige, unumgängliche Ursache für Einsamkeit betrachten. Sie lösen sie aber möglicherweise aus. Ich möchte Ihnen deshalb diejenigen vorstellen, die erfahrungsgemäß mit Einsamkeit verbunden sein können. Dabei habe ich mich auf die Phasen beschränkt, die für alle gelten, weil sie mit Altersstufen zu tun haben. Ausgelassen habe ich diejenigen, die sich auf spe-zielle Lebenssituationen beziehen, wie das »Leere-Nest-Syn-drom« für Hausfrauen und Mütter, das oft entsteht, wenn die Kinder das Haus verlassen, oder die Pensionierung.

Lassen Sie uns gemeinsam die Phasen anschauen, die mit dem allgemeinen Verlauf des menschlichen Lebens zu tun haben. Dann können Sie selbst überprüfen, ob sich Ihre Einsamkeit einer bestimmten Lebensphase zuordnen läßt. Sollte das der Fall sein, dann geben Ihnen die dazugehörigen Hinweise vielleicht besondere Impulse, etwas zu verändern.

Schließen Sie bitte die Augen. Stellen Sie sich vor, Sie fahren in einer Zeitmaschine zurück in Ihr zwölftes bis sechzehntes Lebensjahr. Schauen Sie sich von Ihrer sicheren Warte aus um: Wo leben Sie? Wer ist mit Ihnen zusammen? Wie geht es Ihnen? Was denken und was fühlen Sie? Öffnen Sie wieder Ihre Augen.

Wenn Sie Glück haben, sahen Sie soeben auf Ihrer Reise in die Vergangenheit ein freundliches Bild. Sie hatten verständnisvolle Eltern, gehörten zu einer netten Clique und entwickelten sich problemlos zu einem jungen erwachsenen Menschen.

Allerdings wäre dieser sanfte Verlauf eine große Seltenheit. Die Zeit der Pubertät ist eher stürmisch. Wir fühlen uns hin- und hergeschleudert zwischen dem kindlichen Wunsch, in der Familie geborgen zu bleiben, weiterhin Papas kleines Mädchen oder Mamas lieber Junge zu sein, und dem heftigen Verlangen, sich von daheim unabhängig zu machen. Die Hormone spielen verrückt, die erwachende Sexualität beunruhigt. Wir fragen uns, wer wir eigentlich sind. Unsere Altersgenossen – im psychologischen Fachjargon »Peer-group« genannt – spielen eine zunehmend größere Rolle. In ihrer Gesellschaft probieren wir uns aus. Wir suchen Antwort auf die Frage: Bin ich noch richtig? Komme ich beim anderen Geschlecht an? Obwohl wir äußerlich Nähe suchen, bleiben wir doch verschlossen und lassen niemanden wirklich an uns heran. Darin liegt die Einsamkeit dieser Zeitspanne begründet. Die Psychoanalytikerin Louise J. Kaplan bestätigt das mit etwas spröde klingenden Worten: »Das Fehlen jeder echten emotionalen Verbundenheit bei diesen Peergruppen-Erfahrungen führt dazu, daß sich Jugendliche einsam und von all jenen Dialogformen, nach denen sie sich eigentlich sehnen, entsetzlich abgeschnitten fühlen. Bei alledem haben sie keine Ahnung, was sie tun und wie ihnen geschieht.«[15] Im großen und ganzen werden ihr die meisten zustimmen. In der Pubertät suchen wir verzweifelt einen Menschen, der uns versteht, und ziehen uns gleichzeitig in unser Schneckenhaus zurück.

Die Pubertät kann weitreichende Folgen haben

Nun haben Sie höchstwahrscheinlich die Pubertät schon hinter sich und wundern sich, warum ich sie überhaupt noch in den Katalog der Einsamkeitsphasen aufgenommen habe. Der Grund dafür ist: Was wir in diesem verletzlichen Übergang vom Kind zur Frau oder zum Mann erleben, kann für uns prägend sein. Möglicherweise haben Sie in dieser Zeit schlechte Erfahrungen damit gemacht, sich anderen Menschen zu öffnen. Oder jemand hat Ihr Äußeres unüberlegt kritisiert und damit Ihr Selbstbewußtsein beeinträchtigt. Das kann Ihnen bis heute Probleme machen. Z.B. die Angst, zurückgewiesen zu werden, wenn Sie sagen, was Sie wirklich fühlen und denken, oder die Vorstellung, Sie seien einfach nicht attraktiv genug. In der Pubertät gewonnene Einstellungen können genauso einsam machen wie diejenigen, die Sie in der Kindheit erworben haben.

Sobald Sie in Ruhe darüber nachdenken, kommen Sie Überresten aus der Pubertät gewiß auf die Spur. Beantworten Sie dazu bitte die folgenden Fragen, und schreiben Sie die Ergebnisse auf:

- Welche Verhaltensweisen zeige ich erst seit meiner Pubertät? Z. B. die Angst, als Frau meine erotische oder als Mann meine weiche Seite zu zeigen.

- Welche Glaubenssätze habe ich aus dieser Zeit zurückbehalten, die mich heute noch beeinflussen? Z. B. »Männer schauen nur auf das Äußere«, »Frauen wollen immer nur den starken Mann«.

- Welche Schlußfolgerungen habe ich gezogen, die mein Handeln aktuell bestimmen? Z. B. »Am besten halte ich mich zurück, dann blamiere ich mich auch nicht«, »Mich versteht ja doch keiner«.

Wenn Sie sich von damals entstandenen Einstellungen befreien möchten, machen Sie sich bewußt, daß Sie heute nicht mehr der verletzbare, unsichere junge Mensch von damals sind. Inzwischen besitzen Sie mehr Lebenserfahrung. Es gibt keinen Grund, an überholten Gedanken und Gefühlen festzuhalten und dadurch die Einsamkeit zu verstärken. Betrachten Sie sich mit erwachsenen Augen und nicht mehr durch die Brille Ihrer pubertierenden Schulfreunde. Setzen Sie jeder Aussage aus obiger Liste eine Aussage der Stärke entgegen. Vermittelt Ihnen Ihr Pubertätsgefühl beispielsweise: »Mich schaut ja doch kein Mann (keine Frau) an«, dann könnten Sie dagegensetzen: »Das stimmt nicht. Ich hatte schon einige interessante Flirts. Außerdem kleide ich mich heute besser und bin selbstsicherer.« Machen Sie sich die Mühe, sämtliche überholten Formeln durch neue, positive zu ersetzen.

Jung und einsam –
die Orientierungssuche der jungen Erwachsenen

Es war noch nie leicht, erwachsen zu werden. Auch wenn Literatur und Film diese Lebensphase oft romantisch verbrämen, ist der Start ins Leben eine anstrengende Zeit. Liebeskummer, Wahl der Studienfächer oder des Berufes, Bewährung auf unbekanntem Terrain, Selbstzweifel, Größenwahn, Ortsveränderung, Trennung von Freunden und Familie – ein ziemlich explosives Gemisch, das viele Möglichkeiten für Einsamkeit enthält. Ich erinnere mich jedenfalls noch gut, daß ich als Studentin einerseits mit Freunden nächtelang durch die Kölner Kneipen und Discos zog und andererseits heulend in meinem Appartement auf der Bettkante saß, weil mich der Weltschmerz gepackt hatte und ich mich fragte, was denn bitte der Sinn meines Lebens sei. Beim Start in das eigenständige Leben ist alles neu und aufregend und gleichzeitig fremd und unbekannt.

Die jungen Frauen und Männer, die heute am Start stehen, können viele Vorteile, die frühere Generationen für sie erkämpft haben, nutzen, wie etwa die Früchte der Emanzipationsbewegung oder den lockeren Umgang mit Verhütungsmitteln. Sie sind selbständiger, selbstbewußter und mobiler als ihre Vorgänger und Vorgängerinnen. Und trotzdem habe ich den Eindruck, daß sie es auf der anderen Seite schwerer haben: Sie dürfen keine Fehler machen. Vor einiger Zeit brachte die Zeitschrift »Brigitte« ein Dossier mit dem Titel »Jung und einsam« heraus.[16] Daß diese Kombination ziemlich provokant klingt, belegt schon der Vorspann: »Alt und einsam, ja. Krank und einsam, ja. Aber jung und einsam – das darf einfach nicht sein.« Sabine Vincenz, Autorin des Artikels, analysiert, warum die Verbindung von Jugend und Einsamkeit so ein großes Tabu ist: »Einsamkeit paßt einfach nicht zu dem Idealbild, das Werbung und Gesellschaft in einer unheilvollen Allianz vom jungen Menschen entworfen haben. Die Forderungen, die da auf die Twentysomethings niederprasseln, haben das Gewicht der Zehn Gebote.« Sie lauten:

- Du mußt erfolgreich sein.
- Du mußt auf eigenen Füßen stehen.
- Du mußt fit sein.
- Du mußt gut aussehen.
- Du mußt die richtigen Dinge besitzen.
- Du mußt die richtige Kleidung tragen.
- Du mußt beliebt sein.
- Du mußt tolle Leute kennen.
- Du mußt glücklich sein.
- Du mußt wahnsinnig verliebt sein.

Du mußt, du mußt, du mußt... Gegen diese Ansprüche steht die rauhe Wirklichkeit: Die Umwelt wird zerstört, es gibt immer mehr Arbeitslosigkeit, Familien brechen auseinander. Das Leben ist durch die neuen Medien komplexer geworden. Nichts ist mehr sicher und kalkulierbar. Ein Schulabschluß garantiert keine Ausbildung, eine Ausbildung keinen Arbeitsplatz. Laufend wird gefordert, daß wir flexibel sind. Auch im Privatleben ist nichts mehr für ewig.

Wo solche hohen Ansprüche gestellt werden, herrscht die Angst zu versagen. Wer nicht so ist, wie es die anderen erwarten, fühlt sich schnell isoliert. Ein grundlegendes Gefühl, verlassen zu sein oder zu versagen, erzeugt Einsamkeit. Wenn Sie heute um die zwanzig sind, erwartet man von Ihnen, daß Sie bereits so erfahren sind wie ein alter Hase. Sie sollen Ihr Leben so früh wie möglich selbst in die Hand nehmen. Da bleibt keine Zeit mehr, etwas auszuprobieren oder auch mal Fehler zu machen. Sabine Vincenz faßt diesen riesigen Anspruch so zusammen: »Wer es bis dreißig nicht geschafft hat, erfolgreich, unabhängig und wahnsinnig glücklich zu sein, der hat es schwer auf dieser Welt.« Sie tröstet jedoch auch: »Aber wenn er sich ein bißchen umguckt, wird er feststellen, daß er damit nicht allein steht.«

Genau in dieser Erkenntnis liegt die Lösung. Sie erfordert viel Mut – aber ist nicht ein Risiko immer noch besser als Einsamkeit?

Wenn Sie jung und einsam sind, wagen Sie es, sich dem unglaublichen Druck zu entziehen. Machen Sie das demonstrative »Ich bin superglücklich, superfit, supererfolgreich« nicht länger mit, nur um äußerlich dazuzugehören. Damit erreichen Sie nämlich nur einen scheinbaren Konsens, der Sie nicht wirklich befriedigt und vielleicht noch einsamer zurückläßt. Machen Sie sich auf den Weg zu sich selbst und dem, was Ihnen wirklich etwas bedeutet. Das kann z. B. heißen, daß Sie Ihr Geld nicht für Dinge ausgeben, die Sie gar nicht brauchen und auch nicht lieben, nur weil »man« in dieser Saison das teure Handtäschchen von Prada trägt oder einen Motorroller fahren muß. Es kann auch bedeuten, daß Sie genauer auf Ihre Wortwahl achten. Wenn Ihr Gegenüber in Übertreibungen schwelgt und alles »wahnsinnig« und »geil« findet oder »tierisch genervt« ist, müssen Sie das nicht übernehmen. Solche überzogenen Ausdrücke verhindern, daß man seine tatsächlichen Gefühle, die viel leiser und differenzierter sind, spüren kann.

Suchen Sie sich bei Ihrem Weg zu mehr Substanz und Gefühl Verbündete. Ich garantiere Ihnen, daß es weit mehr sind, als Sie glauben – und es sind oft diejenigen, von denen Sie es nicht vermuten. Ich treffe häufig junge Frauen und Männer, die sämtliche »Super«-Signale senden. Sie sind lässig, selbstsicher, cool, rich-

tig angezogen. Wenn sich dann ein intensiveres Gespräch ergibt
– meist, nachdem sie erfahren haben, daß ich Psychologin bin –,
darf ich für einen Moment hinter die beeindruckende Fassade
schauen. Es berührt mich immer sehr, wenn ich plötzlich den
jungen, unsicheren Menschen sehe, voller Fragen und zugleich
so voll Hoffnung auf Glück im Leben und in der Liebe.

Lassen Sie sich vom Auftreten der anderen nicht bluffen. Nehmen Sie Ihren ganzen Mut zusammen, und machen Sie das Spiel
nicht länger mit. Anstatt vor anderen eine Show abzuziehen, sagen Sie, wie Sie sich wirklich fühlen. Sie brauchen dabei nicht
die große Selbstoffenbarung zu leisten. Es reicht, wenn Sie es
vorsichtig andeuten. Ich weiß, Sie gehen damit ein großes Risiko
ein. Sie laufen Gefahr, abgelehnt oder arrogant belächelt zu werden. Aber es ist auch Ihre große Chance, daß Ihre Ehrlichkeit
die Ehrlichkeit eines anderen Menschen hervorruft. Das kann
das Ende Ihrer Einsamkeit sein.

Die Einsamkeit der Midlife-crisis

Der Mann ist Ende vierzig. Seinen Bauchansatz hat er in eine
Designerjeans gezwängt, die Lederjacke ist teuer, aber eine Spur
zu jugendlich. Lässig hält er seiner jungen Begleiterin die Tür
seines Sportcoupés auf.

Die Frau ist Ende vierzig. Ihre langen Haare sind hellblond ge-
färbt. Von hinten könnte man sie glatt für ihre Tochter halten.
Sie hat reichlich Make-up aufgetragen, und ihr Lachen klingt
eine Spur zu melodisch, um echt zu sein.

Auf was tippen Sie bei diesen Beschreibungen? Richtig, auf typische Beispiele für die »Midlife-crisis«. Vor rund zwanzig Jahren
hat die amerikanische Soziologin Gail Sheehy ihr bekanntes
Buch »In der Mitte des Lebens. Die Bewältigung vorhersehbarer
Krisen« herausgebracht.[17] Seitdem wird der Begriff »Midlife-crisis« allgemein benutzt.

Gail Sheehy nahm dafür noch die Zeit von Mitte dreißig bis Anfang vierzig an. Inzwischen hat sich die Spanne etwas nach oben verschoben, so daß wir uns eher über vierzig in der Mitte des Lebens fühlen. Die erste Hälfte unseres Daseins liegt hinter uns.

Natürlich ertönt nun kein Gong, keine Stimme verkündet feierlich: »Sie überschreiten jetzt den Zenit.« Das wird uns eher schleichend bewußt. Bisher haben wir aus dem vollen geschöpft, nun merken wir allmählich, daß wir doch älter werden. Die ersten Signale dafür sind meist äußerer Art:

- Unsere Haut ist nicht mehr so straff, Fältchen zeigen sich um die Augen und am Hals. Vielleicht tauchen sogar schon die ersten grauen Haarsträhnen auf.

- Outfits, die wir uns in jüngeren Jahren problemlos erlauben konnten, wirken plötzlich unpassend. So stellte ich z. B. irgendwann um die vierzig fest, daß ich mit einer Baseballkappe nicht mehr lässig, sondern ziemlich albern aussah, und daß die Zeit für dekorative Fähnchen endgültig vorbei war. Sie sahen nicht mehr hübsch, sondern billig aus.

- Im Beruf läßt man uns spüren, daß wir nicht mehr erste Wahl sind. Noch vor wenigen Tagen ging durch die Presse, daß ein Privatsender gnadenlos sämtliche älteren Moderatoren entläßt, egal, wie beliebt sie sind, und dafür jüngere einstellt. Dieses System gilt auch für weniger prominente Jobs. Junge Leute mit Biß, Power und neuen kreativen Ideen drängen auf unsere Posten.

- Die Kinder werden langsam flügge und überrunden in manchen Dingen ihre Eltern. Der Sohn schlägt seinen Vater im Tennis und erklärt seinem Alten Herrn etwas von oben herab, wie die neue Software funktioniert. Die Tochter hat ihren ersten Freund und sagt beim Einkaufsbummel in der Boutique gequält: »Mami, für so ein Kleid bist du nun wirklich zu alt.«

- Wir kommen nicht umhin zu prüfen, ob sich unsere Lebensträume realisiert haben. Wir vergleichen die Vorstellungen, die wir mit zwanzig hatten, mit dem, was wir tatsächlich erreicht haben. Wohl die meisten von uns werden fragen: »Wo sind eigentlich die Rosen geblieben, die es für mich regnen sollte?«

Alles gute Gründe, um deprimiert zu sein. Gail Sheehy sagt: »Zwischen dem Ende der Jugend und dem Beginn des Altwerdens tut sich zunächst ein Vakuum vor uns auf.«[18] Für viele von uns bedeutet das Einsamkeit. Wir ziehen uns zurück und werden bitter. Wer braucht uns denn noch? Soll das denn alles gewesen sein?

Wie man die Midlife-crisis besteht

Die Mitte des Lebens braucht nicht zur Krise auszuarten, und sie braucht auch nicht zu dauerhafter Einsamkeit zu führen. Entscheidend dafür ist, wie wir uns mit dem Übergang ins Älterwerden auseinandersetzen. Im Gegensatz zu jungen Jahren, wo uns ja noch eine Menge psychologisches Handwerkszeug fehlte, haben wir jetzt die notwendigen Kenntnisse. Wir müssen sie nur nutzen.

● *Halten Sie nicht verzweifelt an der Jugend fest.*
Männer versuchen das oft, indem sie ihre gleichaltrige Frau, die mit ihnen die erste Hälfte des Lebens gegangen ist, gegen eine wesentlich jüngere eintauschen. Sie geben sich der Illusion hin, daß eine junge Frau sie verjüngt. Frauen versuchen es eher über Äußerlichkeiten. Sie lassen sich liften, betreiben exzessiv Sport, um auf diese Weise die Zeit aufzuhalten.

Klüger ist es, die Trauer zu durchleben, die mit dem Abschied von der Jugend verbunden ist. Auf diese Weise werden Sie sie bald überwinden, anstatt sie jahrelang als depressive Verstimmung mit sich herumzutragen. Akzeptieren Sie die äußeren Zeichen Ihres Älterwerdens. Das gibt Ihnen die Chance, Ihre Erscheinung auf einer neuen Ebene attraktiv zu gestalten.

● *Verzichten Sie darauf, sich abzulenken.*

Sich krampfhaft auf die Arbeit oder ins Vergnügen zu stürzen, verschiebt die Krise höchstens um einige Jahre. Gail Sheehy beurteilt diejenigen, die das tun, recht scharf: »Sie verbrauchen ihre Kräfte im Umgang mit Äußerlichkeiten, weil sie Angst davor haben, einen Blick in die Tiefen der eigenen inneren Leere zu werfen.«[19] Gönnen Sie sich Ruhe. Übertriebene Aktivität bringt nicht mehr, sondern weniger.

● *Beschäftigen Sie sich mit den Veränderungen.*

Sheehys Ansicht nach können wir die Angst, daß es abwärts geht, nur dadurch vertreiben, daß wir uns mit ihr beschäftigen.[20] Über die beginnenden Veränderungen können Sie nachdenken, indem Sie sich die folgenden Fragen stellen:

– Was hat sich innerlich und äußerlich geändert?

– Was bedeutet das für mich?

– Welche Ziele möchte ich in diesem Leben noch erreichen?

– Bis wann?

– Was will ich konkret dafür tun?

● *Lassen Sie Ihren Wert nicht schmälern.*

Unsere Gesellschaft tut einiges, um Menschen über dreißig abzuwerten. Es ist Ihre Entscheidung, ob Sie das für sich akzeptieren. Kürzlich sprach ich mit einer intelligenten und attraktiven Redakteurin über einen geplanten Auftritt im Fernsehen. Sie sagte zweifelnd: »Eigentlich sind wir ja in unserem Alter nicht mehr fernsehtauglich.« Ich dachte, ich höre nicht recht. Schließlich führen Frauen »unseres Alters« nicht die neue Frühjahrsmode vor, sondern sind Expertinnen, denen gerade ihre langjährige Berufserfahrung Bedeutung verleiht.

Wehren Sie sich nicht nur gegen Minderung von außen, sondern vor allem in Ihrem eigenen Denken.

Auch wenn Sie jetzt vielleicht noch viele Jahre bis zum Alter vor sich haben, ist eine Vorschau auf diese Phase für Sie interessant, weil sie Ihnen die Angst vor Einsamkeit im Alter nehmen kann. Falls Sie schon älter sind, möchte ich Sie ebenfalls ermutigen, Einsamkeit nicht länger als unvermeidlich bis ans Ende Ihrer Tage anzusehen.

Ab wann ist man eigentlich alt? Im Januar 1997 wurde der Popsänger David Bowie fünfzig. Natürlich stürzten sich die Journalisten auf ihn und wollten Statements zu seinem Alter. Bowie reagierte lässig: »Ich halte mich an die chinesische Auffassung, daß das Alter erst mit achtzig anfängt. Und daß das mittlere Alter mit sechzig losgeht. Ich bin also im Moment voll auf der Höhe der Jugend. Alle Dreißigjährigen tun mir leid.«

Eine entspannte Einstellung, die man mit fünfzig sicher gut haben kann. Mit siebzig sieht die Sache schon ein bißchen anders aus. Altersbedingte Krankheiten stellen sich ein. Menschen der eigenen Generation sterben. Am schmerzlichsten ist der Verlust des Lebenspartners oder der Freunde. Es ist auch nicht leicht, mit der modernen Technik und veränderten Werten zurechtzukommen. Trotz alledem braucht kein alter Mensch einsam zu sein, dessen bin ich mir inzwischen sicher. Das ist nicht nur meine persönliche Erfahrung, sondern auch wissenschaftlich bewiesen.

Alter und Einsamkeit gehören nicht notwendig zusammen

Reinhold Schwab, Dozent am Psychologischen Institut der Universität Hamburg, stellt in seinem Buch »Einsamkeit. Grundlagen für die klinisch-psychologische Diagnostik und Intervention« die nüchterne Frage: »Muß man alte Menschen als besondere Einsamkeitsrisikogruppe ansehen?«[21] Seine Antwort auf der Grundlage sämtlicher aktuellen Untersuchungen lautet: »Man darf nicht vorschnell von der (größeren) sozialen Isolation bzw. dem häufigeren Alleinsein der Älteren auf größere Einsamkeit schließen. Die Untersuchungen zeigen überzeugend: Alte Menschen äußern durchschnittlich eher weniger Einsamkeit als jüngere. Damit soll selbstverständlich die Einsamkeit alter Menschen speziell nach dem Verlust des Partners bzw. der Partnerin und bei stark eingeschränkter Mobilität infolge zunehmender körperlicher Beschwerden nicht geleugnet werden. Nur: das Alter als solches macht nicht einsam.«[22]

Die amerikanische Psychologin und Sozialwissenschaftlerin Betty Friedan, inzwischen selbst über siebzig, beschäftigte sich zehn Jahre lang intensiv und kritisch mit allen Aspekten des Alters. Sie zog das Resümee, daß alte Menschen über ein hohes Niveau an geistiger, physischer und sozialer Kompetenz verfügen und daß diese Fähigkeiten keineswegs nur für eine kleine elitäre Gruppe gelten: »Ich machte mich auf die Suche nach dem ›Altbrunnen‹, indem ich nach Menschen Ausschau hielt, die ›vital‹ zu altern schienen und nicht der generellen Vorstellung von Verfall und Siechtum entsprachen. Nicht Genies, wie Picasso oder Casals oder Einstein, sondern meine Freunde und Nachbarn und Frauen und Männer aus anderen Städten, die sich den Realitäten des Älterwerdens mit neuen und anderen Verhaltensweisen stellten. Ich hatte die Vorstellung vom Verfall im Alter so internalisiert, daß ich erwartete, diese Menschen seien die Ausnahme. Aber obwohl unsere Gesellschaft an diesem Altersmythos leidet, obwohl die Medien die Existenz alter Menschen leugnen, obwohl sich so viele gesellschaftliche Elemente verschworen zu haben scheinen, ältere Menschen an der Entfaltung ihrer Fähigkeiten zu hindern – fand ich solche Menschen überall.«[23]

Was wissenschaftlich erwiesen ist, können wir durch einen Blick auf unsere Umgebung leicht belegen. Es gibt alte Leute, die keineswegs einsam sind. Seit ich mich mit dem Thema beschäftige, habe ich die Augen besonders aufgemacht, um herauszufinden, welche alten Menschen eigentlich einsam sind und welche nicht. Mein Ergebnis: Je aufgeschlossener, optimistischer und sozialer die Älteren sind, desto weniger einsam sind sie.

Meine Mutter ist mit ihren fünfundsiebzig Jahren das beste Beispiel. Sie ist so herzlich, aufgeschlossen und kontaktfreudig, daß sie nach einer längeren Zugfahrt mit mindestens einer Adresse irgendeines interessanten Menschen in der Handtasche nach Hause kommt. Als sie neulich einmal für eine Woche ihren Enkel Felix hütete, beschwerte sich der anschließend bei mir: »Omi ist ja nett, aber sie redet dauernd mit Leuten, die sie nicht kennt.«

Als Kontrast dazu erscheint mir eine ihrer Altersgenossinnen. Sie lebt in einem schönen Altersheim und könnte sich dort wohl fühlen. Doch sie vergällt sich selbst das Leben, indem sie sich ständig beschwert, ihre Mitbewohner und ihre einzige Tochter drangsaliert.

Auch im Alter kann man Kontakt mit Menschen haben, wenn man sich nicht nur auf die eigene Altersgruppe beschränkt, die ja unvermeidlich kleiner wird. »Generativ« nennt man die Fähigkeit, sich mit nachkommenden Generationen zu verbinden. Generative Menschen sind niemals einsam. Ihre Weisheit und ihre Fürsorglichkeit wird von Kindern, Jugendlichen und jüngeren Erwachsenen gleichermaßen gesucht.

Entscheidend für Einsamkeit im Alter scheint mir außerdem zu sein, ob wir egozentrisch sind. Alte Leute kreisen oft nur noch um sich selbst, ihre Krankheiten und die Vergangenheit.

Wie isolierend das wirken kann, erfuhr ich erst kürzlich hautnah. Die S-Bahn von der Münchner Innenstadt zum Flughafen braucht eine knappe Stunde. Während ich so tat, als sei ich in eine Zeitung vertieft, konnte ich beobachten, wie ein älterer Herr ein Gespäch mit einer ihm gegenübersitzenden Frau mit Reisegepäck begann. Zunächst erkundigte er sich, wo sie denn hinfliegen wolle. Sie antwortete freundlich und aufgeschlossen. Nach einigen Fragen hin und her hatte der alte Herr endlich das Stichwort für sein offensichtliches Lieblingsthema. Er erzählte seiner Nachbarin lang und breit seine Kriegserlebnisse. Dabei ignorierte er völlig ihre Versuche, das Thema zu wechseln. Ihre Körpersprache drückte aus, daß sie am liebsten geflüchtet wäre. Aber sie konnte das einseitige Gespräch nicht beenden, ohne unhöflich zu sein. Also hielt sie aus. Als die Bahn am Flughafen ankam, schoß sie förmlich aus der Tür. Und der alte Herr stand einsam und verloren auf dem Bahnsteig. Mir tat es weh, ihn so zu sehen. Ich hatte den Eindruck, daß er extra zum Flughafen gefahren war, um unter Menschen zu sein. Er wußte wohl nicht, daß er Begegnung verhinderte, indem er nur um sich kreiste.

Zuhören, Hilfe anbieten – was schon in jungen Jahren anziehend wirkt, gilt auch für die älteren Semester. Als eine Frau einmal klagte, im Alter kümmere sich kein Mensch mehr um einen, antwortete ihre glücklichere Bekannte kurz und präzise: »Nun, dagegen gibt es ein gutes Mittel: Kümmern Sie sich doch um andere.«

Bleiben Sie auch im Alter für sich und andere interessant

Die Schriftstellerin Margot Benary-Isbert erzählt, wie sie als junges Mädchen einem alten Herrn vorgelesen hat. Trotz seiner äußeren Isolation – seine Frau und seine Freunde waren verstorben, er selbst fast erblindet – führte er ein erfülltes und glückliches Leben. Seiner jungen Vorleserin verriet er sein Geheimnis und gab ihr damit schon in ihren jungen Jahren einen guten Rat: »Meublez votre tête« – »Möbliere deinen Kopf«.[24] Damit meinte er, daß man sich möglichst vielfältige Eindrücke verschaffen soll, von denen man zehren kann. Der Kopf läßt sich wunderbar »möblieren« mit Gedichten, Büchern, Theaterstükken, bedeutenden Filmen, Werken der bildenden Kunst, Reisen, intensiven Gesprächen.

Mich hat diese Formel »Möblieren Sie Ihren Kopf« sehr angesprochen. Seitdem versuche ich, die schönen Dinge des Lebens nicht nur vorübergehend zu genießen, sondern »einzuspeichern«. Ob Sie nun jünger sind oder schon älter, beginnen Sie jetzt damit. Nehmen Sie bewußt wahr. Halten Sie Ihre positiven und beeindruckenden Erlebnisse fest, indem Sie sie noch einmal vor Ihren inneren Augen Revue passieren lassen. Es kann das geistige Material für die Stunden sein, in denen Sie niemanden um sich haben.

Sicherlich ist das Alter eine Lebensphase, die ihre eigenen Anforderungen hat. Wir müssen uns auf sie einstellen. Es hat keinen Zweck, krampfhaft ein »forever young« zu proklamieren oder sich die Beschwerlichkeiten schönzureden. Aber mit Einsamkeit müssen wir uns nicht abfinden! Ob wir einsam sind, liegt an unserem Verhalten. Hier sollten wir kritisch ansetzen, anstatt alles auf die Jahre zu schieben. Margot Benary-Isbert, bei Erscheinen ihres Buches selbst über achtzig und mit Freundinnen, die schon in den Neunzigern sind, darf als Gewährsfrau dafür zitiert werden: »Es gibt keine Kategorie der ›wirklich‹ Alten. Es gibt immer nur Individuen, die sich so oder so verhalten.«[25]

Einsamkeit zu Beginn der Lebensphasen ist natürlich

Haben Sie sich in einer der beschriebenen Phasen wiedergefunden? Dann hoffe ich, daß Sie Ihre gegenwärtige Einsamkeit dadurch inzwischen in einem etwas anderen Licht sehen: Zunächst einmal ist sie ein Zeichen, daß Sie lebendig sind. Wenn Sie sich innerlich und meist auch äußerlich zurückziehen, reagieren Sie damit ganz natürlich auf veränderte Verhältnisse. In diesem

Sinne ist das Leben mit einer Schule vergleichbar. Erinnern Sie sich noch, wie es Ihnen damals ging? Zu Beginn jedes neuen Schuljahres waren wir erst einmal aufgeregt. Wir wußten noch nicht genau, neben wem wir sitzen und welche Lehrer wir bekommen würden, ob wir die neuen Anforderungen überhaupt erfüllen könnten. Und ein bißchen trauerten wir den alten, vertrauten Verhältnissen in der vorigen Klasse nach. Mit dem Anfang jeder neuen Lebensphase ist es, als ob wir in eine neue Klasse kommen. Als Kinder übertönten wir unsere Ängste vor dem Unbekannten laut und lebhaft. Als Erwachsene reagieren wir eher, indem wir verwirrt, deprimiert oder einsam sind. Das ist unser gutes Recht. Schließlich müssen wir uns erst einmal mit den neuen Gegebenheiten arrangieren.

Stufen des Lebens

Das klingt alles recht anstrengend, nicht wahr? Das ist es auch, ich will es gar nicht leugnen. Doch wer hat schließlich behauptet, daß das Leben einfach ist? Doch wenn es sich tatsächlich um eine Schule höherer Ordnung handelt, dann werden wir ja auch mit jeder bewältigten Phase klüger. Für mich ist es immer ein großes Glück, plötzlich etwas zu verstehen und Zusammenhänge zu erkennen. Ich bin sicher, Ihnen wird es genauso gehen. Mit jeder Anstrengung ist auch eine Belohnung verbunden. Wenn Sie daran festhalten, fällt es Ihnen sicher leichter, der Einsamkeit in den verschiedenen Lebensphasen zu begegnen. Hermann Hesse hat in seinem Gedicht »Stufen« die damit verbundene Herausforderung, die Schwere und das Glück wunderschön ausgedrückt. Ich finde es so weise und heilsam, daß ich es Ihnen hier zum Abschluß nicht nur mit einem kleinen Zitat, sondern in seiner ganzen Länge weitergeben möchte. Nehmen Sie sich die Zeit, es auf sich wirken zu lassen:

Wie jede Blüte welkt und jede Jugend
Dem Alter weicht, blüht jede Lebensstufe,
Blüht jede Weisheit auch und jede Tugend
Zu ihrer Zeit und darf nicht ewig dauern.
Es muß das Herz bei jedem Lebensrufe
Bereit zum Abschied sein und Neubeginne,
Um sich in Tapferkeit und ohne Trauern
In andre, neue Bindungen zu geben.
Und jedem Anfang wohnt ein Zauber inne,
Der uns beschützt und der uns hilft, zu leben.

Wir sollen heiter Raum um Raum durchschreiten,
An keinem wie an einer Heimat hängen,
Der Weltgeist will nicht fesseln uns und engen,
Er will uns Stuf' um Stufe heben, weiten.
Kaum sind wir heimisch einem Lebenskreise
Und traulich eingewohnt, so droht Erschlaffen;
Nur wer bereit zu Aufbruch ist und Reise,
Mag lähmender Gewöhnung sich entraffen.

Es wird vielleicht auch noch die Todesstunde
uns neuen Räumen jung entgegen senden,
Des Lebens Ruf an uns wird niemals enden ...
Wohlan denn, Herz, nimm Abschied und gesunde.[26]

Kapitel 5

Einsam ohne Partnerschaft

Einsam, nur weil Sie keinen Mann oder keine Frau an Ihrer Seite haben? Wer das annimmt, ist hoffnungslos altmodisch und lebt geistig noch in einer Zeit, als man von »Mauerblümchen«, »alter Jungfer« und »Junggeselle« sprach. Früher war es tatsächlich kein Vergnügen, Single zu sein. Einsamkeit, zumindest aber Alleinsein, war damit oft schon vorprogrammiert, weil man ohne Partner oder Partnerin wenig galt. Diese Zeiten sind glücklicherweise vorbei. Heute können wir die Lebensform wählen, in der wir uns am besten fühlen. Vielleicht genießen Sie gerade Ihre Freiheit und sind glücklich, daß Sie unabhängig sind. Genauso berechtigt ist es, wenn Sie sich danach sehnen, Ihr Leben, Ihre Gefühle, Ihre Freude und Ihren Kummer mit einem Partner oder einer Partnerin zu teilen.

Sehnsucht

Die Einsamkeit ohne Partner ist vielleicht nicht ständig präsent. Ein guter Freundeskreis, ein interessanter Beruf kann sie zeitweise überdecken. Doch in vielen Fällen durchzieht die Sehnsucht nach einem Menschen, der zu einem gehört, das Lebensgefühl. Manchmal taucht sie blitzartig auf: Sie stehen wartend an der Ampel. Neben Ihnen küßt sich ein Paar liebevoll und selbstvergessen. Oder im Radio wird zufällig dieses Lied gespielt, das Sie damals mit einem Freund so oft gehört haben.

Der griechische Philosoph Platon hat diese Sehnsucht in einem

Mythos beschrieben: Einst waren Männer und Frauen zu einem einzigen Wesen verbunden. Ein wütender Gott spaltete sie in zwei Geschlechter. Seitdem sucht jedes seinen verlorenen anderen Teil, um sich wieder glücklich zu vereinen. In Platons Mythos ist eine besondere Aussage verborgen. Sie lautet: Für jeden gibt es den passenden Mann oder die passende Frau. Ich bin fest davon überzeugt, daß er recht hat.

Der blinde Fleck

Wahrscheinlich lächeln Sie jetzt resigniert und glauben, ich sei heillos optimistisch. Wo bitte ist er denn? Wo ist sie? Schließlich haben Sie lange genug gesucht, oder? Das glaube ich Ihnen gerne. Aber ich vermute auch, daß Sie falsch angesetzt haben. Auf der Suche nach dem passenden Partner gehen wir verständlicherweise meist nach außen. Wir schauen uns in unserer Umgebung, auf Parties, Fortbildungen, im Freundeskreis und bei allen möglichen Gelegenheiten um. Leider sagt uns keiner, daß wir auf diese Weise den zweiten Schritt vor dem ersten tun und deshalb kaum den gewünschten Erfolg haben werden. Wir verhalten uns wie der Mann, der im Dunkeln seinen Schlüssel verloren hatte. Er suchte intensiv unter der Laterne vor seinem Hause. Sein Nachbar fragte ihn, ob er denn sicher sei, daß er ihn dort verloren habe. »Nein«, antwortete der Mann, »aber hier ist es hell genug, um zu suchen.«
Auf der Suche nach dem richtigen Partner oder der richtigen Partnerin gibt es auch für uns Bereiche, die wir aussparen oder die wir zumindest nicht mit unserer Einsamkeit verbinden. Das hat fatale Folgen: Wir sind blind für diejenigen, die wirklich zu uns passen. So kann es uns beispielsweise passieren, daß wir jemanden, der lieb und zärtlich zu uns ist, als langweilig einstufen. Oder wir wollen zwar bewußt eine dauerhafte Partnerschaft, verhalten uns aber so ambivalent, daß es nicht dazu kommt.

Der erste Schritt ist deshalb nicht, darüber nachzudenken, wie man eine Kontaktanzeige formuliert oder wo man die nettesten Leute kennenlernt, sondern zu analysieren, was uns im Inneren zurückhält.

Sie lieben nicht so frei, wie Sie glauben

Wir glauben, daß wir unseren Partner oder unsere Partnerin als souveräne Erwachsene wählen. Leider ist das eine Illusion. In unsere Suche fließt unsere gesamte Lebensgeschichte ein. Besonders bestimmend ist unsere Ursprungsfamilie. Bereits in der Kindheit entsteht ein Konzept, nach dem wir später als Erwachsene handeln.

Eric Berne, der Begründer der Transaktionsanalyse, spricht bildhaft von einem »inneren Drehbuch«. Dieses Skript gilt auch für die Partnersuche.

Wiederholen sich bei Ihnen immer wieder bestimmte Erfahrungen mit dem anderen Geschlecht? Geraten Sie z.B. als Frau ständig an Männer, die keine feste Bindung wollen, oder an Problemfälle, die von Ihnen unterstützt werden möchten? Treffen Sie als Mann immer wieder auf dominante oder untreue Frauen? Finden Sie es langsam merkwürdig, daß Ihre Liebe immer dann zerbricht, wenn es darum geht, in eine gemeinsame Wohnung zu ziehen? Oder fragen Sie sich, warum Sie als kontaktfreudiger, sympathischer Mensch einfach niemanden kennenlernen? Dann dürfen Sie ziemlich sicher sein, daß die Urform dafür aus Ihrer Kindheit stammt. Es lohnt sich, zurückzuschauen.

Welche Rolle spielten Sie in Ihrer Familie?

Jede Familie besitzt ihre eigene Atmosphäre, ihre Grundsätze, ihre Lebensform. Als Kinder bleibt uns nichts anderes übrig, als uns anzupassen. Um Zuwendung zu erhalten, übernehmen wir die Rolle, die uns im Familiengefüge zugedacht ist. Je nach Anspruch sind wir das pflegeleichte Sonnenscheinchen, das keine Mühe macht. Oder das vernünftige Kind, das auf seine kleinen Geschwister aufpaßt. Oder die wilde Hummel, das Wunderkind, die phantasievolle Träumerin. Wir erfüllen auch Funktionen, z. B. die Eltern zusammenzuhalten, Vertraute(r) für Mutter oder Vater zu sein, Partei zu ergreifen. Natürlich hängt die Rolle, die wir spielen, mit unserem Naturell zusammen, doch dessen Einfluß ist oft weniger stark, als es die Bedürfnisse der Familie sind.

In unserer Rolle erwerben wir eine ganze Menge Fertigkeiten, doch gleichzeitig hindert sie uns, bestimmte Seiten zu entwickkeln. Die verkümmern oder verschwinden im Unbewußten. Wenn Sie wissen möchten, welche Rolle Sie in Ihrer Familie spielten und welchen Preis Sie dafür zahlen mußten, können diese Fragen Ihnen den Weg weisen:

● *Was war Ihre Aufgabe in der Familie?*

Z. B.: Geschwister versorgen. Den Klagen der Mutter zuhören. Das schwarze Schaf sein. Bei Streit schlichten. Die Ehe der Eltern zusammenhalten. In der Ausbildung weiter kommen als die Eltern. Papas (Mamas) Liebling sein. Das Sorgenkind der Familie sein, um von anderen Dramen abzulenken. Der Mann im Hause sein. Die Mutter ersetzen.

● *Wie sollten Sie in den Augen Ihrer Eltern sein?*

Z. B.: fleißig, brav, ordentlich (entsprechend dem Wertesystem der Eltern). Selbständig (damit Sie weniger belastend waren). Tapfer (damit die Eltern ihren eigenen Schmerz nicht wahrnehmen müssen). Mutig (um für die Familie die Kastanien aus dem Feuer zu holen). Sensibel (als Ersatz für den kühlen oder groben Ehepartner).

- *Wofür wurden Sie gelobt?*

Z. B. gute Schulnoten. Erfolge auf künstlerischem oder sportlichem Gebiet. Originelle Überlegungen. Selbständiges Handeln.

- *Was durften Sie auf keinen Fall tun?*

Z. B. mit »unpassenden« Kindern spielen. Über Sexualität reden. Lügen. Schwäche zeigen. Widersprechen. Unpassend angezogen sein. Alleine etwas unternehmen. Sich für Jungen (Mädchen) interessieren. Andere Menschen lieber haben als Vater oder Mutter. Werte in Frage stellen. Versagen.

- *Welche Gefühle und Wünsche mußten Sie unterdrücken?*

Angst, Wut, Ärger, Liebe, Eifersucht, Geschwisterrivalität, Sexualität. Den Wunsch nach Nähe, nach Schutz, nach Stärke, nach Freiheit, nach Unabhängigkeit.

Was unsere Rolle für unsere Partnersuche bedeutet

Ich hoffe, die Fragen haben Sie dazu angeregt, Ihre eigene Rolle in der Familie zu überdenken. Aus gutem Grund: Als Erwachsene bleiben wir meist der Rolle treu, in der wir als Kind erfolgreich waren. Sie ist uns vertraut. Dagegen sind uns die Seiten fremd, die wir nicht zeigen durften. Sie machen uns angst und wirken gleichzeitig verlockend.

Unsere Rolle, ebenso wie unsere verborgenen Seiten, bestimmt unsere Partnersuche. Fast immer wählen wir unser Kontrastprogramm. Wenn Sie z. B. schon als Kind vernünftig und besonnen sein mußten, kann es gut sein, daß Sie sich in ein lebhaftes, problematisches oder unvernünftiges Pendant verlieben. Falls man Sie dazu ermuntert hat, phantasievoll zu sein, zieht Sie vermutlich ein realistischer Gegenpol an.

Man sollte meinen, wir würden glücklich, sobald wir die passende Ergänzung gefunden haben. Leider stimmt das nur selten. Nach einiger Zeit ertragen wir es kaum noch, daß unser Partner oder unsere Partnerin das auslebt, was wir uns nicht gestatten. Wir bekämpfen, was wir am Anfang so anziehend fanden.

Ilona, eine siebenundzwanzigjährige Sekretärin, hat als älteste Tochter gelernt, diszipliniert und vernünftig zu sein. Nie würde sie ihren sicheren Job an den Nagel hängen. Ilona verliebt sich regelmäßig in Abenteurer. Der letzte war Ballonflieger. Anfangs fand Ilona das aufregend. Dann wurde sie immer wütender, weil ihr Freund nie da war, wenn sie um fünf Uhr Feierabend hatte. Entweder schwebte er noch in den Wolken, oder er saß mit seinen Ballongästen fern der Heimat in einer Kneipe und feierte, daß alle wieder heil heruntergekommen waren. Ihr Ballonfahrer war ebenso unzufrieden. Eine Weile fand er es angenehm, in seinem bewegten Leben eine zuverlässige, anhängliche Partnerin zu haben, doch dann störte ihn das gewaltig. Er machte Schluß. Nun erlebt Ilona wieder die Einsamkeit ohne Partner, genau wie ihr Exfreund.

Fallen Sie aus der Rolle

Wenn wir dieser Einsamkeit zukünftig entkommen wollen, müssen wir darüber nachdenken, welche Persönlichkeitsanteile unsere Rolle verhindert. Geben Sie sich immer stark und verleugnen Ihre zarte, sensible Seite? Oder halten Sie sich für schwach und unfähig und unterdrücken Ihre klaren, kompetenten Züge? Leben Sie solide, fleißig, angepaßt und überlassen es anderen, locker, risikofreudig oder abenteuerlustig zu sein?

Genau diese verlorenen Anteile müssen wir zumindest teilweise für uns entwickeln. Überlegen Sie, wie sich Ihre versteckte Seite praktisch verwirklichen läßt. Machen Sie ein Brainstorming, und schreiben Sie alle Einfälle auf, ohne sie zunächst zu zensieren.

Wenn Sie sich z. B. nicht erlauben, etwas zu genießen, dann haben Sie vielleicht folgende Ideen, wie Sie das ändern können:

einen Kochkurs machen, sich eine Massage verschreiben lassen, eine Woche Schönheitsfarm buchen, einen Tag lang alles essen, worauf Sie Lust haben, egal ob es dick macht oder ungesund ist, ein edles Badeöl kaufen, täglich eine Stunde ganz für sich reservieren.

Wenn Sie Ihre risikofreudige Seite unterdrücken, fällt Ihnen möglicherweise so etwas ein: Lotto spielen, einen Wochenendtrip unternehmen, ohne vorher eine Unterkunft zu buchen, Abenteuerurlaub machen, Arbeit delegieren, bei einem Autorennen zusehen, eine Wette abschließen, Aktien kaufen, Achterbahn fahren.

Beginnen Sie mit dem, was sich am leichtesten praktizieren läßt, und steigern Sie sich allmählich. Sie werden sehen: Wenn Sie Ihre unterdrückten Seiten selbst leben und sie nicht länger auf potentielle Partner(innen) projizieren, wählen Sie freier. Weil Sie sich vollständig fühlen, haben Sie es nicht länger nötig, Ihr Herz an jemanden zu hängen, der Sie lediglich ergänzt.

Wie sieht Ihr Bild vom anderen Geschlecht aus?

Unsere Rolle ist nicht das einzige Element, das uns bei der Partnersuche sabotiert. Genauso stark wirkt sich aus, wie wir zum anderen Geschlecht eingestellt sind. Testfrage: Was halten Sie im Grunde Ihres Herzens von Männern (Frauen)? Wahrscheinlich geraten Sie bei dieser Frage genauso ins Schwimmen wie diejenigen, denen ich sie stellte. Ein Mann grinste: »Frauen sind was Wunderbares.« Ein anderer sagte den klugen Satz: »Ohne Frauen geht es nicht.« Die Frauen äußerten sich auch nicht viel geistreicher. Mir ist klar, daß einem dazu auf der Stelle wenig einfällt. Unsere wahren Glaubenssätze entdecken wir am ehesten, wenn wir uns an frühere Informationen erinnern. Unsere Eltern waren die ersten und wichtigsten Menschen, die uns ein Bild vom eigenen und dem anderen Geschlecht vermittelten, und

zwar täglich und hautnah. Deshalb ist es sinnvoll, sich diese
»Modelle« einmal zu vergegenwärtigen:

- Wie verhielt sich Ihr Vater zu Ihrer Mutter?
- Wie reagierte Ihre Mutter darauf?
- Wie verhielt sich Ihre Mutter zu Ihrem Vater?
- Wie reagierte Ihr Vater darauf?
- Was sagte Ihre Mutter über Ihren Vater, wenn er nicht dabei war?
- Was sagte Ihr Vater über Ihre Mutter, wenn sie es nicht hörte?
- Wie fanden Sie das Verhalten Ihres Vaters?
- Wie fanden Sie das Verhalten Ihrer Mutter?
- Welchen Entschluß faßten Sie damals in bezug auf Ihr eigenes Geschlecht?
- Welchen Entschluß faßten Sie damals in bezug auf das andere Geschlecht?
- Welches Fazit haben Sie aus Ihrer Erfahrung gezogen?
- Wie bestimmt dieses Fazit Ihre Partnerwahl heute?

Für Miriam, eine sechsunddreißigjährige Lehrerin, sahen die
Antworten auf diese Fragen in Kurzform so aus:

- Vater war autoritär. Er behandelte Mama etwas herablassend. Ihre Gefühle fand er überzogen. Oft sagte er: »Mama übertreibt mal wieder.« Er forderte von ihr unbedingte Loyalität und Unterstützung in seinem Beruf als freier Architekt.
- Mutter tat, was Vater sagte. Sonst gab es Krach, und den hielt sie nicht aus.
- Mutter verwöhnte Vater. Er bekam am Tisch immer das größte Stück Fleisch. Wir Kinder mußten still sein, wenn Vater schlief oder zeichnete.
- Vater fand das selbstverständlich. Schließlich war er der Herr im Hause und Ernährer der Familie.
- Bei uns Kindern beschwerte Mutter sich oft, daß Vater so tyrannisch sei. Sie bedauerte, daß sie keinen richtigen Beruf gelernt hatte. Sie hätte gerne eigenes Geld verdient, um von ihm unabhängiger zu sein.

- Vater nahm uns als Verbündete. »Mama versteht davon sowieso nichts«, sagte er dann zu mir oder meiner Schwester.
- Ich fand das Verhalten meines Vaters selbstherrlich.
- Ich haßte es, wenn meine Mutter die Märtyrerin oder die Frau an seiner Seite spielte.
- Ich beschloß, niemals so zu werden wie meine Mutter. Ich wollte auf eigenen Füßen stehen. Deshalb habe ich das Abitur gemacht, studiert und einen sicheren Beruf gewählt.
- Ich schwor mir, einen weiten Bogen um dominante Typen zu machen.
- Mein Fazit lautet: Männer wollen Frauen unterdrücken. Frauen sind schön blöd, wenn sie sich das gefallen lassen.
- Es ist zwar bitter, aber ich muß zugeben: Ich suche mir entweder einen Softie, den ich leicht beherrschen kann. Oder ich suche mir einen, der so große Probleme hat, daß er mich dringend braucht und auf diese Weise von mir abhängig ist.

Ändern Sie Ihr Bild vom anderen Geschlecht

An Miriams Beispiel sehen Sie deutlich, wie durch das Vorbild der Eltern ein Leitfaden für die Partnersuche entsteht. War das Modell eher abschreckend, sollten wir dringend die daraus erworbenen Glaubenssätze über das andere Geschlecht überprüfen.

Die New Yorker Psychologin Susan Jeffers schlägt vor, erst einmal sämtliche negativen Gedanken aufzuschreiben. Ihnen werden sicher einige Schwachpunkte einfallen, sobald Sie die folgenden Sätze ergänzen: »Männer (Frauen) sind ...«, »Männer (Frauen) haben ...«. Nachdem Sie die negativen Eigenschaften zusammengestellt haben, formulieren Sie jede einzelne positiv um. Das liest sich dann beispielsweise so: »Männer können keine Gefühle zeigen« – »Männer zeigen Gefühle«, »Frauen sind launisch« – »Frauen sind beständig«.

Laut Susan Jeffers kann diese Übung Ihr Blickfeld erweitern. Indem Sie sich nämlich mit den gegensätzlichen Eigenschaften beschäftigen, erscheint Ihr Bild vom anderen Geschlecht vollständiger. Ihnen wird etwa bewußt, daß einige Männer zwar kaum Gefühle zeigen, andere dagegen wohl, und daß eine dritte Gruppe manchmal Emotionen zeigt und manchmal nicht.[27]

Ich möchte die Übung noch erweitern, indem ich Sie bitte, die positiven Aussagen Ihrer Liste in Ihrer Umgebung zu überprüfen. Beobachten Sie genau, ob Sie dafür Belege finden. Wenn Sie vorurteilsfrei hinschauen, werden Sie bald merken, daß Ihre frühere Erfahrung einseitig ist. Ihre neue realistische Erkenntnis hilft Ihnen, Ihr Herz mehr zu öffnen. Von nun an müssen Sie sich nicht mehr vor »den« Männern oder »den« Frauen schützen. Sie schauen genau hin und wählen dann diejenigen, deren Eigenschaften Ihnen gefallen.

Haben Sie Angst vor Nähe?

In der Liebe kommen wir uns körperlich und seelisch so nahe wie in keiner anderen Beziehung. Diese Vorstellung macht nicht nur glücklich, sondern vielen von uns auch angst. Unser Verstand sagt uns zwar, daß das Unsinn ist, doch die alte Kinderangst ist unbewußt stärker.

Vor allem diejenigen, die früher keine Grenzen setzen durften, fürchten, sich aufgeben zu müssen, sobald sie eine Bindung eingehen. Besonders Jungen und Mädchen, die autoritär erzogen wurden, hatten wenig Chancen, ihre Vorstellungen offen durchzusetzen. Vielleicht sind auch Sie mit Sprüchen aufgewachsen wie: »Kinder mit 'nem Willen kriegen was auf die Brillen«, »Kinder bei Tische – stumm wie die Fische« oder »Solange du deine Füße unter meinen Tisch stellst, tust du, was ich dir sage«. Oder der Druck wurde subtil ausgeübt. Die Eltern zeigten sich traurig und enttäuscht, wenn Sie Ihre eigenen Wünsche durchsetzen wollten. Möglicherweise machte es die Familiensituation erforderlich, daß Sie Ihre Bedürfnisse zurückstellten. Eine depressive Mutter, ein kranker Vater, ein behindertes oder verhaltensauffälliges Geschwister verlangen ein Höchstmaß an Anpassung.

Das Fazit aus solchen und ähnlichen Erfahrungen ist, daß wir nicht gelernt haben, deutlich nein zu sagen. Wir mußten erleben, daß unsere Wünsche kaum respektiert wurden. Also haben wir verinnerlicht, daß Liebe bedeutet, vereinnahmt oder ausgenutzt zu werden.

Wenn uns heute jemand nahe kommt, sind wir darauf angewiesen, daß er oder sie von sich aus Rücksicht nimmt und unsere Grenzen respektiert. Wir selbst trauen uns nicht, das einzufordern. Von daher ist es kein Wunder, daß wir als Erwachsene bei der Partnersuche einen seelischen Spagat machen. Der bewußte Teil in uns sehnt sich nach Nähe und enger Bindung, der verborgene flüstert uns zu: »Lauf weg, so schnell du kannst. Du weißt doch, was passiert, wenn du dich auf jemanden einläßt.« Im Endergebnis führt das dann dazu, daß wir entweder niemanden finden oder nur solche Menschen, bei denen uns eine innere oder äußere Kluft vor allzu großer Nähe schützt:

- Sie sind verheiratet oder fest gebunden.
- Sie leben in einer anderen Stadt oder sogar einem anderen Land.
- Sie können sich nicht entscheiden.
- Sie lieben uns nicht genug.
- Sie entsprechen nicht unserem Niveau.
- Sie passen nicht in das Milieu, in dem wir leben.

Wie Sie die Angst vor Nähe überwinden

Solange Sie wie früher signalisieren, daß Sie wehrlos sind, sich immer nett und freundlich verhalten und für alles Verständnis zeigen, erlauben Sie den anderen, über Sie zu bestimmen. Machen Sie sich klar, daß Sie heute kein kleines Mädchen oder kein kleiner Junge mehr sind, mit dem man beliebig umspringen kann. Inzwischen sind Sie erwachsen geworden und stark genug, um Grenzen zu setzen. Sagen Sie sich vor jedem Treffen mit einem Mann oder einer Frau, die Sie interessiert:

- Ich bin erwachsen.
- Ich bestimme die Spielregeln.
- Ich habe ein Recht darauf, meine Wünsche zu äußern.
- Ich darf nein sagen.

Üben Sie in kleinen Schritten, Grenzen zu setzen. Wenn Sie z. B. nur einen Kaffee trinken möchten, während Ihr Gegenüber gerne den ganzen Nachmittag mit Ihnen verbringen will, dann setzen Sie Ihre Vorstellung freundlich, aber bestimmt durch. Falls Ihnen eine körperliche Berührung unangenehm ist oder zu früh erscheint, sagen Sie deutlich, daß Ihnen das nicht paßt. Lassen Sie sich nicht durch Vorwürfe, Argumente, schlechte Laune oder Traurigkeit umstimmen. Vergessen Sie nicht: Ihr Gefühl ist wichtig, und Sie haben ein Recht darauf, daß Ihre Wünsche respektiert werden. Mit jedem Erfolg auf diesem Gebiet wird Ihre Sicherheit wachsen und Ihre Angst vor Nähe abnehmen.

Wollen Sie den Preis zahlen?

Nehmen wir an, Sie haben Ihre »Altlasten« aufgearbeitet und werden nicht länger von heimlichen Saboteuren daran gehindert, frei zu suchen. Dann bleibt noch die Frage: Wollen Sie wirklich den Preis zahlen und auf die Vorteile Ihres Single-Daseins verzichten? Wir vergessen in unserer Einsamkeit leicht, daß auch eine Partnerschaft kein Abonnement auf Glück bedeutet. Auf der anderen Seite des Zaunes ist das Gras immer grüner als auf der eigenen.

Vor Jahren fuhr ich regelmäßig gemeinsam mit einer Kollegin, die allein lebte, zu Wochenendseminaren. Wenn wir uns bei der Rückkehr trennten, beneidete die eine die andere glühend: Sie fand, ich hätte es gut, weil daheim meine Familie auf mich wartete. Ich hätte am liebsten mit ihr getauscht, weil sie sich jetzt in aller Ruhe erholen konnte.

Das Hin- und Herschwanken zwischen Ihren Wünschen kann Sie blockieren. Wenn Sie dagegen Ihren Willen wie eine Kompaßnadel auf Ihr Ziel ausrichten möchten, ist ein wenig Vorarbeit nötig.

Wägen Sie die Vor- und Nachteile ab

Nehmen Sie ein Blatt Papier, und schreiben Sie die großen und kleinen Vorteile Ihres Single-Daseins auf: Sie können Ihre Karriere intensiv verfolgen, in eine andere Stadt ziehen, bis zum Morgengrauen Krimis lesen, Ihr Geld für sich allein ausgeben usw.

Auf einem zweiten Blatt führen Sie auf, was Ihnen eine Partnerschaft bringt: Sie teilen die Probleme des Alltags, können viel gemeinsam unternehmen, gesellschaftlich ist es einfacher usw.

Vergleichen Sie nun beide Blätter. Wo haben Sie mehr notiert? Und vor allem: Was wiegt für Sie persönlich schwerer? Es kann schließlich sein, daß für Sie z. B. wichtiger ist, beruflich mobil zu bleiben, als im Alltag unterstützt zu werden.

Falls Sie feststellen, daß Ihre Prioritäten auf dem Single-Dasein liegen, kann sich das auch lediglich um eine vorübergehende Phase handeln. Etwa wenn Sie mitten in einer Prüfung stecken, wenn Sie gerade einen Karrieresprung machen, sich erst vor kurzem getrennt haben und Ihre neugewonnene Selbständigkeit ausprobieren möchten oder Ihre Kinder erst einmal größer werden sollen. Schreiben Sie dann die Zeitspanne auf, die Sie vermutlich dafür brauchen. Manchmal ist es besser, die Partnersuche eine begrenzte Zeit auf Eis zu legen, anstatt sich innerlich zu zerreißen.

Treffen Sie Ihre Entscheidung in Ruhe auf der Basis aller dieser Überlegungen. Sobald Sie sie jedoch getroffen haben, bleiben Sie dabei. Schreiben Sie sich Ihre wichtigsten Gründe auf eine Karteikarte. Z. B.: »Ich möchte einen Partner (eine Partnerin), um nicht mit den Alltagsproblemen alleine dazustehen.« Oder: »Ich bleibe Single, um meine Aufgaben mit ganzer Kraft bewältigen zu können.« Sollten Sie gelegentlich wieder schwankend werden, nehmen Sie sich diese Karteikarte vor und bestärken Sie sich.

Keine Angst, Sie legen sich damit nicht für die Ewigkeit fest. Ihre Entscheidung hilft Ihnen jedoch, sich über einen längeren Zeitraum hinweg eindeutig zu verhalten. Falls Sie irgendwann später merken, daß sich der Schwerpunkt für Sie verlagert, treffen Sie bewußt eine neue Entscheidung.

Wie soll er (sie) denn sein?

Bevor Sie sich auf die Suche begeben, sollten Sie auch genau wissen, was Sie eigentlich wollen. Schließlich haben Sie Ihre individuellen Bedürfnisse und Vorlieben. Am besten machen Sie sich diese einmal auf einer Wunschliste klar. Damit Sie sich nicht gleich zensieren, nach dem Motto »So einen (eine) gibt es ja doch nicht« oder »Den (die) kriege *ich* bestimmt nicht«, gehen wir dabei ein bißchen märchenhaft vor: Stellen Sie sich vor, eine gute Fee erscheint und sagt: »Du darfst dir den Mann (die Frau) deines Lebens aussuchen. Schreibe mir bitte genau auf, wie er (sie) sein soll.«

Jetzt sind Sie dran. Schwelgen Sie ausgiebig in sämtlichen Eigenschaften, die Ihnen gefallen, notieren Sie äußere und innere Vorzüge bis ins Detail. Ihre Wunschliste darf seitenlang werden.

Fertig? Dann gehen Sie Ihre Liste noch einmal durch. Kreuzen Sie an, welche Eigenschaften Sie für absolut unverzichtbar halten. Dabei sollten Sie darauf achten, daß die sich nicht widersprechen. Der zielbewußte, erfolgreiche Mann, der unbegrenzt Zeit für Sie hat, ist sicher ebenso selten wie die selbstbewußte Frau, die sich hingebungsvoll nach Ihren männlichen Wünschen richtet. In dem Fall müssen Sie Prioritäten setzen.

Diese unverzichtbaren, einander nicht widersprechenden Eigenschaften schreiben Sie dann auf eine endgültige Liste. Sie ist, wie Sie sicher schon ahnen, nicht für die gute Fee bestimmt. Was Sie erstellt haben, ist eine konkrete Checkliste für die Suche nach dem richtigen Partner oder der richtigen Partnerin. Allerdings sollte sie noch mit einigen Überlegungen ergänzt werden:

- Wollen Sie beide Kinder?
- Haben Sie die gleichen Vorstellungen von Treue?
- Sind Sie sich einig, wieviel Freiheit jeder haben darf?
- Haben Sie die gleiche Einstellung zur Rolle von Mann und Frau?
- Haben Sie eine ähnliche Einstellung, was Beruf und Karriere betrifft?
- Wünschen Sie die gleiche Form der Verbindung, z. B. Heirat, Zusammenleben ohne Trauschein, lockere Beziehung?

Untersuchungen haben ergeben, daß Paare um so glücklicher sind, je ähnlicher sie einander in Einstellung und Lebensstil sind. Deshalb sollten Sie unbedingt darauf achten, daß Ihre Lebenskonzepte übereinstimmen.

Der Check für den Ernstfall

Wahrscheinlich ist es Ihnen ein bißchen unangenehm, daß Sie eine Checkliste vorbereitet haben. Schließlich wollen Sie sich verlieben und keinen Gebrauchtwagen kaufen. Natürlich ist Liebe mehr als ein Handel, doch je genauer Sie wissen, was Sie möchten, desto eher finden Sie es. Die Checkliste macht Ihnen deutlich, wonach Sie eigentlich suchen. Sie hilft Ihnen dabei, Ihre seelischen Kräfte und Ihre Zeit nicht unnötig zu verschwenden. Schließlich müssen Sie sie ja nicht bei der ersten Begegnung aus der Tasche ziehen und Punkt für Punkt abhaken. Manches werden Sie schon auf den ersten Blick sehen, anderes erfahren Sie ganz unkompliziert im Gespräch. Notfalls können Sie auch hier und da mal interessiert nachhaken. Ich bin sicher, Sie werden sensibel vorgehen und nicht beim ersten Date inquisitorisch fragen: »Wollen Sie Kinder?« oder jemanden stehenlassen, nur weil er lieber in die Berge anstatt an die See fährt.

Unter neuen Voraussetzungen suchen

Sie haben sich intensiv mit sich beschäftigt und wissen genau, was Sie wollen. Nun ist es endlich Zeit, nach außen zu gehen. Vielleicht sind Sie schon ungeduldig und möchten gerne gezielt etwas für eine neue Partnerschaft tun. Deshalb schlage ich Ihnen als erstes zwei Wege vor, die sich speziell für die aktive Partnersuche bewährt haben: 1. Ein Treffen, das andere für Sie arrangieren, das sogannte »Blind Date«. 2. Eine Kontaktanzeige.

Lassen Sie sich verkuppeln

Die Gesellschaft für rationelle Psychologie in München hat festgestellt, daß es am erfolgreichsten ist, jemanden über Freunde kennenzulernen. Warum sollten Ihre guten Freunde oder Verwandten also nicht für Sie Verbindungen knüpfen? Schließlich wissen die doch zehnmal besser, wer zu Ihnen paßt, als irgendeine Partnerschaftsvermittlung, die zudem teuer und oft unseriös ist. Vielleicht haben Sie bisher bloß nicht an diese Möglichkeit gedacht oder geglaubt, Sie damit zu kränken. Verkünden Sie,

daß Sie es leid sind, solo zu sein, und daß Sie gerne passende Vorschläge entgegennehmen. Ich kann verstehen, wenn Ihnen das
zunächst etwas peinlich ist. Wer gibt schon gerne zu, daß er auf
der Suche ist? Aber Sie dürfen davon ausgehen, daß Menschen,
die Ihnen nahestehen, sich nicht über Sie lustig machen. Springen Sie also über Ihren Schatten. Je offener und selbstbewußter
Sie mit dem Thema umgehen, desto selbstverständlicher tun es
auch die anderen. Und dann lassen Sie sich mal überraschen,
wer für Sie ein Blind Date arrangiert.

Vielleicht geht es Ihnen ja wie der achtundzwanzigjährigen
EDV-Entwicklerin Mira, deren Erfahrungsbericht samt Fotos ich
in der Zeitschrift »Cosmopolitan« las.[28] Ich finde, er macht nicht
nur Mut, sondern sogar richtig Lust, sich verkuppeln zu lassen:

Als erstes wurde Miras beste Freundin Sarah aktiv. Sie war der
Ansicht, daß ihr Kollege Julian prima zu Mira passen würde. Die
beiden trafen sich beim Italiener und unterhielten sich angeregt.
Mira mochte Julians unbefangene, neugierige Art, er fand sie
fröhlich, aber nicht aufgedreht. Für eine Verliebtheit reichte es
allerdings nicht. Miras Fazit: »Julian ist einer der wenigen Männer, mit denen ich einfach nur so befreundet sein kann. Ist doch
auch schon mal was.« Julians Kommentar: »Für den Beginn
einer Freundschaft war das interessant. Wir telefonieren jetzt regelmäßig.«

Das nächste Treffen vermittelte Miras Arbeitskollege. Er fand,
sein Freund Mark sei genau der Richtige. Tatsächlich funkte es
erotisch, doch sie merkten schnell, daß die Anziehung nur körperlich war.

Den Vogel schoß Miras Mutter ab. Ralf, der Sohn einer Bekannten aus ihrem Sprachkurs, gefiel ihr für ihre Tochter ausnehmend
gut. Damit lag sie völlig richtig. Ralf bestätigte nach dem ersten
Treffen in einem Restaurant: »Ich fühlte mich gleich zu Mira
hingezogen.« Die stellte ihrerseits fest: »Ich bin jetzt nicht total
verliebt in ihn, aber wenn wir uns nächste Woche wiedersehen,
ist es schon sehr gut möglich, daß es richtig funkt.«

Eine weitere gute Möglichkeit, aktiv zu werden, ist, auf eine Kontaktanzeige zu antworten oder selbst eine aufzugeben. Wie inzwischen wohl jeder weiß, sind Kontaktanzeigen nicht die letzte Notlösung für Mauerblümchen, sondern ein modernes Medium, um jemanden kennenzulernen.

Unsere Berufswelt hat sich verändert. Wir müssen mobil sein und mehr als die üblichen acht Stunden arbeiten. Da bleibt nicht mehr viel Zeit und Gelegenheit zu suchen. Also kürzen wir mit einer Anzeige ab. Im Prinzip ist das eine kluge Entscheidung. Ich gebe allerdings zu, daß ich zu diesem Thema widersprüchliche Erfahrungen gehört habe.

Meine Freundin Carla zum Beispiel darf man darauf nicht mehr ansprechen. Sie ist noch immer von dem Düsseldorfer Arzt geschockt, der ihr am Sonntagabend eröffnete, daß er regelmäßig inseriert, um auf diese Weise die Wochenenden mit jeweils einer anderen netten Dame zu verbringen. Ich habe auch noch die Berichte von Männern im Ohr, die sich betrogen fühlten, weil die »Frau um 40« mindestens fünfundfünfzig war und eine andere unter »weiblich« offenbar »stark übergewichtig« verstand.

Andererseits kann ich ebenso viele erfolgreiche Erlebnisse aufzählen. Eine gute Freundin von mir hat per Annonce den Mann gefunden, mit dem sie jetzt sehr glücklich verheiratet ist. Und in fast jedem meiner Seminare saß eine Frau, die den Mann ihres Lebens durch eine Kontaktanzeige kennengelernt hat.

Zusammenfassend läßt sich sagen: Wir müssen wohl einige Frösche küssen, bevor wir den Prinzen oder die Prinzessin erwischen, aber der Versuch lohnt sich. Dazu brauchen Sie vor allem die richtige Einstellung und einige praktische Hinweise dafür, wie Sie sich bei der ersten Begegnung verhalten sollten.

Machen Sie sich locker

Wenn Sie zufällig mit einem Mann oder einer Frau ins Gespräch kommen, fragen Sie sich gewiß nicht erwartungsvoll, ob das nun der Anfang einer wunderbaren Liebesbeziehung sein könnte. Sie plaudern einfach ganz entspannt miteinander. Ihre Begegnung ist weder peinlich noch besonders tiefgehend.

Eine ähnlich gelassene Einstellung sollten Sie für das Treffen mit einem Anzeigenpartner oder einer -partnerin entwickeln. Gehen Sie mit der gleichen freundlichen Neugier vor, mit der Sie den fremden Mann oder die Frau an der Bushaltestelle oder in der Kneipe begutachten würden. Es handelt sich um eine *Möglichkeit*, jemanden kennenzulernen, mehr nicht. Auf diese Weise sind Sie weder verlegen noch unter Druck. Selbst wenn Sie zurückgewiesen werden, trifft das Ihr Selbstgefühl weniger hart. Die Autorin Susan Page berichtet von einer Freundin, die nach zahlreichen erfolglosen Treffen trotzdem zufrieden sagte: »Seit meiner Studentenzeit bin ich nicht mehr mit so vielen verschiedenen Männern ausgegangen.«[29]

Die zehn Gebote des ersten Treffens

Sie haben über eine Annonce Kontakt zu einem offenbar interessanten Menschen bekommen und wollen ihn nun kennenlernen. Damit es für Sie angenehm ist und ganz bestimmt kein Desaster wird, sollten Sie sich an ein paar feste Regeln halten, auch wenn Ihr Herz Ihnen vielleicht etwas anderes sagt.

● *Fassen Sie sich am Telefon kurz.*

Ein ausführliches Telefongespräch kann Ihre Wahrnehmung verzerren. Manche Menschen blühen auf, solange man sie nicht sieht, anderen werden steif und einsilbig. Damit Sie keine Vorurteile entwickeln, nutzen Sie den heißen Draht nur, um sich zu verabreden. Alles andere klären Sie lieber vis-à-vis.

- *Kleiden Sie sich wie gewohnt.*

Fallen Sie nicht ins Extrem. Besonders lässige Kleidung nach der Maxime »Der (die) muß nicht denken, daß unser Treffen für mich so wichtig ist« kommt nicht gut an. Ebensowenig sollten Sie sich aufrüschen. Wenn das Designerkostüm, der Anzug, die Tigerhose oder die starke Lederjacke nicht zu Ihrem täglichen Outfit gehören, dann lassen Sie sie bitte auch diesmal weg.

- *Schlagen Sie einen neutralen Treffpunkt vor.*

Wählen Sie ein Café oder ein Restaurant auf halbem Wege zwischen Ihren beiden Wohnungen. Ihr Lieblingslokal sollten Sie besser auslassen, weil Sie sonst unter Umständen später dort wieder auf diesen Menschen treffen, obwohl Sie es nicht möchten.

- *Besuchen Sie gemeinsam eine Veranstaltung.*

Anstatt sich in einem Lokal zu treffen, können Sie auch etwas unternehmen, z. B. in eine Ausstellung, ins Kino oder ins Theater gehen. Auf diese Weise haben Sie anschließend genügend Gesprächsstoff, um einander besser kennenzulernen.

- *Halten Sie das erste Treffen kurz.*

Und wenn Sie sich noch so sympathisch finden: Bleiben Sie standhaft, verabschieden Sie sich nach einer Stunde (das gilt auch im Anschluß an eine Veranstaltung). Am besten treffen Sie schon vorher eine anderweitige Verabredung, die Sie einhalten müssen.

- *Erzählen Sie nicht zu viel von sich.*

Gehen Sie mit Ihren Themen nicht über Small talk hinaus. Es reicht völlig aus, daß Sie über Ihre Arbeit, über Reisen, Kunst, Kino, Bücher, Hobbys sprechen. Eventuell sehen Sie diesen Menschen nie wieder. Möchten Sie dann, daß er Ihre Lebensgeschichte oder Intimitäten kennt?

- *Seien Sie klar und deutlich.*

Wenn Sie Ihr Gegenüber wenig anziehend finden, ziehen Sie die Bekanntschaft nicht aus Mitleid in die Länge. Verabschieden Sie sich nach etwa einer höflichen halben Stunde. Sagen Sie eindeutig, daß Sie keine Fortsetzung wünschen. Nehmen Sie fairerweise die Gründe auf sich, z. B. »Ich bin wohl doch zu eigenwillig für einen Mann (eine Frau) wie Sie«. Lassen Sie sich auf keinen Fall umstimmen.

- *Warten Sie mit Sex.*

Gerade nach einer längeren Zeit der Abstinenz kann Erotik sehr verführerisch sein. Trotzdem sollten Sie zurückhaltend bleiben. Nur dann können Sie feststellen, ob Ihrem Gegenüber wirklich an Ihrer Person gelegen ist oder nur an einer Affäre.

- *Achten Sie auf negative Signale.*

Schalten Sie nicht vor lauter Vorfreude auf eine potentielle Partnerschaft Ihr Frühwarnsystem aus. Äußert sich Ihr Gesprächspartner zu bestimmten Fragen ausweichend, etwa nach seiner Arbeit, seinen Freunden oder seiner Wohnung? Erzählt er permanent von sich? Spricht er schlecht über frühere Beziehungen? Gibt er an? Das sollten Sie nicht einfach ignorieren, nur weil ansonsten alles stimmt. Signale, die Sie jetzt übersehen, entpuppen sich später meist als dicke Probleme.

- *Gehen Sie die Zukunft langsam an.*

Sie finden sich sympathisch. Wunderbar. Trotzdem sollten Sie das Pferd nicht von hinten aufzäumen. Planen Sie nicht sofort, die Familien zusammenzuführen oder eine gemeinsame Wohnung zu beziehen. Jetzt müssen Sie sich erst einmal langsam kennenlernen, genauso, als hätten Sie sich zufällig getroffen. Lassen Sie sich Zeit.

Es reicht, die Augen offenzuhalten

Möglicherweise haben Sie keine Lust, besonders aktiv zu werden. Sie wünschen sich eher Hinweise, wo und wie Sie auf ganz gewöhnliche Art und Weise jemanden kennenlernen können. Ich fürchte, mein bester Rat wird Sie zunächst enttäuschen. Er lautet: »Machen Sie im Alltag die Augen auf.« Sehen Sie sich in Ihrer nächsten Umgebung um. Beim Bäcker, in der Sauna, auf der Hochzeit Ihrer Cousine, auf dem Betriebsfest, im Job, im Supermarkt, auf der Straße.

Kontern Sie jetzt bitte nicht gleich verärgert: »Danke für den heißen Tip, aber ich schau mich schon seit langem um! Bisher hat es nichts genutzt.« Wenn Sie in der oben beschriebenen Weise gründlich an sich gearbeitet haben, liegen die Dinge anders als bisher: Sie kennen jetzt Ihre blinden Flecken. Sie verschließen sich nicht mehr aus Angst vor Nähe. Sie fühlen sich vollständig und sind auf kein Kontrastprogramm angewiesen. Sie haben Ihr Herz für Männer bzw. Frauen geöffnet und hegen keine geheimen Abneigungen. Mit diesen neuen Einstellungen können Sie jetzt endlich diejenigen sehen, die sich schon längst neben Ihnen befinden.

Aber es kommt noch besser: Sie werden den Richtigen oder die Richtige ganz von selbst anziehen. Sicher kennen Sie den buddhistischen Spruch »Wenn der Schüler bereit ist, kommt der Lehrer«. Ich möchte ihn für unsere Zwecke umformulieren: »Wenn Sie für einen Mann (eine Frau) bereit sind, tritt der passende Mensch in Ihr Leben.« Das habe ich während vieler Jahre erfahren, in denen ich mich mit dem Thema beschäftigte. Ich finde es wirklich schade, daß ich Ihnen hier nicht alle die interessanten, rührenden, manchmal sogar unglaublichen Geschichten erzählen kann, die das belegen. Etwa von Anna, die ihren Mann in der Fahrschule kennenlernte, nachdem sie beschlossen hatte, ihre risikofreudige Seite selbst zu entwickeln und den Motorradführerschein zu machen. Oder von dem Kameramann Jürgen, dem klar wurde, daß er sich den Frauen so anpaßte, wie es seine Mutter damals von ihm verlangte. Sie nutzten ihn als »guten Freund« aus, aber lehnten ihn als Partner ab. Als er begann, Grenzen zu setzen, fand er seine jetzige Freundin.

Besonders überzeugend ist aber wohl mein Lieblingsbeispiel: Auf einem meiner Seminare zum Thema »Von der Liebe enttäuscht – Ich gerate immer an den Falschen« war Ida, eine zweiunddreißigjährige Dolmetscherin. Sie hatte einige frustrierende Beziehungen hinter sich und lebte seit drei Jahren allein. Während des Seminars fand Ida heraus, daß sie bisher in der Rolle des braven Mädchens immer nur darauf gewartet hatte, daß ein Mann *sie* aussuchte, anstatt selbst zu wählen. Damit zog sie unglücklicherweise Männer an, die nicht zu ihr paßten. Nachdem sie das erkannt hatte, war sie fest entschlossen, es zu ändern. Innerlich gestärkt und viel selbstbewußter fuhr sie nach Hause. Noch in der gleichen Woche fand sie den Mann, mit dem sie jetzt glücklich ist. Das verblüffte selbst mich Optimistin. Ida erklärte mir: »Er gehörte schon vorher lose zu meinem Bekanntenkreis, aber erst nachdem sich bei mir innerlich etwas geändert hatte, konnte ich ihn wirklich sehen.«

Ich bin sicher: Wenn Sie jetzt noch einsam ohne Partner sind, ist das nur eine Frage der Zeit. Bleiben Sie gelassen, und vertrauen Sie darauf, daß Ihre Anziehungskraft immer größer wird, je sicherer Sie werden und je mehr Sie sich öffnen.

Kapitel 6

Einsam in der Partnerschaft

Vielleicht erwarten Sie, daß sich dieses Kapitel vor allem an Frauen wendet. Diese beklagen sich häufig über Einsamkeit in der Partnerschaft, während Männer das Problem offenbar kaum wahrnehmen.

For women only?

Es stimmt, daß die meisten Männer Einsamkeit in der Beziehung selten bewußt registrieren. Ihnen gelingt es wesentlich besser, ihre Gefühle abzuspalten und umzulenken. Frustrationen im Privatleben kompensieren sie oft erfolgreich, indem sie sich verstärkt im Beruf engagieren oder leidenschaftlich ein Hobby ausüben. Dieses Verhalten entspricht der unterschiedlichen Sozialisation von Mann und Frau. Wir Frauen drücken aufgrund unserer Erziehung unsere Ansprüche an eine Beziehung offener aus als Männer. Die amerikanische Soziologin Deborah Tannen spricht davon, daß Frauen in einer Beziehungswelt leben, Männer dagegen in einer Statuswelt. Während es den Männern laut Tannen mehr um beruflichen Erfolg geht, sind Frauen eher darauf ausgerichtet, eine harmonische und intensive Beziehung zu haben.[30]

Das klingt jetzt vielleicht altmodisch, stimmt aber durchaus. Es bedeutet nicht, daß uns Frauen Erfolg unwichtig ist und wir lieber das Heimchen am Herd spielen. Erfolg ist uns nur nicht das Wichtigste im Leben. Oder haben Sie schon mal von einer Frau gehört, die sich die Kugel gab, weil sie ihre politische Macht verlor oder ihr Besitz durch Fehlspekulation an die Bank fiel? Über Männer lesen wir das häufig. Uns Frauen tangiert es deutlicher, wenn uns die Partnerschaft nicht gibt, was wir von ihr erhoffen. Statistische Umfragen bestätigen das. Sie haben wiederholt ergeben, daß Männer ihre Partnerschaft wesentlich glücklicher einschätzen, als es ihre Frauen tun. Außerdem würde ein höherer Prozentsatz der Männer die eigene Frau wieder heiraten, als es umgekehrt der Fall ist. In puncto Beziehung sind wir anspruchsvoller und dadurch auch schneller frustriert.

Doch auch wenn Männer es weniger artikulieren und sich weniger bewußt damit auseinandersetzen, leiden sie unter der Einsamkeit innerhalb ihrer Partnerschaft. Ich denke z. B. an einen Klienten, dem meine volle Sympathie gehörte, und dessen Frau ich am liebsten einmal unverblümt die Meinung gesagt hätte. Er war ein liebevoller Vater und Ehemann, der sich alle Mühe gab, seine Frau glücklich zu machen. Aber sie war mit nichts zufrieden, ließ ihn kalt abfahren. Er reagierte mit Herzschmerzen, für die sein Arzt keine organische Ursache fand.

Wir dürfen davon ausgehen, daß die Einsamkeit innerhalb der Beziehung beide Geschlechter trifft, auch wenn die Reaktionen unterschiedlich aussehen.

Was ist Einsamkeit in der Beziehung?

Zunächst einmal möchte ich Entwarnung geben. Wenn Sie mit Ihrem Mann oder Ihrer Frau nicht mehr so intensive Gespräche führen wie zu Beginn Ihrer Liebe, wenn Sie überwiegend den Alltag gemeinsam organisieren und als Liebespaar eher ins Hintertreffen geraten sind, dann fühlen Sie sich gewiß manchmal einsam. Doch das ist höchstens eine milde Vorstufe der Einsamkeit in der Partnerschaft, die Sie zudem mit vielen Paaren teilen. Sobald Sie beide sich dessen bewußt sind, können Sie sich bemühen, wieder mehr Nähe herzustellen. Oft ist das hauptsächlich eine Zeit- und Willensfrage.

Echte Einsamkeit in einer Partnerschaft ist viel schwerer zu identifizieren. Das beruht auf einem Denkfehler, der uns verständlicherweise unterläuft: Wir nehmen an, daß nur Singles unter Einsamkeit leiden oder Menschen, die keine Freunde finden. Wer in einer festen Beziehung lebt, mag vielleicht unglücklich oder unzufrieden sein, aber doch nicht einsam. Aus diesem Grund erhält diese Art der Einsamkeit von den Betroffenen, ihrer Umgebung und sogar den Fachleuten meist ein anderes Etikett. Man spricht von depressiver Verstimmung, weil das Leben keine Freude mehr macht. Oder von psychosomatischer Störung, weil man ständig unter Kopfschmerzen oder Herzbeschwerden leidet. Man schiebt es auf Arbeitsüberlastung, wenn Männer gereizt sind, auf Menstruationsbeschwerden oder Wechseljahre, wenn Frauen vor lauter Frust in der Beziehung zickig werden. Und doch haben alle diese Symptome grundlegend die gleiche Ursache: die innere Isolation, die durch eine unglückliche Zweierbeziehung hervorgerufen wird. Kennzeichnend ist vor allem, daß sich die Partner nicht über persönliche Gefühle und Gedanken austauschen.

Wie entsteht die Einsamkeit in der Partnerschaft?

An den Menschen, den wir lieben, stellen wir besondere Ansprüche: Wir möchten ihm nahe sein, wollen unsere Gedanken und Gefühle mit ihm teilen und hoffen, daß er uns schätzt und liebt. Bleiben diese Sehnsüchte unerfüllt, fühlen wir uns frustriert und einsam. Dabei können ganz unterschiedliche Verhaltensweisen des anderen diese Einsamkeit auslösen. (Inwieweit wir selbst dafür mitverantwortlich sind, wollen wir an dieser Stelle erst einmal dahingestellt sein lassen.) Schon ein einziger Punkt der folgenden Beschreibungen reicht aus, um sich neben einem Partner oder einer Partnerin mutterseelenallein zu fühlen. Das gilt noch viel mehr, wenn zwei oder drei zutreffen. Manche sind typisch für männliches Verhalten, andere wiederum kommen verstärkt bei Frauen vor.

Wenn Sie möchten, können Sie die Beschreibungen als Checkliste nutzen, um zu prüfen, wie es um Ihre Partnerschaft steht:

- Es gibt keine Zärtlichkeit. Sobald Sie Ihren Mann umarmen oder anfassen möchten, wehrt er ab oder macht sich steif wie ein Brett. Er berührt Sie nicht, höchstens mit sexuellen Absichten. Ihre Frau hat keine liebevolle Geste für Sie.

- Sexualität findet gar nicht, selten oder nur mechanisch statt. Eventuell stimuliert Ihr Mann sich sogar regelmäßig mit Pornographie. Sie fühlen sich unattraktiv, benutzt oder als Person nicht wahrgenommen. Ihre Frau entzieht sich Ihnen mit fadenscheinigen Gründen oder äußert sich verächtlich über Ihre Fähigkeiten im Bett.

- Alles was Sie tun, wird kritisiert. Sie können sich anstrengen, wie Sie wollen, Sie machen es nicht recht. Was gut läuft, ist dagegen selbstverständlich.

- Sie werden permanent kontrolliert. Ihr Partner oder Ihre Partnerin führt Buch darüber, wohin Sie gehen, wieviel Geld Sie ausgeben, wen Sie angelächelt haben.

- Ihr Partner zeigt keine Gefühle. Seine Äußerungen sind unpersönlich, er spricht von »man«, nie von sich. Ihre Emotionen tut er als hysterisch, übertrieben und unlogisch ab.

- Ihre Partnerin ist kühl und abweisend. Sie akzeptiert bei Ihnen keine Schwäche. Sie vermissen Wärme und Herzlichkeit.

- Ihr Partner spricht kaum mit Ihnen. Sie erfahren nicht, was ihn bewegt. Wenn Sie mit ihm über Ihre Beziehung reden möchten, bleibt er stumm, geht aus dem Zimmer, setzt sich vor den Fernseher oder verläßt die Wohnung.

- Ihr Partner oder Ihre Partnerin überläßt Ihnen allein die Aufgabe, für den Lebensunterhalt zu sorgen oder Verantwortung für die Lebensführung zu übernehmen. Versuche, ihn oder sie zur Kooperation zu bewegen, scheitern.

- Der Partner oder die Partnerin untergräbt Ihre Selbstachtung. Sie werden vor Dritten abgewertet und lächerlich gemacht. Er (sie) weist Ihnen nach, wie dumm, unfähig oder ungebildet Sie sind.
- Ihr Partner übt Gewalt aus. Er schlägt Sie oder traktiert Sie mit unkontrollierten Wutausbrüchen. Ihre Partnerin »rastet« bei jeder Kleinigkeit aus.
- Ihr Partner betrügt Sie ständig. Wenn Sie ihn zur Rede stellen, sagt er, das hätte doch mit Ihnen nichts zu tun, oder Männer brauchten das eben. Sie können Ihrer Partnerin nicht vertrauen. Sie läßt Sie im Stich, wenn es kritisch wird, oder erzählt intime Dinge weiter.
- Ihr Partner oder Ihre Partnerin hat ein Alkohol- oder Drogenproblem. Sie stellen sich schützend vor seine (ihre) Schwäche. Inzwischen sind Sie isoliert und haben kaum noch Freunde.
- Ihr Partner ist ein Muttersöhnchen. An erster Stelle kommt Mama. Er telefoniert täglich mit ihr, besucht sie regelmäßig und nimmt sie sogar mit in den Urlaub. Im Streitfall hält er zu ihr. Sie zählen nicht.
- Ihr Partner oder Ihre Partnerin ist egozentrisch. Alles dreht sich um die eigene Person, ihre Leiden, ihre Erfolge, ihre Erlebnisse. Nur eigene Themen sind wichtig. Wenn Sie mal etwas von sich erzählen, trifft Sie ein gelangweilter Blick.
- Ihr Partner oder Ihre Partnerin ist dominant. Getan wird, was er (sie) für richtig hält, von der Anschaffung des Autos bis zur Wahl des Urlaubsortes. Wenn Sie sich auch mal durchsetzen möchten, redet er (sie) nicht mehr mit Ihnen. Sollten Sie aktiv geworden sein, weist er (sie) Ihnen anschließend jeden einzelnen negativen Aspekt Ihrer Entscheidung nach.
- Ihr Partner ist selten daheim. Sein Job zwingt ihn dazu. Entweder kommt er abends spät oder völlig kaputt nach Hause. Oder er ist ständig auf Dienstreisen unterwegs. An den Wochenenden zieht er sich zurück, weil er sich erholen muß. Sie

fühlen sich schon fast als Single, oder, falls Sie Kinder haben, als alleinerziehende Mutter. Ihre Partnerin ist immer mit eigenen Projekten beschäftigt. Ihre Anwesenheit stört nur.

Warum wir Einsamkeit in der Partnerschaft so lange aushalten

Würden Sie irgend jemand anderem erlauben, Sie schlecht zu behandeln? Wahrscheinlich nicht. Wenn Freunde uns enttäuschen, dann geben wir die Freundschaft bald auf. Wenn man uns im Beruf keine Chance gibt, bemühen wir uns um einen anderen Arbeitsplatz. Nur in der Liebe halten viele von uns eisern fest. Solange wir nicht völlig resigniert haben, kämpfen wir darum, doch noch etwas zu verändern.

Dieser Kampf erreicht oft eine Heftigkeit, als ginge es um Leben und Tod. Tatsächlich geht es um unser seelisches Überleben. Das wird verständlich, wenn wir die Wurzeln unserer Liebesbeziehung berücksichtigen. Jede enge Verbindung ist eine Wiederholung, eine Übertragung der kindlichen Liebe zu den Eltern. In dem Moment, in dem wir lieben, brechen die Ursehnsüchte nach bedingungsloser Zuneigung wieder auf. Wir erwarten, daß wir nun endlich mit unserem ganzen Wesen angenommen werden. Das gilt besonders, wenn wir das bei unseren Eltern nicht erlebt haben. In der Liebesbeziehung versuchen wir, endlich unser Ziel zu erreichen. Auch aus diesem Grund wählen wir oft Männer oder Frauen, die einem Elternteil ähnlich sind. Dahinter steht die heimliche Herausforderung: »Wenn ich mir ganz viel Mühe gebe, dann werde ich meinen kalten Vater oder meine egozentrische Mutter in der Gestalt meines Partners oder meiner Partnerin schon dahin bekommen, daß er oder sie mich liebt.«

Das mag jetzt für Sie arg psychoanalytisch klingen, doch diese unbewußten Vorgänge finden nachweislich in uns statt. Der bekannte amerikanische Paartherapeut Aaron Beck bestätigt das in seinem Buch »Liebe ist nie genug«: »Eine Ehe oder auch eine andere Lebensgemeinschaft unterscheidet sich von anderen Beziehungen im Leben. Wenn ein Paar mit dem Ziel einer dauerhaften Beziehung zusammenlebt, entwickeln die Partner bestimmte gegenseitige Erwartungen. Die Intensität der Beziehung schürt einige lang verborgene Sehnsüchte nach bedingungsloser Liebe, Loyalität, Unterstützung.«[31]

Das Vertrackte ist, daß unsere Wünsche zu Beginn der Beziehung tatsächlich in Erfüllung gehen und wir dadurch erfahren, wie sich das Glück mit diesem Menschen anfühlt. Im Stadium der Verliebtheit sind wir füreinander die Größten, Schönsten, Interessantesten. Dieser Traum verwirklicht sich aber leider nur für begrenzte Zeit, dann vertreibt ihn die Realität. Normalerweise passen wir uns allmählich den Gegebenheiten an. Wir akzeptieren, daß unser Partner auch nur ein Mensch mit Fehlern und Schwächen ist und kein Märchenprinz, und daß die Frau an unserer Seite nicht so perfekt ist, wie wir es gerne hätten. Trotzdem leben wir glücklich miteinander. Wenn der andere allerdings starke eigene Probleme hat oder Verhaltensweisen zeigt, die bei uns alte Wunden aus der Kindheit aufreißen, dann gelingt uns diese Anpassung an die Realität nicht mehr. Wir fühlen uns wie ein verstoßenes Kind, einsam und verlassen. Unser Wert, unsere Liebenswürdigkeit, unsere Weiblichkeit oder Männlichkeit wird in Frage gestellt. Wir haben das Gefühl, als Person ausgelöscht zu werden. Dieser Schmerz geht unendlich tief, besonders bei uns Frauen, die wir noch mehr als die meisten Männer eine erfüllende Beziehung wünschen und einen stärkeren Zugang zu unseren Gefühlen haben. Von daher ist die Einsamkeit in der Partnerschaft oft schlimmer als die Einsamkeit, die wir allein durchstehen.

Der Kampf um die Veränderung

Wenn Sie unter Einsamkeit in der Partnerschaft leiden, dann haben Sie mit Sicherheit schon einiges versucht, um diesen Zustand zu beenden. Vielleicht finden Sie sich in einer der folgenden Strategien wieder.

Als Frau haben Sie

- das Problem angesprochen.
- die Adresse eines guten Psychotherapeuten herausgefunden und ihm auf den Schreibtisch gelegt, damit er sein Problem endlich einmal angeht.
- einen Termin für eine Paarberatung gemacht, weil Sie selbst nicht mehr weiterwissen.
- sich stillschweigend angepaßt und gehofft, daß er dann zufrieden ist.
- Ratgeberbücher zu dem Problem gelesen, um Hinweise für den Umgang mit ihm zu erhalten.
- die Ursachen seines Verhaltens analysiert und mit Verständnis reagiert.
- ihn verwöhnt, ihn liebevoll behandelt.
- geweint, ihn angebrüllt, getobt, gestritten.
- ihn mit Liebesentzug, Schweigen, sexueller Verweigerung bestraft.

Als Mann haben Sie

- ihr Geschenke gemacht.
- etwas Besonderes für sie getan.
- nachgegeben, in der Hoffnung, daß sie dann zufrieden ist.
- gestritten.
- sie mit Schweigen, Liebesentzug, Seitensprung bestraft.

Darf ich raten, was Sie bisher erreicht haben? Allerhöchstens eine leichte Veränderung. Über kurz oder lang war alles wieder beim alten. Daß Sie sich vergeblich bemüht haben, hat Ihr Gefühl der Ohnmacht noch verstärkt. Zurück bleibt der Eindruck: »Ich kann tun, was ich will, es nutzt ja doch nichts.« Diese Hilflosigkeit führt dazu, daß wir immer heftiger reagieren.

Ich möchte Ihnen eine Frage stellen, die Sie möglicherweise schockieren wird: Haben Sie sich schon einmal vorgestellt, Ihr Partner oder Ihre Partnerin hätte einen tödlichen Unfall – und Sie fühlten sich erleichtert? Der amerikanische Psychotherapeut Dan Kiley hat auf zahlreichen Vortragsreisen zum Thema Partnerschaft und in seiner eigenen Praxis festgestellt, daß solche Todesphantasien ein deutliches Anzeichen für eine länger andauernde Einsamkeit sind.[32] Dahinter steckt für ihn keineswegs verdrängte Mordlust, sondern ein kindlich-magisches Denken. Man wünscht sich den anderen weg, weil man nicht weiß, wie man das Leid auf andere Weise beenden kann.

Ohnmacht und Hilflosigkeit machen bitter. Wir fragen uns, warum andere glücklich sind und warum uns das Leben das vorenthält. Dieses Gefühl sprach aus einer Klientin, die sich beklagte: »Bitte sagen Sie mir, womit habe ausgerechnet ich verdient, daß ich in so einer frustrierenden Beziehung stecke und keine Liebe kriege? Bin ich vielleicht ein Monster? Ich bin nett, ich bin freundlich, ich bin hübsch, ich ziehe mich gut an, ich bin tüchtig. Andere bestätigen mir das. Nur mein Mann ist niemals zärtlich und lieb zu mir. Er behandelt mich wie eine Fremde.«

Wenn diese Bitterkeit in uns verborgen bleibt, macht sie auf die Dauer depressiv. Doch meist dringt sie nach außen. Sie äußert sich vor allem in ironischen, sarkastischen Bemerkungen und haßerfüllten Ausbrüchen. Da sucht z. B. ein Mann in der Werkzeugkiste eine Zange und kann sie nicht finden. Er stellt seiner Frau die schlichte Frage: »Wo ist denn die Zange?« Sie giftet: »Keine Ahnung. Du weißt doch sonst immer alles besser, dann müßtest du doch auch wissen, wo die Zange ist!«

Die tägliche Enttäuschung führt dazu, daß wir einen Haß auf alle Männer oder Frauen entwickeln oder sie zutiefst verachten. Das zeigt sich dann in kleinen gemeinen Äußerungen und Einstellungen:

»Männer sind eindeutig bindungsunfähig, gefühlsarm, egozentrisch. Frauenromane mit Titeln wie ›Nur ein toter Mann ist ein guter Mann‹ klingen gut, und Sprüche wie ›Eine Frau ohne Mann ist wie ein Fisch ohne Fahrrad‹ sind goldrichtig.«

»Frauen wollen doch alle schlecht behandelt werden. Ist man nett zu ihnen, trampeln sie auf einem herum. Blondinenwitze sind zum Totlachen, wie z. B. dieser: Frage: ›Warum gibt es keine Blondinenwitze mehr?‹ Antwort: ›Man hat jetzt ’rausgefunden, daß *alle* Frauen blöd sind.‹«

Doch auch wenn sie zuweilen stark daherkommen, sind diese Gefühle kein Zeichen für Stärke, sondern für Ohnmacht. Sie sind letztlich ein Hilfeschrei. Hinter der heftigen Ablehnung haben wir unsere Sehnsucht nach Liebe keineswegs aufgegeben.

Kompensationen lindern die Einsamkeit

Um die Einsamkeit seelisch überleben zu können, müssen wir uns entlasten und unser inneres Gleichgewicht einigermaßen wiederherstellen. Dazu wählen wir Hilfsmittel außerhalb der Beziehung. Für uns Frauen ist es das beliebteste, sich mit einer Freundin über den Kummer oder Ärger mit dem Partner auszutauschen. Viele Gespräche am Küchentisch, bei einem Glas Wein in der Kneipe oder am Telefon werden von diesem Thema beherrscht. Es tut einfach gut, den Ballast wenigstens für kurze Zeit bei einer mitfühlenden Seele abladen zu können. Es tut auch gut, bestätigt zu werden: daß wir mit unserer Meinung recht haben, daß er wirklich unmöglich ist, daß wir uns doch solche Mühe geben, daß wir attraktiv und toll sind, daß Frauen einfach die besseren Menschen sind.

Eine weitere Lösung ist, sich das, was fehlt, anderweitig zu holen. Affären und Seitensprünge haben Hochkonjunktur. Gerade bei der Einsamkeit zu zweit hat eine dritte Person große Chancen. Wenn das Paar Kinder hat, werden sie häufig als Ersatz herange-

zogen. Solange sie noch klein sind, schenken sie die bedingungs-
lose Liebe und Zärtlichkeit, die man beim Partner oder bei der
Partnerin vermißt. Größere Kinder erhalten spezifische Funktionen. Sie schlüpfen in die Rolle der Vertrauten, hören sich den
Kummer an, stützen, muntern auf und ergreifen heftig Partei.

Eine gängige Form, der Einsamkeit in der Partnerschaft zu entkommen, besteht darin, sich in eine Aufgabe zu stürzen. Männer
wählen dazu meist die berufliche Karriere oder eine ehrenamt-
liche Tätigkeit. Frauen entwickeln (zusätzlich) den Ehrgeiz, eine
perfekte Hausfrau, Gastgeberin, Mutter zu sein. Reisen oder Einkaufen bieten ebenfalls Ablenkung.

Wirkungsvoll ist auch, in Phantasiewelten abzutauchen. Eine
Frau erzählte mir, daß sie sich in ihrer lieblosen Ehe durch das
Lesen von Romanen vor einer tiefen Depression gerettet hat.

Viele esoterische Kurse werden aus ähnlichen Gründen besucht.
Wenn ich weiß, daß ich mit meinem Mann oder meiner Frau
eine karmische Verbindung durchleben muß, oder die Stellung
der Planeten in meinem Horoskop Schwierigkeiten mit dem anderen Geschlecht unausweichlich macht, dann ist das durchaus
tröstlich, weil es mir eine Erklärung gibt.

Sämtliche aufgeführten Möglichkeiten, die Einsamkeit in einer
Beziehung zu kompensieren, ebenso wie solche, die Sie vielleicht zusätzlich nennen könnten, haben eines gemeinsam: Sie
lindern den Schmerz, aber sie heilen nicht.

Wir haben unseren Anteil daran

Bisher haben wir uns mit wichtigen Aspekten der Einsamkeit in
der Partnerschaft befaßt. Nur eine entscheidende Frage ist noch
nicht gestellt worden: Wer hat eigentlich schuld? Wenn Sie sich
die Liste der Auslöser für diese Einsamkeit noch einmal durchle-
sen, dann scheint die Antwort auf der Hand zu liegen: Der andere natürlich! Ich will gar nicht bestreiten, daß sich in vielen

Fällen der Partner oder die Partnerin problematisch verhält. Trotzdem sind wir nicht nur die armen Opfer. Es ist keineswegs geklärt, wie unser Beitrag zur Lage aussieht. Auch zu einer unbefriedigenden Kommunikation gehören schließlich zwei. Bei Suchtproblemen spricht man zum Beispiel von einem »Co-Abhängigen«, der das schädliche Verhalten unbewußt stützt. Selbst wenn das Problem eindeutig nichts mit Ihnen zu tun hat, bleibt immer noch die Überlegung, warum Sie sich ausgerechnet diesen Partner oder diese Partnerin ausgesucht haben, und warum Sie keine Konsequenzen ziehen. Erlauben Sie mir also die Frage: Warum haben Sie Ihrem Mann oder Ihrer Frau noch nicht mitgeteilt, daß Sie gehen werden, wenn keine Änderung eintritt?

Ich bin wahrscheinlich nicht die erste, die Sie das fragt. Gute Freundinnen oder Freunde haben Ihnen gewiß schon geraten: »Du mußt ihm (ihr) endlich mal ganz deutlich sagen, was du willst« oder: »Du mußt dich von diesem Mann (dieser Frau) trennen. Der (die) zerstört sonst dein Leben.« An dem Punkt haben Sie vermutlich angefangen, sich zu rechtfertigen und mit einem »Ja, aber«-Argument gekontert: »Du hast ja recht, aber …

- das nutzt nichts, das habe ich doch schon versucht.«
- ich liebe ihn (sie) trotz allem.«
- das kann ich den Kindern nicht antun.«
- dann wird alles nur noch schlimmer.«
- wovon soll ich denn leben?«
- bei meiner momentanen Arbeitsbelastung kann ich keinen zusätzlichen Streß verkraften.«
- manchmal ist er (sie) auch ganz anders.«
- man kann eben nicht alles im Leben haben.«

Das sind sicher einleuchtende Argumente, aber noch während wir sie anführen, ahnen wir, daß der letzte Grund, aus dem wir nicht das tun, was uns aus unserer Einsamkeit befreien könnte, in uns selbst liegt.

Wir müssen in den Spiegel schauen

Ich bin mir bewußt, daß der Gedanke, die Ursache liege in uns, gefährlich ist. Wenn wir jetzt nicht höllisch aufpassen und ganz sorgfältig vorgehen, geraten wir – besonders als Frauen – in das Denkschema »Ich bin ja selbst schuld«. Mit der Konsequenz: »Ich muß mich noch mehr anstrengen, perfekt zu werden. Dann kann ich das Problem endlich lösen.« Diese Einstellung wäre äußerst fatal, würde uns noch stärker unter Druck setzen und nichts bewirken.

Mein Ausgangspunkt ist ein anderer: Wenn wir weiterhin wie das Kaninchen vor der Schlange auf das Fehlverhalten unseres Partners oder unserer Partnerin starren, verlagern wir das Problem nach außen. Indem wir die Veränderung von ihm oder ihr abhängig machen, berauben wir uns unserer Macht. Tatsache ist, daß wir keinen Menschen auf dieser Welt verändern können, wenn er es nicht selbst will. Wir sind nur in der Lage, uns selbst so zu wandeln, daß wir unser Gefühl der Einsamkeit beenden können. Dazu ist zunächst eine Analyse notwendig. Wir müssen eine Antwort auf die Frage finden: Warum bin ausgerechnet ich in meiner Partnerschaft einsam? Schließlich gibt es genug Frauen und Männer, denen das nicht so geht.

Sind Sie ein Typ für die Einsamkeit in der Partnerschaft?

Menschen, die unter dieser Art von Einsamkeit leiden, haben innerlich viele Gemeinsamkeiten. Der Therapeut Dan Kiley hat auf der Basis jahrelanger Praxis und Forschung ein Profil von Frauen erstellt, die für die Einsamkeit in der Liebesbeziehung prädestiniert sind.[33] Seine Ergebnisse habe ich in die folgende Charakteristik einbezogen, die für Männer und Frauen gleichermaßen gilt.

Welchen Eigenschaften können Sie zustimmen:

- Obwohl Sie es meist geschickt vor der Außenwelt verbergen, haben Sie wenig Selbstachtung.
- Sie können schlecht Forderungen stellen (z. B. nach Zuwendung, Zeit, Geld, Respekt).
- Sie sind sich Ihres Wertes (z. B. Ihrer Begabung, Schönheit, Liebenswürdigkeit, Tüchtigkeit) nicht voll bewußt.
- Sie reagieren sensibel auf Zurückweisung und Ablehnung.
- Es fällt Ihnen schwer, Ärger oder Zorn auszudrücken.
- Sie spüren seelische Verletzungen erst mit Verzögerung (z. B. Abwertung, Kränkung, Demütigung, Beleidigung).
- Sie haben in der Kindheit wenig Zuwendung erhalten.
- Sie fühlen sich machtlos, weil Sie glauben, daß Sie nichts gegen Ihren seelischen Schmerz unternehmen können.
- Sie haben schnell Schuldgefühle.
- Sie arbeiten daran, perfekt zu werden.
- Sie übernehmen zuviel Verantwortung für das Wohlgefühl und Glück anderer.

Sagen Sie nicht zu schnell: »Nein, so bin ich nun wirklich nicht!« Vergessen Sie bitte nicht, daß es sich um ein *inneres* Profil handelt. Äußerlich können Sie ganz anders dastehen. Etwa so: Sie wirken selbstbewußt. Sie treten bei anderen entschieden auf. Optisch sind Sie attraktiv. Im Freundeskreis und auf Parties stehen Sie häufig im Mittelpunkt. Sie haben Erfolg im Beruf. Sie sind aktiv und meist im Streß, um alle Ihre Aufgaben zu erfüllen.

Wie immer Sie sich nach außen zeigen, Sie selbst wissen, wie es drinnen aussieht. Für die Einsamkeit in der Partnerschaft ist entscheidend, daß es Ihnen an echtem Selbstwertgefühl mangelt. Das wiederum führt dazu, daß Sie sich ängstlich und passiv verhalten. Es macht deshalb wenig Sinn, Ihnen weitere Fertigkeiten und Techniken zu vermitteln, z. B. wie Sie besser kommunizieren können. Es geht vielmehr als erstes darum, Ihr Selbstvertrauen zu stärken.

Vier Schritte zur Kraft

Der Weg zu größerer innerer Stärke bedingt, daß Sie sich selbst besser kennenlernen. Die folgenden vier Schritte können Sie in Ihr eigenes inneres Kraftzentrum bringen. Wie schnell Sie gehen, bleibt Ihnen überlassen. Lassen Sie sich so lange Zeit, wie Sie brauchen. Ich möchte Sie allerdings ein wenig warnen. Wenn Sie den Weg ernsthaft gehen, kommen Sie nicht umhin, sich Ihrer Angst und Ihrer Scham zu stellen. Das geht an die Substanz. Doch Sie werden gleichzeitig glücklich darüber sein, sich selbst zu entdecken und zu entwickeln.

1. Schritt: Rückzug

Es spielt keine Rolle, ob Sie zur Zeit vehement streiten, ob Sie es mit Liebe versuchen, ob Sie sich anpassen, ob Sie giftig und bitter reagieren oder sich resigniert und traurig zurückziehen. Was immer Sie tun, Sie sind verstrickt. Sie rütteln auf Ihre Weise an dem Zaun, der zwischen Ihnen beiden steht.

Deshalb dient dieser erste Schritt dazu, daß Sie Distanz gewinnen und sich aus dem unheilvollen Clinch von Reiz und Reaktion befreien. Das sieht zwar zunächst aus, als ob Sie kapitulieren, bedeutet aber in Wirklichkeit Erlösung.

- Hören Sie auf, etwas von Ihrem Partner oder Ihrer Partnerin zu erwarten, z. B. Zärtlichkeit, Drogenentzug, Therapiebereitschaft, Einsicht etc. Legen Sie in Gedanken einen Schalter um, und sagen Sie sich: »Was er (sie) tut, ist völlig seine (ihre) Sache.«

- Gehen Sie weder auf unbewußte Auslöser noch auf Provokationen ein. Setzen Sie statt dessen ein »Stopschild«, indem Sie die Situation mit einem einzigen Satz sachlich kommentieren. Wenn Sie z. B. kritisiert werden, verteidigen Sie sich nicht. Sagen Sie: »Du siehst das so, ich sehe das anders.«

Wenn Sie vor Freunden lächerlich gemacht werden, reagieren Sie nicht wie gewöhnlich beleidigt oder mit einer Retourkutsche, sondern sagen Sie: »Ich mag nicht, wenn du dich vor anderen über mich lustig machst.« Falls es zu einem Streit kommt, sagen Sie nur: »Ich will mich nicht streiten.«

2. Schritt: Selbstbesinnung

Dieser Schritt hat weniger mit psychologischen Überlegungen zu tun. Er möchte eine Begegnung mit Ihrem Selbst fördern. Tief in Ihrem Innern kennen Sie die Wahrheit. Ein Teil in Ihnen, den ich hier »Selbst« nenne, weiß, wovor Sie Angst haben, was Sie hindert und was Ihnen hilft. Mit diesem Teil werden Sie in diesem Schritt Kontakt aufnehmen. Doch zunächst müssen Sie günstige Bedingungen dafür schaffen. Nehmen Sie sich Zeit ganz für sich allein, ohne Ablenkung. Gehen Sie z. B. spazieren, schreiben Sie in einer ruhigen Stunde in Ihr Tagebuch, meditieren Sie, träumen Sie vor sich hin. Sie sollten sich möglichst jeden Tag eine solche Auszeit gönnen. Wenn Sie die passende Form gefunden haben, können Sie die folgenden Fragen als Leitfaden nutzen, um Ihre innere Welt zu erkunden. Denken Sie nicht nur nach, sondern horchen Sie in sich hinein, hören Sie auf Ihre innere Stimme. Schreiben Sie Ihre Ergebnisse genau auf, am besten in Form einer Liste.

● *Was soll mir mein Partner (meine Partnerin) geben, daß ich mir selbst nicht gebe?*
Z. B. Aufwertung, Bestätigung meiner Klugheit, Liebenswürdigkeit, Sicherheit, Stärke, Entschiedenheit, Willenskraft, Macht, Geld, Prestige, Wärme, Unterstützung.

● *Wie möchte ich mein tägliches Leben gestalten?*
Malen Sie sich aus, wie Sie Ihr Leben mit Ihren realistisch gegebenen Mitteln führen möchten. Z. B. ein Instrument lernen, reisen, weniger arbeiten.

● *Wie hindert mich mein Partner (meine Partnerin) daran, dieses Leben zu führen?*

Z. B. Sie möchten gerne häufiger Freunde zum Essen einladen, aber Ihr Partner ist dann so muffelig, daß Sie das lieber lassen. Oder Sie möchten gerne einmal in der Woche mit Kollegen Fußball spielen. Weil Ihre Partnerin dann immer eine Riesenszene macht, verzichten Sie darauf.

● *Wovor haben ich im Umgang mit meinem Partner (meiner Partnerin) Angst?*

Etwa vor Wut, Kälte, Schreien, Weinen, Anklage, daß er (sie) mir schadet, finanzieller Druck. Woher aus meiner Biographie kenne ich diese Angst?

● *Wovor habe ich generell Angst?*

Vor dem Alleinsein, vor Trennungsschmerz, vor Schuldgefühlen. Woher kenne ich diese Angst?

● *Nach welchen Glaubenssätzen lebe ich?*

Z. B.: »Man darf niemals nachgeben, sonst hat man verloren.« »Ich muß mir Liebe verdienen.«

● *Nach welchen Regeln lebe ich in meiner weiblichen Rolle?*

Es kann sein, daß Sie hier auf traditionelle Aussagen stoßen, die Sie als emanzipierte Frau niemals bejahen würden, nach denen Sie aber dennoch unbewußt leben. Z. B.: »Männer sind kompetenter als Frauen«, »Eine gute Frau unterstützt ihren Mann bedingungslos«, »Eine Frau stellt ihre Wünsche hinter die der Familie«.

● *Nach welchen Regeln lebe ich in meiner männlichen Rolle?*

Z. B.: »Männer müssen immer stark sein«, »Bei Frauen muß man vorsichtig sein, sie verschlingen einen sonst mit Haut und Haaren«.

3. Schritt: Umdenken

Im vorigen Schritt haben Sie sich die Ängste, Glaubenssätze und Regeln aufgeschrieben, nach denen Sie leben. In diesem Schritt geht es darum, diejenigen zu entkräften, die Sie behindern, und sie durch eine positive, selbstbewußte Haltung zu ersetzen.

● *Gehen Sie Ihre Liste von Ängsten, Glaubenssätzen und Regeln durch. Kreuzen Sie an, was Ihnen davon schadet.*

● *Mildern Sie Ihre Ängste mit beruhigenden Gedanken.*

Wenn Sie sich z. B. vor Trennungsschmerz fürchten, denken Sie: »Meine Freunde werden mir helfen« oder »Ich kenne jetzt die Trauerphasen und weiß, daß es mir wieder gutgehen wird«.

● *Entkräften Sie schädliche persönliche Glaubenssätze, indem Sie sie positiv umformulieren.*

Z. B. Statt: »Ich muß mir Liebe verdienen« sagen Sie: »Ich habe das Recht, so geliebt zu werden, wie ich bin.« Ersetzen Sie »Ich muß Rücksicht nehmen« durch »Jetzt bin ich mal dran!«

● *Verändern Sie Ihr altes Rollenmuster durch neue Erkenntnisse.*

Statt: »Männer müssen immer stark sein« sagen Sie: »Ich habe das Recht, auch mal schwach zu sein.« Statt: »Eine gute Frau unterstützt ihren Mann bedingungslos« kontern Sie: »Ich entscheide, wann ich ihn unterstützen möchte.«

● *Schreiben Sie diese positiven Formeln auf eine separate Liste.*

Lesen Sie sich die Aussagen regelmäßig durch. Wiederholen Sie die wichtigsten wie ein Mantra, täglich und immer wieder – so lange, bis sie in Ihrem Denken verankert sind.

4. Schritt: Anwenden

In diesem Schritt geht es darum, die positiven Richtlinien in die Tat umzusetzen. Überlegen Sie, wie Ihre neuen Leitlinien praktisch aussehen könnten.

● *Stellen Sie sich Ihren Ängsten.*

Nehmen Sie wahr, was in Ihnen vorgeht, wenn Sie den angstma-
chenden Zustand aushalten. Falls Sie z. B. Angst vor dem Alleinsein haben, setzen Sie sich dem täglich eine begrenzte Zeit
aus. Spüren Sie, wie es Ihnen geht, wenn Sie sich nicht durch
Fernsehen, Radio oder Musik ablenken. Wenn Sie Angst vor
Wutausbrüchen und Szenen haben, lassen Sie es darauf ankom-
men. Bleiben Sie in einer Beobachterposition: Was tut mein Gegenüber genau? Wie reagiere ich darauf körperlich und seelisch?

● *Handeln Sie konsequent nach Ihren neuen Glaubenssätzen und
Regeln.*

Wenn Sie z. B. als Frau danach leben möchten: »Jetzt bin ich mal
dran«, dann stellen Sie Brot und Butter auf den Tisch und ziehen sich mit einem guten Roman zurück, anstatt für Ihren Mann
abends ein Drei-Gänge-Menü zu kochen. Oder wenn Sie als
Mann nach dem Motto leben möchten: »Ich darf auch mal
schwach sein«, dann geben Sie zu, daß Sie vor Ihrer Kundenprä-
sentation ziemlich Lampenfieber haben.

Was passiert, wenn Sie sich verändern?

Sobald Sie sich anders verhalten, müssen Sie mit Konsequenzen
rechnen. So unbefriedigend die Beziehung auch für beide Teile
sein mag, so läuft sie doch immerhin nach einem vertrauten Muster ab. Beispiel: Sie schreien Ihren Mann an – er verläßt wütend
den Raum. Sie möchten mit Ihrer Frau schlafen – sie wehrt ab:
»Ich habe Kopfweh.« Wenn Sie nun mit einer neuen Haltung
eingespielte Rituale durchbrechen, macht das unsicher. Das wiederum führt meist zu heftigen Reaktionen. Der vertraute Status
quo hat ein Gleichgewicht erzeugt, das man ungern aufgibt.
Symbolisch können Sie sich das wie eine Wippe auf dem Spielplatz vorstellen. Wenn zwei Kinder daraufsitzen, landet abwech-

selnd eines oben und unten. Springt aber ein Kind ohne Vorwarnung ab, knallt das andere unsanft auf den Boden. Ähnlich geht es Ihrem Partner oder Ihrer Partnerin auf emotionalem Gebiet. Rechnen Sie also mit Widerstand, aber bleiben Sie unbedingt konsequent. Ab sofort machen Sie das alte Spiel nicht mehr mit.

Jede Zweierbeziehung ist ein System. Systeme unterliegen der Gesetzmäßigkeit, daß sie sich verändern, sobald sich eines ihrer Teile verändert. Indem Sie sich ändern, wird sich auch Ihre Partnerschaft notwendigerweise wandeln. Auf welche Weise, wissen Sie anfänglich nicht genau. Noch ist alles offen. Vielleicht sieht Ihr Partner oder Ihre Partnerin Fehler ein und gibt sich Mühe, sich anders zu verhalten. Vielleicht sind Sie jetzt beide bereit, eine Paartherapie zu machen. Oder Sie erkennen, daß Sie jahrelang in einer unwürdigen Situation gelebt haben und finden endlich den Mut, sich zu trennen.

In jedem Fall sind Sie kein Opfer der Einsamkeit in der Partnerschaft mehr. Sie haben in sich so viel Stärke entwickelt, daß Sie Ihr Leben selbst bestimmen können und daß Ihr Wohlgefühl nicht mehr der Willkür eines anderen ausgeliefert ist.

Kapitel 7

Einsam durch den Verlust eines geliebten Menschen

Ich bin mir sicher: Wenn ich Sie bitte, die Augen zu schließen und sich einen größeren Verlust in Ihrem Leben zu vergegenwärtigen, dann taucht sofort ein Bild auf. Es gibt niemanden, der diese Erfahrung in seinem Leben noch nicht gemacht hätte. Je älter wir sind, desto mehr Verluste können wir zusammenzählen. Wir wechseln die Schule, Freunde verlassen uns, wir müssen umziehen. Die erste Liebe zerbricht, wir erhalten die Kündigung, ein Elternteil stirbt, wir entschließen uns zu einer Abtreibung, wir beenden ein Verhältnis, ein guter Kollege wird versetzt, die Firma wird aufgelöst, wir lassen uns scheiden, die Kinder gehen aus dem Haus. Auch ideelle Dinge können wir verlieren, unsere Würde, unsere Freude, unsere Schönheit, unsere Liebe, unser Selbstvertrauen. Die Reihe der Verluste ließe sich noch lange fortsetzen. Jeder echte Verlust ist von Trauer begleitet, und oft ist es, als bliebe ein Teil von uns zurück.

Sandra Caplan und Gordon Lang schlagen in ihrem Buch »Trauer« vor, einmal eine Liste unserer sämtlichen Verluste aufzustellen. Dazu werden sie auf einem großen Blatt Papier auf einer waagerechten Linie in chronologischer Reihenfolge mit Datum eingetragen.[34] Wenn Sie auf diese Weise Ihre eigene Verlust-Grafik herstellen, staunen Sie vermutlich, wie lang die Reihe ist. Durch bewußtes Nachdenken erinnern Sie sich an Verluste, die Ihnen normalerweise nicht mehr präsent sind. Manche dieser Verluste haben sich langsam entwickelt, so daß Sie darauf vorbereitet waren. Etwa wenn der Vater nach längerer Krankheit stirbt oder man schon ein halbes Jahr vorher weiß, daß der Firmensitz ins Ausland verlegt wird. Andere Verluste wiederum haben Sie ganz plötzlich getroffen, z. B. wenn der Partner von heute auf morgen die Beziehung beendet, weil er sich in jemand anderen verliebt hat.

Welche Verluste Sie auch auf Ihrer Linie eintragen, eines wird Ihnen Ihre Aufzeichnung in jedem Fall belegen: Es gibt keine Sicherheit im Leben.

Verluste bringen uns aus dem Gleichgewicht

Zum Glück ist uns das nicht ständig bewußt. Für gewöhnlich richten wir uns im Leben häuslich ein. Wir wachen nicht jede Nacht schweißgebadet auf und denken daran, welche Unwägbarkeiten wir am nächsten Tag überstehen müssen. Dann wären wir bestimmt bald am Rande eines Nervenzusammenbruchs. Die Natur hat es schon weise eingerichtet, daß wir nicht ohne konkreten Anlaß ständig an mögliche Verluste denken. Aber wenn wir dann tatsächlich einen Verlust erleiden, stürzt er uns unmittelbar aus der Sicherheit ins Leere. Wir geraten aus dem Gleichgewicht, ebenso wie die äußeren Bedingungen. Fast läßt sich die Regel aufstellen: Je unverwundbarer wir uns vorher gefühlt haben, je fester wir mit dem Status quo verbunden waren, desto mehr gerät unsere Welt aus den Fugen, sobald wir mit einem Verlust konfrontiert werden.

Macht jeder Verlust einsam?

In gewisser Weise macht uns jeder Verlust, der uns tiefer berührt, einsam. Selbst wenn wir ihn mit anderen Menschen teilen, weil sie gleichermaßen davon betroffen sind oder uns unterstützen, ist es doch unser ureigenes Gefühl der Traurigkeit, der Bitterkeit, des Schmerzes, der Enttäuschung, mit dem wir fertig werden müssen. Das kann uns niemand wegzaubern. Durch dieses Gefühl sind wir abgesondert von der Menge derjenigen, die weiterhin fröhlich oder unbesorgt sein können. Es ist so ähnlich, verzeihen Sie mir das banale Beispiel, als ob Sie mit Zahnschmerzen auf einer Party sind. Mitfühlende Gäste trösten Sie vielleicht und bieten Ihnen ein Aspirin an, aber keiner steckt in Ihrer Haut. Der körperliche Schmerz isoliert Sie, und Sie fühlen sich den anderen, die sich gut unterhalten, fremd.

Verluste, welcher Art auch immer, sind zunächst mit einer Phase der Einsamkeit verbunden. Dabei handelt es sich um eine notwendige Zeit der Besinnung, in der wir uns gefühlsmäßig mit den veränderten Lebensbedingungen auseinandersetzen müssen. Wenn Tiere verletzt sind, ziehen sie sich instinktiv zurück, um in Ruhe ihre Wunden zu heilen. Ähnlich verhält es sich auch bei uns Menschen. Wir ziehen uns innerlich oder auch äußerlich zurück, um mit uns ins reine zu kommen. Wir brauchen unsere Zeit, um zu weinen, nachzudenken, mit dem Schicksal zu hadern. Diese Phase der Einsamkeit ist wichtig und natürlich. Falls wir Menschen um uns herum haben, die uns lieben und richtig auf uns eingehen, tauchen wir nach einiger Zeit wieder auf. Jetzt sind wir in der Lage, darüber zu sprechen, können uns trösten und unterstützen lassen.

Einen geliebten Menschen zu verlieren, macht besonders einsam

Ich wage nicht zu behaupten, daß es der *schlimmste* Verlust ist, einen Menschen zu verlieren, den man liebt. Welcher Verlust uns am härtesten trifft, können wir nur selbst beurteilen. Es gibt schwere Verluste, die einen möglicherweise lebenslänglich beeinträchtigen. Auch sie können uns sehr einsam machen und dazu führen, daß wir uns von anderen zurückziehen.

Doch besonders abgetrennt von aller Welt und auf uns selbst geworfen fühlen wir uns, wenn uns ein Mensch verläßt, den wir lieben, sei es durch Trennung oder durch den Tod. Hier ist die Einsamkeit keine Begleiterscheinung, sondern die Ursache des Schmerzes.

Bei den vielen möglichen Verlusten im Leben beschränke ich mich auf den von Menschen, weil er besonders deutlich mit Einsamkeit verbunden ist. Falls Sie sich wegen eines anderen Verlustes, etwa Ihrer Gesundheit, Ihrer Arbeit, Ihrer Heimat oder Ihrer finanziellen Sicherheit zur Zeit einsam fühlen, wird es Ihnen trotzdem etwas bringen, sich mit den nächsten Seiten zu beschäftigen. Die folgenden Phasen der Bewältigung geben Ihnen Hinweise dafür, wie Sie Ihren eigenen speziellen Verlust besser verarbeiten können, ohne in Einsamkeit zu verharren. Sie erfahren etwas über Gesetzmäßigkeiten, die sich durchaus auf andere Situationen übertragen lassen.

Einsam durch Trennung oder Scheidung

In vielen Fällen sind wir Psychotherapeutinnen und Psychotherapeuten eine Art Feuerwehr für Menschen in akuter seelischer Not. Unsere Aufgabe besteht darin, sie in einer Krise zu stützen und das Erlebte behutsam aufzuarbeiten. Beendet ist sie, wenn der Klient oder die Klientin neuen Lebensmut gewonnen hat, wieder auf eigenen Füßen steht und mit den veränderten Bedingungen zurechtkommt. Die häufigsten Krisen, die ich in meiner Praxis erlebt habe, sind Trennungskrisen. Dabei ist mir eines besonders aufgefallen: So individuell die Menschen und ihre Schicksale bisher auch waren, ihr inneres Erleben beschrieben sie nahezu identisch. Über Wochen und Monate durchlebten sie Etappen, die bei allen ähnlich aussahen.

Das bestätigte mir die wissenschaftliche These, daß eine Trennungskrise, wenn sie erfolgreich durchgearbeitet wird, bis zu ihrer Bewältigung bestimmte Phasen durchläuft. Viele meiner Kolleginnen und Kollegen haben ähnliche Erfahrungen gemacht.

Wenn Ihre Trennung oder Scheidung noch ganz frisch ist, sind Sie vermutlich kaum in der Stimmung, sich mit psychologischen Gesetzmäßigkeiten zu befassen. Sie fühlen sich verwundet, Ihre Gedanken kreisen unablässig um den Verlust, Sie schaffen es gerade mal, den Tag zu überstehen. Dennoch bitte ich Sie, den Phasen einen Blick zu schenken. Sie können Ihnen den Weg zeigen, der Sie aus der Einsamkeit wieder ins Leben bringt. Selbst wenn Ihr Herz dieses Wissen jetzt noch nicht aufnehmen kann oder will, wird Ihr Kopf es registrieren und vielleicht schon bald anwenden.

Wenn Sie diese Phasen kennen, lassen sie sich wie eine Landkarte nutzen. Sie wissen, wo Sie gerade stehen. Doch anders als bei einer Landkarte sind die Grenzen fließend. Es gibt Bewegungen. So können Sie immer mal wieder in eine frühere Phase zurückfallen oder kurzfristig in die nächste eilen.

Die Zeit, die Sie für jede Etappe brauchen, bestimmen Sie. Zwar gibt es Erfahrungswerte, die etwa bei einem Jahr liegen, doch stellt das keine Norm dar. Lassen Sie sich also nicht von außen drängen, etwa von Bekannten, die meinen: »Jetzt müßtest du aber langsam darüber hinweg sein.« Fest steht nur: Wenn Sie aus der Einsamkeit herauswollen, dürfen Sie in keiner Phase stekkenbleiben. Sie sollten möglichst auch keine überspringen, denn das rächt sich meist später in einer neuen Beziehung.

Schauen wir uns diesen speziellen Weg aus der Einsamkeit gründlich an.

Phase I: Das kann doch nicht wahr sein

In dieser Phase wirkt noch der Schock des Verlustes. Wir sind wie betäubt und können einfach nicht glauben, daß sich der geliebte Mensch wirklich von uns abgewandt hat, daß seine Gefühle für uns erkaltet sind. Es erscheint uns wie ein böser Traum, aus dem wir gleich erleichtert aufwachen werden. Wir klammern uns an die Vorstellung, daß es sich nur um eine vorübergehende Störung handelt. Wenn wir jetzt alles richtig machen, uns viel Mühe geben, um die Beziehung kämpfen, dann wird gewiß alles wieder gut.

»Was sind denn so Ihre Erfahrungen?« fragte mich ein Klient hoffnungsvoll. »Überlegen sich die Frauen das meist noch mal?« Der Mann sah wirklich furchtbar aus: dunkle Ringe unter den Augen, Dreitagebart. Seine Hände zitterten, und er klagte sich pausenlos an: »Ich bin schuld, ich habe meine Frau einfach nicht ernst genommen.« Er war ein erfolgreicher Computerfachmann, für den sein Beruf bisher Priorität hatte. Erst kamen die Kunden und ganz am Ende seine Familie. So hatte er jahrelang die Wünsche seiner Frau ignoriert. Nun schien alles zu spät. Sie hatte ihm klipp und klar gesagt: »Es ist vorbei, ich liebe dich nicht mehr.« Plötzlich war ihm sein Beruf völlig unwichtig. Er sah, was er verloren hatte. Und er wollte alles tun, um sie zurückzugewinnen.

Wenn Sie sich in dieser ersten Phase einer Trennungskrise befinden, zeigt sich das daran, daß Sie

- ständig an die vielen schönen Erlebnisse denken, die Sie in der Vergangenheit mit Ihrem Partner geteilt haben.
- versuchen, falls Sie beide nicht (mehr) zusammenleben, in Kontakt mit ihm zu kommen. Sie rufen an, schreiben Briefe oder laufen ihm »zufällig« über den Weg.
- versuchen, den anderen zurückzugewinnen.
- sich bemühen, besonders attraktiv zu sein.
- ihm alles anbieten, was er sich früher von Ihnen gewünscht hat, aber nicht bekam: Zeit, Gefühle, Liebesbeweise.

Sie verleugnen die Tatsachen nach dem Motto »Weil nicht sein kann, was nicht sein darf«. Das ist eine normale und letztlich gesunde Reaktion auf einen Schlag, der uns unerwartet und heftig getroffen hat. Auf diese Weise gewinnen wir Zeit, uns der Realität schrittweise zu nähern. Nach und nach lernen wir, die Trennung nicht länger als ein Mißverständnis zu sehen, das wir beheben können, sondern sie als Tatsache zu akzeptieren. Dabei ist es hilfreich, daß Sie

- sich immer wieder laut vorsagen: »Es ist vorbei.«
- sich räumlich trennen.
- intimen Kontakt mit der geliebten Person vermeiden.
- die Trennung in Ihrem Bekanntenkreis offiziell verkünden.

Ein kleiner Anhang dazu: Diese kategorischen Schritte sind selbst dann nötig, wenn es vielleicht wirklich noch eine Chance gibt, wieder zusammenzukommen. Dann genügt es nicht, sich miteinander zu versöhnen. Zum alten Zustand gibt es keine Rückkehr. Sie müssen bewußt neu anfangen. Dazu gehört, daß Sie beide mit viel Zeit die Vergangenheit aufarbeiten. Tun Sie das nicht, werden die Altlasten wie Vulkane immer wieder aufbrechen und die Beziehung letztlich doch zerstören.

Phase II: Die Achterbahn der Gefühle

Nachdem Sie sich eingestanden haben, daß es keinen Weg zurück gibt, kommen die unterdrückten Gefühle ans Tageslicht. Angst, Wut, Haß, Depressionen, Minderwertigkeitsgefühle, Schuld und Einsamkeit brechen heftig in uns auf.

Ich erinnere mich noch gut, in welche emotionalen Wechselbäder ich in dieser Phase tauchte, nachdem sich mein Freund nach fünfjähriger Beziehung von mir getrennt hatte. An einem Abend heulte ich vor Sehnsucht das Kopfkissen naß. Am nächsten flirtete ich wild nach dem Motto »Nur nicht aus Liebe weinen«, und am übernächsten flog meine Kaffeetasse an die Wand, weil ich wütend darüber war, was dieser Schuft mir angetan hatte. Gleichzeitig war ich todunglücklich, weil ich meine Selbstbeherrschung verloren hatte. Ich wollte mich doch so gerne ruhig und klug verhalten, wie man es in Ratgebern immer liest.

Die Mannheimer Psychotherapeutin Doris Wolf bestätigt aus ihrer Praxis: »Die Phase II ist die schwierigste Etappe auf Ihrem Weg zum Gipfel. Nachdem Sie die Hoffnung auf Versöhnung aufgegeben haben, treffen Sie die schmerzlichen Gefühle mit voller Wucht. Viele Menschen bleiben auf dieser Strecke hängen. Sie werden chronisch depressiv oder zum ›Menschenhasser‹.«[35]

Damit Sie sich von Ihren Gefühlen nicht in die permanente Einsamkeit drängen lassen, müssen Sie sie durchleben und überwinden.

Verzweiflung

Dieses Gefühl ist wohl die stärkste Ursache für die Einsamkeit nach einer Trennung. Es speist sich aus den vielen einzelnen Verlusten, die mit dem großen Verlust des geliebten Menschen zusammenhängen. Verloren ist:

- die *Anwesenheit* dieses Menschen: sein Anblick, seine Stimme, sein Lächeln, seine Berührung, seine Zärtlichkeit.
- die *Zukunft*: Hoffnungen, Träume und Vorstellungen, die mit dem anderen verbunden waren, platzen. Eine neue Zukunftsvision gibt es noch nicht.
- die *Rolle*: Man ist nicht länger Ehefrau oder -mann, nicht mehr Geliebte(r).
- der *Status*: Frauen und manchmal auch Männer, die sich vor allem durch die Position ihres Partners definiert haben, verlieren mit der Trennung ihre gewohnte gesellschaftliche Anerkennung.
- die *Unterstützung*: Meist werden in einer Beziehung die Arbeitsbereiche aufgeteilt. Nach der Trennung steht man plötzlich mit der Steuererklärung, dem Haushalt, den technischen Geräten allein und hilflos da. Oder ohne Auto, ohne fachliche Ratschläge, ohne tägliche Anteilnahme.

- die *Freunde*: Über kurz oder lang springen zumindest diejenigen ab, die einen nur als Teil eines Paares akzeptiert haben. Viele schlagen sich auch auf die vermeintlich stärkere Seite und halten zu dem, der gegangen ist.
- die *Wohnung*: Unter Umständen verliert man das Mietrecht, kann das Haus nicht alleine finanzieren oder hält es in der ehemals gemeinsamen Wohnung einfach nicht mehr aus.
- die *Kinder*: Falls Kinder da sind, entscheiden sie sich vielleicht für den Partner, oder er nimmt sie einfach mit. Es dauert lange, bis das Sorgerecht geklärt ist.

Diese Verluste führen dazu, daß wir unter heftigen Entzugserscheinungen leiden. Tatsächlich haben Wissenschaftler festgestellt, daß sich bei Trennungsschmerz im Gehirn ähnliche Prozesse abspielen wie beim Entzug von Drogen. Wir fühlen uns apathisch, passiv, depressiv. Was hat das Leben denn noch für einen Sinn? Wir denken sogar an Selbstmord. Quälend tauchen immer wieder Bilder vergangener guter Zeiten auf. Wir haben alte Versprechungen und Liebesbeteuerungen im Ohr, die nichts mehr gelten. Besonders peinigend ist die Vorstellung, daß alle Liebe nun einer anderen Person zukommt, daß die beiden glücklich sind, während man selbst einsam und verlassen leidet.

Wir glauben, daß wir aus diesem schrecklichen Zustand nur durch den geliebten Menschen erlöst werden können. Gleichzeitig wissen wir, daß er nie mehr zu uns zurückkommt. Damit sitzen wir in einer emotionalen Falle. Doch trotz aller Ohnmacht können Sie etwas dafür tun, weiterzukommen:

- *Akzeptieren Sie Ihre Verzweiflung.* Kämpfen Sie in diesem Stadium nicht dagegen an. Sie können Ihre Gefühle momentan nicht abschalten.
- *Drücken Sie Ihre Verzweiflung aus.* Weinen Sie, schreiben Sie Tagebuch, malen Sie Bilder.
- *Leben Sie nur für den heutigen Tag.* Halten Sie sich an das Rezept der Anonymen Alkoholiker, die ihre Abstinenz immer nur für die Spanne eines einzigen Tages planen. Sagen Sie

sich: »Ich will diese 24 Stunden einigermaßen gut überstehen.«

- *Machen Sie sich eine ausführliche Liste dessen, was in der Beziehung schlecht war.* Auf diese Weise vermeiden Sie es, die Vergangenheit zu verklären.

- *Verbannen Sie die Dinge aus Ihrem Blickfeld, die Sie an vergangene schöne Tage und das gemeinsame Leben erinnern.* Packen Sie Fotos, Souvenirs von Urlaubsreisen, Kleidungsstücke und Körperpflegemittel in einen großen Karton und verstauen ihn im Keller.

- *Meiden Sie jeden Kontakt zu dem geliebten Menschen.* Setzen Sie sich lieber auf Ihre Hände, als daß Sie mit ihm telefonieren. Umgehen Sie die Plätze, wo Sie sich begegnen könnten. Tatsache ist, daß Sie durch jede Begegnung die Wunde neu aufreißen und danach mit Ihrer Bemühung um Heilung wieder von vorne anfangen können.

- *Halten Sie Ihre Selbstdisziplin aufrecht.* Wenn innerlich das Chaos tobt, kann Ihnen der äußere Rahmen ein notwendiges seelisches Korsett geben. Und wenn es Ihnen noch so egal ist: Achten Sie peinlich auf Ihr Äußeres. Seien Sie pünktlich, halten Sie Termine und Verabredungen ein.

- *Suchen Sie sich Unterstützung.* Sprechen Sie mit guten Freunden, am besten mit solchen, die Ihre Erfahrung schon hinter sich haben. Vermeiden Sie es allerdings, immer und überall nur von Ihrem Kummer zu sprechen.

- *Machen Sie sich eine Liste der Dinge, die Sie nun selbst erledigen müssen.* Z. B. Überweisungen tätigen, lernen, mit dem Computer umzugehen. Schreiben Sie auf, was jetzt notwendig ist, z. B. Wohnungsannoncen durchzusehen. Arbeiten Sie diese Liste konsequent ab, auch wenn Sie überhaupt keine Lust dazu haben.

Wut und Haß

Nicht immer sind wir in dieser Phase todtraurig. Unsere Verzweiflung wird häufig von Wut und Haß unterbrochen. Das ist mit Sicherheit der Fall, wenn Sie
- Rachepläne schmieden,
- den anderen überall schlechtmachen,
- versuchen, ihm beruflich zu schaden,
- alle Freunde als Erzfeinde betrachten, die nicht Ihrer Meinung sind,
- Dinge zerstören, die ihm gehören, z. B. Fotos, Kleidung, CDs,
- versuchen, ihn zu bestrafen, etwa indem Sie ihm die Kinder vorenthalten, Geld horten, Eigentum nicht herausgeben.

Hinter Wut und Haß steht immer eine enttäuschte Erwartung. Wir haben fest auf ein bestimmtes Verhalten gebaut oder mit etwas gerechnet, das für unsere Lebensplanung von großer Wichtigkeit ist. Plötzlich wird uns diese Gewißheit rücksichtslos zerschlagen.

Sebastian, ein einunddreißigjähriger Lehrer, war seit drei Jahren mit einer Kollegin zusammen. Für ihn war völlig klar, daß sie bald heiraten und eine Familie gründen würden. Silvester kam dann der große Knall: Sie eröffnete ihm, daß sie sich doch noch nicht so fest binden wolle. Sie habe sich für einen Auslandsjob an einer deutschen Schule beworben. Sebastian war außer sich, er fühlte sich belogen und betrogen.

Ähnlich ging es Doris, der Frau eines erfolgreichen Rechtsanwaltes. Sie hatte seine Kanzlei mit aufgebaut, ihn während der Durststrecke in den Anfangsjahren unterstützt, drei Kinder großgezogen. Jetzt endlich würde das Leben leichter werden. Von wegen! Ihr Mann verliebte sich in eine Referendarin und verließ Doris. »Mit dieser Schlampe genießt er jetzt die Früchte meiner Arbeit.« Doris tobte in ohnmächtiger Wut.

Verständlich, daß enttäuschte Erwartungen Wut und Haß auslösen. Sie brauchen ein Ventil, denn sonst verursachen sie körperliche Probleme wie Herzschmerzen oder Magengeschwüre. Trotzdem sollten Sie Ihren Zorn auf unschädliche Weise entladen, damit Sie später nichts bereuen müssen. Es gibt bewährte Möglichkeiten, auch die heißeste Wut ohne Risiko loszuwerden:

- Geben Sie sich wilden Tagträumen hin. In Ihrer Phantasie dürfen Sie dem anderen sämtliche Grausamkeiten antun.
- Schreiben Sie ihm Briefe, in denen Sie sich so unfein ausdrükken, wie Sie möchten. Nur werden diese Briefe niemals abgeschickt.
- Machen Sie es wie Liza Minelli in dem Film »Cabaret«: Suchen Sie sich einen Ort, an dem niemand Sie hören kann. Schreien Sie dort, so laut Sie können. Wenn Ihnen danach ist, brüllen Sie Flüche und Schimpfwörter.
- Nutzen Sie eine wirkungsvolle Technik aus der Gestalttherapie: Setzen Sie sich vor einen leeren Stuhl. Plazieren Sie den Bösewicht in Ihrer Vorstellung darauf. Reden Sie Klartext mit ihm, sprechen Sie sämtliche Vorwürfe aus.
- Knien Sie sich vor ein großes festes Kissen oder eine zusammengerollte Decke. Schlagen Sie mit den Fäusten oder einem Tennisschläger darauf, so fest Sie können.
- Wenn Sie am liebsten Porzellan zerschlagen möchten: Werfen Sie Eiswürfel in die Badewanne. Das hat einen ähnlichen Effekt.
- Wandeln Sie die Wut in Aktionen um: Putzen Sie die Fenster, graben Sie den Garten um, joggen Sie durch den Park.

Das klingt jetzt sicher erst einmal lächerlich, ist es aber keineswegs. Auf diese Weise entlasten wir uns, ohne uns selbst zu schädigen. Wenn wir nämlich unseren Haß allzusehr nach außen tragen, stoßen wir andere Menschen ab und isolieren uns damit.

Minderwertigkeitsgefühle

Verlassen zu werden kratzt mächtig am eigenen Ego. Allzu leicht ziehen wir den Schluß: »Er (sie) ist gegangen, weil ich nicht gut genug war.« Wir schämen uns vor anderen, als sei es allein unsere Schuld. Solche Minderwertigkeitsgefühle beherrschen Sie, wenn Sie annehmen, daß man Sie aus einem der folgenden Gründe verlassen hat:

● Ich bin sexuell nicht aktiv genug.
● Ich bin zu dick (zu dünn, zu klein, habe zuwenig Busen, kaum noch Haare auf dem Kopf etc.).
● Ich bin zu alt.
● Ich bin zu unerfahren.
● Ich bin nicht interessant genug.
● Ich sehe schrecklich aus.
● Ich habe mir zuwenig Mühe gegeben.
● Ich bin nicht gebildet genug.
● Ich bin nicht weiblich (männlich) genug.
● Die (der) andere ist viel attraktiver als ich.
● Ich bin es nicht wert, daß man bei mir bleibt.

Machen Sie bitte sofort Schluß mit dieser Selbstzerfleischung. Meinen Klienten sage ich oft: »Sie können die perfekteste Frau der Welt (oder Superman) sein – Ihr Partner (Ihre Partnerin) hätte sich trotzdem von Ihnen getrennt.« Ich möchte damit vermitteln, daß es ganz sicher nicht nur an den eigenen Mängeln liegt, wenn der Partner geht. Wir haben keine Macht über die Liebe eines anderen Menschen. Selbst wenn wir uns noch so anpassen und anstrengen, gibt es keine Garantie für ein dauerhaftes Glück. Dazu existieren zu viele Gründe für eine Trennung, die nichts mit unserer Person zu tun haben: Menschen entwickeln sich auseinander, Vorlieben ändern sich, neue Reize wirken, man will mehr vom Leben, innere Veränderungen bestimmen das Verhalten, man sucht Selbstbestätigung, die Angst vor dem Altern führt dazu, daß man sich Jüngeren zuwendet.

Das alles ist unabhängig von Ihrem Wert. Wie sich der andere

Ihnen gegenüber benimmt, sagt etwas über *ihn* aus, nicht über Sie. Es zeigt z. B. seine Loyalität, seine Fairneß, seinen Stil, seine Selbstdisziplin. Selbst wenn es stimmt, daß Sie Fehler gemacht haben, etwa indem Sie zu intolerant oder zu passiv waren, sollten Sie sich sagen: »Zu der Zeit habe ich es nicht besser gewußt.« Es hat wenig Sinn, sich im nachhinein vor Reue verrückt zu machen. Die einzig konstruktive Möglichkeit ist, daraus für die Gegenwart zu lernen. Wenn Sie finden, es ließe sich etwas an Ihnen verbessern, dann tun Sie es jetzt. Arbeiten Sie an Ihrer Allgemeinbildung, gehen Sie zum Friseur, nehmen Sie zehn Kilo ab, seien Sie charmanter. Aber nicht, um Ihre(n) Ex zurückzugewinnen, sondern für sich selbst – und vielleicht für die nächste Liebe, auch wenn Sie daran jetzt gar nicht denken mögen.

Phase III: Die Erlösung

Im Laufe der Zeit sind die negativen Gefühle dank Ihrer Anstrengungen weniger geworden. Sie können wieder lachen, sind gelegentlich sogar glücklich. In diesem Stadium ist es möglich, die Sehnsucht loszulassen, sich nicht mehr mit der alten Beziehung zu beschäftigen und die Eifersucht auf das gegenwärtige Leben Ihres Expartners aufzugeben. Dabei kann Ihnen helfen, daß Sie für sich selbst mit allen Sinnen erfahren: Es ist vorbei.

- Nehmen Sie die Dinge, die Ihnen vom Partner geblieben sind, Stück für Stück in die Hand. Verabschieden Sie sich von ihnen und der Erinnerung, die daran hängt. Werfen Sie sie dann entweder weg, verschenken Sie sie oder verbannen Sie sie in den hintersten Winkel Ihres Kellers.
- Begehen Sie ein Abschiedsritual. Zünden Sie z. B. Kerzen an. Stellen Sie ein Foto auf. Verabschieden Sie sich deutlich und für immer. Oder spannen Sie ein breites rotes Band zwischen zwei Stühlen als Symbol für die Verbindung, die Sie noch emotional zu Ihrem Expartner haben. Durchtrennen Sie das

Band mit einem Schnitt wie eine Nabelschnur. Von jetzt an lebt jeder für sich.

Stellen Sie sich vor, daß Sie die geistige Verbindungsschnur zu ihm wie den Stecker einer Lampe aus Ihrem Herzen ziehen.

Ablösung heißt nicht, daß Sie sämtliche guten Erinnerungen über Bord werfen müssen. Die dürfen Sie gerne bewahren, solange Sie sie nicht dazu benutzen, die Vergangenheit zu idealisieren oder eine traurige Stimmung auszulösen. Es sind nur noch Souvenirs von gestern.

Vergeben Sie

Vermutlich empfinden Sie weniger liebevolle Gefühle als vielmehr einen tiefsitzenden Zorn: »Es ist zwar vorbei mit uns, aber was er (sie) mir angetan hat, werde ich nie vergessen!«

Wenn ich Ihnen nahelege, Sie sollten vergeben, dann rechne ich damit, daß Sie sich erst einmal empört weigern. Das kann ich durchaus verstehen. Als Pastorentochter weiß ich besonders gut, wie leicht der Begriff »vergeben« aus falsch verstandener christlicher Moral mißbraucht wird. Deshalb möchte ich zunächst einmal klarstellen:

- Vergeben heißt nicht zu vergessen.
- Vergeben heißt nicht, alles gutzuheißen.
- Vergeben heißt nicht: »Du hattest recht.«
- Vergeben heißt nicht, wieder freundlich Kontakt aufzunehmen, als sei nichts gewesen.
- Vergeben ist kein Zeichen von Schwäche.

Vergebung ist kein butterweiches Gefühl, das wir mit Tränen in den Augen und Sanftmut im Herzen verströmen. Vergebung ist ein Willensakt, der sämtliche inneren Kräfte beansprucht. Die folgende kleine Geschichte illustriert das sehr schön: Ein Fabrikant war durch die leichtsinnige Handlung eines leitenden Angestellten an den Rand des Ruins getrieben worden. Als der Mitarbeiter in sein Büro kam, um sich zu rechtfertigen, mußte der Fabrikant seine ganze Selbstbeherrschung aufbringen. Die Hände um die Schreibtischkante gekrampft, sagte er mit schmalen Lippen: »George, ich vergebe dir, was du getan hast. Aber bitte sieh zu, daß du ganz schnell aus dem Zimmer kommst!«

Wenn wir bereit sind, zu verzeihen, dürfen wir nicht erwarten, daß unser Gefühl sofort auf Frieden umschaltet. Vergeben beginnt im Kopf. Wir machen uns bewußt, daß es nicht darum geht, den anderen freizusprechen, sondern uns selbst zu befreien. Denn eines ist sonnenklar: Den Preis für unsere Unversöhnlichkeit zahlen nur wir selbst. Es ist *unser* Magen, der rebelliert, *unser* Kopf, der schmerzt, *unsere* Laune, die in den Keller sinkt. Es ist *unser* Herz, das sich verschließt und dadurch eben auch nicht für einen anderen Mann oder eine andere Frau offen ist. Indem Sie verzeihen, tun Sie *sich* etwas Gutes, nicht dem anderen.

Wenn Sie vergeben wollen, finden Sie vielleicht durch die folgenden Übungen Unterstützung:

- Reinigen Sie sich auf imaginäre Art von negativen Gedanken. Stellen Sie sich dazu vor, daß vom obersten Punkt Ihrer Schädeldecke kristallklares Wasser durch Ihren Körper fließt und sämtliche »Altlasten« durch die Fußsohlen in die Erde schwemmt.

- Setzen Sie sich vor ein Foto Ihres Expartners oder Ihrer Expartnerin. Schauen Sie es an und sagen Sie: »Ich verzeihe dir, damit es mir gutgeht.«

- Stellen Sie sich vor, Sie seien uralt. Weise geworden, schauen Sie auf Ihr Leben zurück. Fragen Sie sich aus dieser Perspektive, ob es sich lohnt, daß Ihr Zorn jahrelang Ihr Leben vergiftet.

- Wenn Sie an Gott, oder wie immer Sie eine höhere Macht nennen mögen, glauben, dann beten Sie um Kraft zur Vergebung. Sie werden erfahren, daß Ihre innere Stärke dadurch wächst.

Phase IV: Das Leben beginnt wieder neu

Endlich haben Sie es geschafft: Sie haben den Schmerz durchlebt. Sie haben die Trennung akzeptiert. Sie können auf die Vergangenheit und Ihren ehemaligen Partner (Ihre Partnerin) ohne Haß blicken. Jetzt stehen Sie wieder auf eigenen Füßen. Nun können Sie Ihre Freiheit genießen oder sind bereit, sich langsam und allmählich wieder einer neuen Liebe zu öffnen. Wahrscheinlich sind Sie sogar dankbar für das, was Sie durch diese Erfahrung gelernt haben. In jedem Fall aber ist die Einsamkeit, die aus der Trennung resultierte, vorbei.

Der Unterschied von Trennung und Tod

Eine Klientin, deren Mann sie verlassen hatte, sagte: »Manchmal wünschte ich, er wäre tot. Dann wäre ich Witwe und könnte um ihn trauern. So gibt es ihn noch, aber nicht für mich.« Diesen Satz hörte ich nicht zum ersten Mal. Er klingt brutal, aber er weist auch deutlich auf das hin, was den Unterschied zwischen Trennung und Tod ausmacht: Am Tod eines geliebten Menschen läßt sich absolut nichts mehr ändern. Wir können nichts tun, als ihn hinzunehmen. Damit fallen einige Emotionen fort oder sind zumindest schwächer, die uns bei einer Trennung so heftig quälen: Hoffnung, Minderwertigkeitsgefühle, Eifersucht und Haß. Daß der Tod tatsächlich leichter zu ertragen ist als eine Trennung, glaubte natürlich auch meine Klientin nicht ernsthaft. Wer einen geliebten Menschen durch den Tod verliert, muß in anderen Aspekten noch viel tiefer durch das Tal der Tränen.

»Den eigenen Tod, den stirbt man nur, doch mit dem Tod der anderen muß man leben.« Diesen Spruch der Dichterin Mascha Kaleko las ich auf einer Todesanzeige. Sie drückt ganz schlicht eine schmerzliche Erfahrung aus. Wenn ein Mensch gestorben ist, den wir lieben, dann hat *er* keine Probleme mehr. Wir aber müssen aushalten, daß wir ihn nie mehr in die Arme schließen, nie mehr mit ihm sprechen werden.

Als meine kleine Schwester starb, war sie sechs und ich zwanzig Jahre alt. Durch den großen Altersunterschied war ich für sie nicht nur die große Schwester gewesen, sondern ein bißchen auch ihre zweite Mutter, die sie behütete und versorgte. Als sie plötzlich starb, war es, als stürbe ein Teil von mir mit. Es war vor allem der Gedanke: »Du wirst sie nie wieder in den Armen halten«, der mich verzweifelt machte. Am Tage nach ihrer Beerdigung malte ich ein Bild: Ein kleines Mädchen geht mit einem Teddybär unter dem Arm seinen Weg jenseits einer unüberwindlichen Mauer. Diesseits steht eine weinende Frau in Schwarz. Sie kann das Kind nicht mehr begleiten. Auf dem Bild gab es nur meine Schwester und mich. Sie war gegangen, ich mußte weiterleben.

»Du bist gegangen und hast mich völlig allein zurückgelassen«, diese Anklage gegenüber Toten habe ich später in den Psychotherapien noch oft gehört, ebenso wie den Satz »Es war, als ob ein Teil von mir mitgestorben ist«. So einmalig unsere Trauer sich für uns anfühlt – wir teilen sie mit allen Frauen und Männern, die erfahren, daß der Tod sie von einem geliebten Menschen trennt, sei es der Partner oder die Partnerin, die Eltern, das Kind oder der beste Freund oder die Freundin.

Wenn Sie jetzt gerade in tiefem Abschiedsschmerz stecken, dann mögen Sie das vielleicht nicht hören. Sie können sich schwer vorstellen, daß Ihre Trauer jemals enden wird. Sie glauben auch, daß sie mit nichts zu vergleichen ist. In gewisser Weise stimmt das. Sie und der Mensch, den Sie verloren haben, sind einmalig, und so ist auch Ihre Trauer. Und doch müssen Sie nicht in diesem Zustand bleiben, sondern können mit aller notwendigen Zeit und Geduld auf dem gleichen Weg aus dem Leid und der Einsamkeit herausfinden wie vor Ihnen schon viele andere.

Die Phasen der Trauerarbeit

Für unsere Seele ist Trauer die notwendige Reaktion auf den Tod eines geliebten Menschen. Mit ihr lösen wir uns nach und nach von dem, was uns mit ihm im Leben verbunden hat. Sie führt dazu, daß wir am Ende eine neue Lebensperspektive finden. In ihrem Verlauf sind die Phasen der Trauerarbeit denen der Trennungskrise sehr ähnlich, so daß ich im folgenden nur die Besonderheiten ergänzen möchte.

Auch hier gibt es die *erste Phase*, in der wir die Realität verleugnen. Wir glauben, gleich müßte die Person zur Tür hereinkommen. Wir hören ihre Stimme, sehen sie vielleicht sogar wie eine Halluzination. Automatisch handeln und sprechen wir so, als ob sie noch lebte. Erst allmählich wird uns die Realität bewußt.

In der *zweiten Phase* brechen Gefühle auf. Genau wie bei einer Trennung ist Verzweiflung die vorherrschende Emotion. Vor Schmerz und Sehnsucht werden wir fast verrückt. Auch Wut taucht auf, doch richtet sie sich eher gegen ein grausames Schicksal, gegen Gott, der das zugelassen hat, gegen diejenigen, die leben dürfen, oder gegen die Freunde, die nicht sensibel genug reagieren. Immer wieder taucht die quälende Frage nach dem Warum auf. Wir fühlen uns wie in einem dunklen Tunnel, dessen Ende wir nicht absehen können. Diese Phase dauert erfahrungsgemäß sehr lange.

Die *dritte Phase* bringt die Neuorientierung. Nach und nach fangen wir an, wieder vorsichtig nach außen zu gehen. Wir unternehmen Dinge, die nicht nur dem Überleben dienen. Die Zeitspanne, in der wir vergessen können, wird immer größer.

Für die *vierte Phase* ist kennzeichnend, daß wir unser inneres Gleichgewicht wiedergefunden haben. Mit Wehmut und Liebe denken wir an die Vergangenheit. Wir wissen aber auch, daß unser Leben sinnvoll weitergehen wird.

Die Zeit allein heilt keine Wunden

Es wäre wunderbar, wenn diese Phasen automatisch ablaufen würden. Dann müßten wir nur durchhalten, und nach einer angemessenen Zeit hätten wir es geschafft. Leider ist das selten der Fall. Nicht umsonst spricht man in der Psychologie von »Trauerarbeit«. Das heißt, daß wir uns auf unsere Trauer einlassen, sie durcharbeiten müssen. Leicht wird uns das allerdings auch von außen nicht gemacht.

Unsere Gesellschaft unterdrückt die Trauer

Im Gegensatz zu östlichen Kulturen, in denen die Trauer ritualisiert ist, gibt unsere Gesellschaft uns bei der Trauerarbeit kaum Unterstützung. Im Gegenteil, sie fördert, daß wir verdrängen. Das zeigt sich schon deutlich bei der Bestattung. Sogar in der schweren Stunde des Abschieds erwartet man von uns, daß wir Fassung bewahren. Schauen Sie sich doch einmal die Fernsehaufnahmen von Beerdigungen von Politikern oder Prominenten an: Die Gesichter wirken versteinert, Tränen werden hinter einer dunklen Brille oder einem Schleier verborgen. Im kleineren Rahmen ist es nicht viel anders. Als die Mutter einer Freundin von mir beerdigt wurde, instruierte der Vater seine Tochter vorher: »Bitte nimm dich am Grab zusammen. Wir wollen den Leuten kein Schauspiel bieten.«

Gute Freunde oder verständnisvolle Menschen mögen die Ausnahme sein, aber generell erwartet man von uns nach kürzester Zeit, daß wir unsere Arbeit wie gewohnt aufnehmen, uns nicht gehenlassen, funktionieren. Indem wir nicht zeigen dürfen, wie uns wirklich zumute ist, verstärkt sich unsere Einsamkeit. Um so notwendiger ist es, daß wir uns wenigstens im geschützten Raum erlauben, unsere Emotionen freizusetzen. Mehr noch: daß wir ihnen auf den Grund gehen.

Stellen Sie sich Ihrer Trauer

Vielleicht werden Ihnen die folgenden Vorschläge, Ihre Trauer bewußt zu durchleben, masochistisch vorkommen. Warum sollen Sie sich das antun, wo Sie schon traurig genug sind? Wenden Sie sich bitte nicht gleich ab. Es gibt zwei gute Gründe, warum es sinnvoll ist, sich darauf einzulassen:

Wir erleben unsere Traurigkeit fast immer als eine unberechenbare Macht, die uns in unerwarteten Momenten wie eine Welle überwältigt und mitreißt. Indem wir bestimmen, wann wir uns in die Trauer versenken wollen, gewinnen wir einen Teil unserer Selbstbestimmung zurück. *Wir* sind es, die das starke Gefühl hervorrufen, wir schauen es uns bewußt an. Dadurch kommen wir aus der Opferhaltung heraus.

Außerdem ist es eine physiologische Gesetzmäßigkeit, daß wir nicht permanent in einem gleich hohen Spannungszustand verharren können. Wenn Sie in die Trauer hineingehen und viele Tränen über den Verlust weinen, kommt der Moment, wo Ihr Körper und Ihr Geist diese Tiefe nicht mehr halten können und wollen. Es ist wie bei der geometrischen Figur der Parabel: Vom tiefsten Punkt aus geht es aufwärts. In diesem Sinne ist es reinigend, bewußt eine intensive Trauer auszulösen.

Entscheiden Sie selbst, ob Sie die folgenden Möglichkeiten, Ihre Gefühle bewußt zu durchleben, alleine oder in Begleitung wahrnehmen wollen. Manche Menschen sind in ihrem Schmerz lieber ganz für sich, anderen hilft die Nähe zu jemandem, dem sie vertrauen.

Bestimmen Sie auch die Zeit. Es ist sinnvoll, sich dabei eine Grenze zu setzen, indem Sie die Stunden festlegen oder ein bestimmtes Wochenende dafür planen. Durch eine feste Zeiteinteilung geben Sie sich einen Rahmen.

Sie müssen die Übungen nicht alle auf einmal machen. Wählen Sie diejenigen aus, von denen Sie glauben, daß Sie sie jetzt bewältigen können. Sollten Sie feststellen, daß eine Übung für Sie doch zu schmerzlich ist, zwingen Sie sich nicht. Beenden Sie sie dann ganz bewußt. Sie allein sind die Expertin oder der Experte für das, was im Augenblick hilfreich ist. Vielleicht benötigen Sie noch Zeit, bevor Sie sich darauf einlassen.

- Schauen Sie sich die Fotos an, auf denen Sie gemeinsam zu sehen sind. Erinnern Sie sich dabei an die schönen Ereignisse, die damit verbunden waren.

- Erzählen Sie die ganze Geschichte Ihrer Liebe, vom Anfang bis zum Ende. Wenn Sie eine Begleitung haben, dann bitten Sie darum, daß man Ihnen einfach nur wohlwollend zuhört. Falls Sie lieber alleine sind, schreiben Sie die Geschichte Ihrer Beziehung auf, oder sprechen Sie sie auf eine Kassette.

- Rufen Sie sich die Todesumstände und die Bestattung ins Gedächtnis. Konzentrieren Sie sich darauf, wie Sie sich dabei fühlten. Registrieren Sie auch, wie es Ihnen im Vergleich dazu jetzt geht.

- Geben Sie Ihrer Trauer Gestalt. Malen Sie ein Bild, oder kneten Sie aus Modelliermasse eine Skulptur. Es geht dabei nicht um ein Kunstwerk, sondern darum, daß Sie sich ausdrücken.

- Bereiten Sie der Trauer einen Ort. Richten Sie in einer Ecke oder auf einem Tischchen einen kleinen Altar her. Stellen Sie dort ein Foto des geliebten Menschen auf. Schmücken Sie ihn mit Blumen, Kerzen und Andenken. Dies ist ein Platz für stumme Zwiesprache und Gedenken.

- Bringen Sie Ihre Gefühle durch Musik in Fluß. Hören Sie Musik, die Sie beide geliebt haben, oder wehmütige Musik, die Ihre Tränen hervorlockt.

Nachdem Sie die Trauerübungen gemacht haben, kehren Sie bewußt wieder in die Gegenwart zurück. Verrichten Sie eine handfeste Arbeit, essen Sie, telefonieren Sie. Tun Sie sich etwas Gutes, indem Sie ein Bad nehmen oder sich einen Wunsch erfüllen.

Damit setzen Sie eine Zäsur zwischen dem Versinken in Trauer und der Rückkehr in die Welt.

Der Tod, die Einsamkeit und die anderen

Sicher können oder wollen Sie es nicht vermeiden, daß Sie außerhalb Ihres geschützten Raumes anderen Menschen begegnen. Dabei sollten Sie eines berücksichtigen: In Ihrer Trauer sind Sie sehr sensibel und dünnhäutig – und gerade jetzt werden Sie unerwartete Reaktionen bewältigen müssen. Das liegt weniger an der Herzlosigkeit der anderen als daran, daß der Tod in unserem Kulturkreis ein großes Tabu ist. Keiner von uns hat gelernt, damit umzugehen. Unsere Ängste werden verdrängt und bleiben unbearbeitet. Von einem trauernden Menschen damit konfrontiert, reagieren wir ablehnend oder hilflos. Deshalb kann es Ihnen leicht passieren, daß Menschen, zu denen Sie bisher einen guten Kontakt hatten, auf die andere Straßenseite wechseln, sobald Sie auftauchen. Diejenigen, mit denen Sie sich früher lebhaft ausgetauscht haben, werden plötzlich stumm, verlegen, finden keine Worte, verabschieden sich hastig nach ein paar Sätzen. Oder sie plaudern mit Ihnen über oberflächliche Dinge, als ob nichts geschehen wäre. Oft nehmen sie Ihr Leid zum Anlaß, um egozentrisch über eigene Verluste zu klagen. Auch mit taktlosen Bemerkungen wie »Seien Sie froh, daß es endlich vorbei ist« oder »Na, wenigstens sind Sie finanziell abgesichert« müssen Sie rechnen.

Dieses Verhalten macht uns noch einsamer, als wir ohnehin schon sind. In unserem Schmerz brauchen wir Menschen, die uns ehrlich ihre Anteilnahme aussprechen, die zuhören, bei denen wir weinen dürfen, die uns in den Arm nehmen, die einfach bei uns sind. Doch das fällt vielen schwer. Ich habe es selbst so erlebt. Als ich nach der Beerdigung meiner Schwester in das Zimmer im Studentenheim zurückkehrte, das ich mit meiner Freundin teilte, ergriff sie fluchtartig ihren Mantel und sagte hastig: »Tschüs, ich habe eine Verabredung.«

Es ist sehr verständlich, wenn wir uns nach solchen Reaktionen verbittert von allen zurückziehen. Das wäre allerdings bedauerlich. Sinnvoller ist es, sich seinen Umgang sorgfältig auszusuchen und zu gestalten.

- Überlegen Sie, wem Sie wieviel von Ihrem Kummer offenbaren wollen. Sie haben jederzeit das Recht, zu sagen: »Darüber möchte ich jetzt nicht sprechen, es fällt mir zu schwer.«
- Setzen Sie Grenzen. Falls Ihnen die Nähe wohlmeinender Menschen im Moment zu anstrengend ist, teilen Sie ihnen mit: »Es ist sehr lieb von Ihnen, daß Sie mich besuchen möchten, aber ich habe das Bedürfnis, allein zu sein.«
- Wenn jemand in Ihren Augen falsch reagiert hat, verzeihen Sie ihm. Er hat es einfach nicht besser gewußt oder gekonnt. Sie berauben sich möglicher Unterstützung, wenn Sie sein Verhalten auf alle anderen übertragen und sich völlig zurückziehen.

Die Länge trägt die Last

Zum Glück gibt es nicht nur ungeschickte, ängstliche und egozentrische Menschen. Es gibt auch solche, die zu uns stehen. Sie trösten uns, hören uns zu und nehmen uns in ihren Kreis auf, damit wir in unseren schwärzesten Stunden nicht allein sind. Ganz ohne Probleme sind diese Beziehungen aber auch nicht.

Vor allem die Länge trägt die Last. Wenn wir nach einigen Wochen oder Monaten immer noch traurig sind, ziehen sich manchmal auch diejenigen zurück, die am Anfang Verständnis zeigten. Sie werden ungeduldig, heimlich fallen wir ihnen sogar lästig. Sie wagen nicht, uns Grenzen zu setzen und zu sagen: »Jetzt kann ich die traurige Geschichte aber nicht mehr hören.« Ihre Abwehr ist nur allzumenschlich, und wir sollten uns deshalb nicht gleich verraten fühlen.

Die Autorin Marlene Lohner, deren Mann nach neunzehnjähriger Ehe starb, gibt Trauernden für den Umgang mit anderen aus eigener Erfahrung den Rat: »Man kann keinen größeren Fehler machen, als das Mitgefühl der anderen zu strapazieren. Dann ist man mit Sicherheit binnen kürzester Frist im Abseits. Selbst die Bereitschaft der besten Freunde zum Zuhören erlahmt, wenn man es nicht bald schafft, auch wieder an ihren Problemen teilzunehmen. Wer sich dazu nicht durchringt, ist letztlich hoffnungslos an Selbstmitleid und Einsamkeit ausgeliefert, und selbst die nächsten Angehörigen werden sich, wenn überhaupt, nur noch aus Mitleid oder Pflichtgefühl um einen kümmern.«[36]

Wenn wir nicht total vereinsamen wollen, müssen wir ein gewisses Maß an Selbstdisziplin aufbringen. Hier ist eine Therapie die Lösung. Es gibt speziell in Trauerarbeit geschulte Therapeutinnen und Therapeuten. Neben der kompetenten Aufarbeitung bieten sie einen großen Vorteil gegenüber dem Gespräch mit Freunden: Sie hören sich Ihre Geschichte so lange und so oft an, wie es nötig ist. Es besteht nicht die Gefahr, daß Sie ihre Geduld strapazieren. Weder brauchen Sie Rücksicht zu nehmen, noch besonders dankbar sein.

Wie lange es dauert, bis Sie Ihre Trauer bewältigt haben, läßt sich nicht vorhersagen. Das kann von verschiedenen Faktoren beeinflußt werden: Ihrem Naturell, Ihrem Alter, Ihrer Selbständigkeit, der Länge der Beziehung, vorangegangenen Verlusten. Von daher sollten Sie sich nicht selbst unter Druck setzen und auch nicht von außen drängen lassen. Nur eines dürfen Sie nicht: sich dem möglichen nächsten Entwicklungsschritt verschließen. Ohne den Mut zum Weitergehen wird die Trauer chronisch und verhindert die Befreiung aus der Einsamkeit.

In ihrem Buch »Plötzlich allein« hat Marlene Lohner Interviews mit Frauen zusammengestellt, die ihren Partner durch den Tod verloren haben. Darin findet sich auch die Aussage einer Witwe, deren Mann vier Jahre zuvor an Krebs starb. Seitdem hat sie in der gemeinsamen Wohnung nichts verändert. Sie sagt: »Ich bin nicht im geringsten daran interessiert, auch nur noch die kleinste Kleinigkeit dazuzukaufen, weil die gemeinsame Freude fehlt. Wofür denn noch? Die Prioritäten haben sich doch gewaltig verändert. Es ist im Grunde genommen doch nichts mehr wichtig. Wichtig ist nur noch: mit Anstand weiterleben, weil ich nun mal weiterleben muß, und dabei Haltung zu bewahren.«[37] Ich maße mir nicht an, die Länge der einzelnen Phasen im Trauerprozeß festzulegen, doch es scheint mir, als ob diese Frau in der zweiten Phase steckengeblieben ist. Ihre Trauerarbeit wird stagnieren, wenn sie nicht beginnt, ihre eigene Identität zu entwickeln, anstatt sie weiterhin von ihrem verstorbenen Mann zu beziehen. Das setzt Mühe und Willen voraus, auch gegen Resignation, Lähmung und Angst anzugehen.

Ein beeindruckendes Beispiel dafür, was es heißt, Trauerarbeit zu leisten, gab mir eine Freundin, die vor einem halben Jahr ihren Sohn durch einen tragischen Unfall verloren hat. Zu ihrem Geburtstag erhielt ich eine Einladung, die mit den Worten überschrieben war: »Trotz alledem ...« Darin stand, daß sie die Menschen einladen wollte, die ihr etwas bedeuten. Diese

Haltung repräsentiert für mich, was ich Ihnen raten möchte: Gehen Sie behutsam mit sich um, aber wagen Sie den nächsten Schritt.

Der Gewinn der Verluste

Verluste, die einen geliebten Menschen betreffen, und solche anderer Art sind mehr als eine Unberechenbarkeit des Schicksals, die es irgendwie zu überstehen gilt. Sie sind Teil unserer seelischen Entwicklung. David Feinstein und Peg Elliott Mayo weisen in ihrem Buch »Zeit des Lebens, Zeit des Sterbens« darauf hin: »Ohne die Fähigkeit, sich auf Verluste einzustellen, verwandelt sich Trauer in Selbstmitleid statt in Weisheit. Aus Angst entwickelt sich Verdrängung oder Panik statt kritisches Urteilsvermögen, und Ärger mündet in selbstzerstörerische Wut statt in erfolgversprechendes Handeln.«[38]

Indem Sie bewußt durch alle Phasen Ihrer Trauer um das Verlorene gehen, erobern Sie sich einen Schatz, den Ihnen niemand mehr nehmen kann: Sie erlangen Reife, unabhängig von Ihrem Alter. Ihre Erfahrung fügt Ihrer Menschlichkeit eine neue Dimension hinzu. Von nun an können Sie sich selbst und andere besser verstehen. Das werden Sie ausstrahlen und damit eine besondere Anziehung erlangen. Sie haben erfahren, daß Sie tiefen Schmerz überleben und daß er tatsächlich vergeht. Diese Kenntnis verlieren Sie nie mehr. Wie eine Impfung wird sie Sie beim nächsten Verlust davor schützen, völlig zu verzweifeln. Sie wissen nun, daß, wenn Sie sich darum bemühen, die Einsamkeit durch Verluste nicht für ewig ist.

Kapitel 8

Einsam, weil wir nicht offen sind

Die Überlegung, auf welche Weise wir uns selbst einsam machen, verfolgte mich offenbar bis in meine Träume. Jedenfalls brachte mir eine kurze Traumszene ein Aha-Erlebnis und den Schlüssel zu diesem Kapitel: Ein mächtiger Löwe saß friedlich neben einer kleinen weißen Maus.

Lassen Sie sich überraschen, was der Löwe und die Maus aus meinem Traum mit Ihrer Einsamkeit zu tun haben.

Immer ehrlich ist auch nicht gut

Stellen Sie sich vor, wir könnten Gedanken lesen. Dadurch ergäbe sich gewiß manche peinliche Situation. Während der Politiker auf seiner Wahlreise freundlich formuliert: »Ich freue mich, hier bei Ihnen in Kleinfelden zu sein«, läsen seine Zuhörer die Wahrheit: »Hoffentlich bin ich bald aus diesem öden Kaff wieder heraus.« Oder während eine Bekannte säuselt: »Kommen Sie jederzeit vorbei, ich freue mich auf Ihren Besuch«, hören Sie gleichzeitig: »Hoffentlich meldet sich diese Person nicht wirklich bei mir.«

Wir können froh sein, daß wir Menschen diese Sehergabe nicht besitzen, denn allzuoft klafft eine Riesenlücke zwischen dem, wie wir uns geben, und dem, wie wir uns tatsächlich fühlen. Zum Teil gehört das gesellschaftlich zum guten Ton. Im Beruf, aber auch im Umgang mit uns weniger bekannten Menschen wäre es unklug, das Herz auf der Zunge zu tragen und unsere Gefühle offen zu zeigen. Wenn ich beispielsweise mit dem Personalchef einer Firma über ein Seminar spreche, dann würde der sich doch gewaltig wundern, von mir zu hören: »Ich fürchte, das wird ein hartes Stück Arbeit mit Ihren zugeknöpften Managern.« Statt dessen strahle ich die von mir erwartete Zuversicht aus. Ebensowenig erzähle ich meiner Nachbarin: »Heute habe ich einen ganz schwarzen Tag. Beim Frühstück habe ich mich mit meinem Mann gestritten, und dann kam auch noch der Steuerbescheid.« Lieber plaudere ich nett über das Wetter.

Wenn Sie sich in bestimmten Situationen souveräner, optimistischer, friedlicher oder freundlicher geben, als Sie tatsächlich sind, ist das völlig in Ordnung. Als problematisch erweist sich die Diskrepanz zwischen innen und außen erst, wenn sie zum Dauerzustand wird, wenn wir glauben, den anderen ständig unsere Schokoladenseite bieten zu müssen.

Fassaden und Potemkinsche Dörfer

Der Psychologieprofessor Reinhard Tausch, der die Gesprächstherapie in Deutschland bekannt gemacht hat, spricht in diesem Zusammenhang von »Fassade«. Das Wort klingt zunächst etwas unangenehm, so nach Falschheit. Unwillkürlich denkt man an die Potemkinschen Dörfer. Sie kennen sicher die Geschichte? Als die Zarin Katharina die Große ihr Reich besichtigte, wünschte sie kein Elend zu sehen. Ihr treuer Diener Fürst Potemkin sorgte dafür, daß das kaiserliche Auge nirgendwo durch Armut beleidigt wurde. Vor die Elendshütten der Dörfler ließ er gemalte Kulissen stellen, die aus der Ferne betrachtet wie echte gepflegte Häuser wirkten.

Wie ein Potemkinsches Dorf wird unser Verhalten zur Fassade, wenn niemand sehen darf, wie wir wirklich sind.

Vielleicht ahnen Sie jetzt schon, was Maus und Löwe damit zu tun haben könnten. Sie stellen ein Kontrastprogramm zueinander dar: Der Löwe gilt als Sinnbild für Sicherheit und Stärke. Die Maus steht für alles, was klein, zart, ängstlich und schwach ist. Den Tiersymbolen lassen sich bestimmte Eigenschaften zuordnen.

Wenn Sie im Zeichen des Löwen auftreten, sind Sie selbstsicher, manchmal sogar cool. Sie können sehr charmant sein. Mit Ihnen kann man sich interessant unterhalten. Beruflich sind Sie erfolgreich. Kein Wunder, Sie sind ja auch ziemlich tüchtig. Sie sind engagiert, haben gute Laune, sind gastfreundlich, witzig, großzügig. Optisch rücken Sie sich ins beste Licht.

Wenn Sie sich wie eine Maus fühlen, sind Sie deprimiert. Das Leben erscheint Ihnen grau wie Mausefell und macht keinen Spaß. Das soll alles gewesen sein? Sie fühlen sich unsicher und glauben, niemand könne Sie jemals lieben. Sie fürchten sich davor, etwas falsch zu machen. Sie hassen sich dafür, daß Sie neidisch, gierig, aggressiv, passiv oder unfähig sind. Obwohl Sie objektiv keinen Grund dazu haben, werden Sie von Ängsten und Weltschmerz geplagt.

Vielleicht haben Sie einige der beschriebenen Züge bei sich wiedererkannt? Das wäre nicht verwunderlich. Alle Menschen haben Löwen- und Mäusequalitäten. Niemand ist immer stark und gut drauf, und niemand ist immer schwach und unsicher. Mal zeigt sich die eine, mal die andere Seite.

Kritisch wird es erst dann, wenn Löwe und Maus ein Abkommen miteinander geschlossen haben: Nach außen zeigt sich nur der sichere Löwe, drinnen sitzt eingesperrt die ängstliche kleine Maus.

Diese Kombination habe ich bei vielen Menschen gefunden, die wegen Einsamkeit und Ängsten in meine Praxis kamen. Sie erlaubten mir, hinter das Erscheinungsbild zu schauen, das sie ihrer Umwelt zeigten. Mich hat das sehr berührt. Ich habe auch ihren

Mut bewundert, denn es war deutlich zu spüren, wie schwer es ihnen fiel, darüber zu sprechen. Ich versichere Ihnen, daß Sie bei keinem geglaubt hätten, daß sich in dem Löwen ein Mäuschen versteckt: Greta zum Beispiel, eine sechsundzwanzigjährige Fitneßtrainerin, war der Star in ihrem Studio. Immer positiv, immer gut gelaunt. Alle wollten am liebsten in Gretas Aerobicstunden. Walter, 39, Regisseur, war beruflich sehr erfolgreich. Das Fernsehen riß sich um ihn. Außerdem war er charmant und sah gut aus. Die Frauen liefen ihm regelrecht nach. Sabine, 42, Psychotherapeutin, strahlte auf ihre Klienten Sicherheit und Wärme aus. Sie hatte eine ellenlange Warteliste.

Was diese Menschen miteinander verband, war die tiefsitzende Angst, ihre andere Seite zu offenbaren. Sie hatten früh gelernt, daß es tödlich ist, Schwäche zu zeigen, und daß es lebensgefährlich ist zu vertrauen. Das klingt ziemlich dramatisch, aber genau so fühlt es sich für viele von uns an.

Warum der Löwe die Maus beschützt

Irgendwann in unserer Kindheit haben wir den Pakt mit uns geschlossen: Wir lassen uns nicht mehr verletzen. Entsprechend entwickelten wir unsere Löwenseite. Wir wurden stark, tüchtig, glatt, unangreifbar. Das gab uns den notwendigen Schutz. Unsere Mäuseseite hätten wir zwar am liebsten verbannt, doch das gelang uns leider nicht. Also taten wir wenigstens alles, um sie zu verstecken. Inzwischen ist uns das so zur zweiten Natur geworden, daß uns kaum noch bewußt ist, vor was wir uns eigentlich fürchten: Wenn ich meine Schwäche zeige, lassen mich die anderen fallen wie eine heiße Kartoffel. Dann will niemand mehr etwas mit mir zu tun haben. Oder: Dann wird man mich ausnutzen, auslachen, demütigen.

Wir verschließen uns automatisch, sogar vor den Menschen, die wir lieben. Im Laufe der Jahre haben wir verlernt zu vertrauen.

In diesem Zustand sind wir einsam, selbst im größten Freundeskreis, sogar in unserer Familie oder an der Seite eines Partners. Wir können keine echte Beziehung aufbauen, weil wir ständig damit beschäftigt sind, unser positives Image zu bewahren. Falls unser unsicheres, verletzliches Ich doch einmal durchbricht, ist es uns ausgesprochen peinlich. Das kann zum Beispiel passieren, wenn wir krank sind oder unter großem Streß stehen, wenn uns ein Verlust sehr getroffen hat oder wir überrascht werden. Im nachhinein versuchen wir das dann vor anderen herunterzuspielen, indem wir rational erklären, warum wir so reagiert haben oder uns darüber lustig machen. Männer sagen z. B.: »Gestern hatte ich wirklich den Blues. Das muß wohl an diesem Zeug gelegen haben, das die in der Kneipe ausgeschenkt haben.« Frauen beschwichtigen eher: »Du, heute geht es mir schon viel besser. Ich weiß auch nicht, was gestern mit mir los war.«

Indem wir unsere vermeintlich schwachen oder dunklen Seiten verbergen und unsere Wünsche, Träume und Gedanken für uns behalten, erreichen wir zwar eine gewisse Sicherheit, doch der Preis ist hoch. Wir haben das Gefühl, daß wir mutterseelenallein auf der Welt sind. Letztlich stimmt das ja auch. In unserer Innenwelt sind wir ganz allein, weil wir niemanden hineinlassen. Wir haben dafür gesorgt, daß wir nicht als ganze Person geliebt werden, sondern nur ein bestimmter Teil von uns.

Damit stecken wir in einer Zwickmühle. Auf der einen Seite wünschen wir uns sehnlichst einen Menschen, der endlich hinter unsere Fassade schaut, der uns wirklich sieht und trotzdem liebt. Der Wunsch nach dem Märchenprinzen oder der Traumfrau hat darin einen Ursprung. Leider tauchen diese Märchenfiguren höchst selten auf. Vielmehr nehmen uns unsere Mitmenschen so, wie wir uns ihnen präsentieren, nämlich stark und sicher. Teilweise reagieren sie sogar gereizt und ungläubig, wenn wir versuchen, daran etwas zu ändern. »Damit hast *du* doch kein Problem«, heißt es dann oder: »Ach, du schaffst das schon.«

Wenn aber wirklich das kleine Wunder geschieht und jemand uns ganz und gar kennenlernen möchte, überfällt uns eine Heidenangst davor, daß er uns zu nahe kommt und uns am Ende durchschaut. Deshalb ziehen wir uns oft zurück, sobald die Beziehung zu eng wird.

Leiden Sie unter dem Löwe-Maus-Syndrom?

Vielleicht haben Sie jetzt schon erkannt, daß Ihre Einsamkeit damit zusammenhängt, daß Sie der Welt nur eine Seite von sich zeigen. Mit der folgenden Übung können Sie das noch einmal überprüfen. Gleichzeitig wird sie Ihnen helfen, sich auf die notwendigen Veränderungen vorzubereiten:

- Nehmen Sie ein großes Blatt Papier.
- Malen Sie darauf zwei Kreise mit dem gleichen Mittelpunkt. Der innere sollte etwa halb so groß sein wie der äußere.
- Der äußere Kreis ist Ihr »Löwen«-Kreis. Hier schreiben Sie alle Eigenschaften, eventuell auch wichtige Statussymbole, die Sie der Außenwelt zeigen, hinein.
- Der innere Kreis ist Ihr »Mäuse«-Kreis. Hier notieren Sie sämtliche Eigenschaften, Wünsche und Träume, die Sie vor anderen verbergen.

Für Sophie, eine zweiundvierzigjährige Personalberaterin, sahen die Kreise so aus:

»Löwe«-Kreis: Selbstsicher. Erfolgreich. Dressed for success in Designer-Klamotten. Teurer Schmuck. Make-up. Lebhaft. Freundlich und zugewandt. Kompetent. Entschieden in der Ausdrucksweise. Hilfsbereit. Großzügig mit Geld und Geschenken. Kundenorientiert. Verständnisvoll. Zielstrebig. Kontaktfreudig. Habe mein Leben im Griff. Eigentumswohnung, die man vorzeigen kann. Großer Freundeskreis. Urlaub in USA. Z. Zt. mit attraktivem Partner liiert.

»Mäuse«-Kreis: Leicht gereizt. Depressiv. Müde. Alle sind mir lästig. Ich finde das Leben anstrengend. Ärgere mich, daß ich es nicht weitergebracht habe. Finde mich nicht hübsch genug. Leide darunter, daß ich älter werde. Fühle mich Menschen mit Charisma unterlegen. Mag manchmal keinen sehen und sprechen. Angst, zu kurz zu kommen. Neidisch, gierig. Angst vor Männern. Verklemmt. Angst, daß man merkt, was ich alles nicht weiß. Bin zu wenig geschäftstüchtig. Habe oft Tagträume, wie ich mich an denen räche, die nicht nett zu mir waren. Ab und zu Größenwahn, daß ich alles schaffe, was ich will.

Wege aus der Mausefalle

Es gibt nur eine Möglichkeit, unsere selbstgewählte Form der Einsamkeit zu beenden: Die Maus muß raus! Wir müssen unsere innere Isolation beenden, indem wir alle Teile von uns zeigen. Das geht allerdings nicht per Willensbeschluß von heute auf morgen. Bevor wir uns outen, ist gründliche Vorarbeit nötig. Erst einmal müssen wir uns selbst mit den Eigenschaften befassen, die wir bisher verborgen haben.

Wie wir lernen, uns anzunehmen

Bestimmte Teile verbergen wir nicht nur, weil wir vermuten, daß die anderen sie nicht mögen. In erster Linie mißfallen sie uns selbst. Niemand geht mit uns so hart ins Gericht, wie wir es tun. Wir hassen uns dafür, daß wir uns unsicher, klein, gierig, häßlich oder wie auch immer fühlen. Dieser Haß hat eine Stimme.

Wahrscheinlich ist es Ihnen gar nicht bewußt, wie häufig sich Ihre negative Stimme meldet. Meist können Sie sie nur im nachhinein anhand des schlechten Gefühls identifizieren, das sie hinterläßt. Darüber hinaus hört sie sich auch so überzeugend an, daß

Sie gar nicht auf die Idee kommen, etwas dagegenzuhalten. So zischt sie beispielsweise: »Neben dieser tollen Frau wirkst du doch richtig langweilig.« Klar, sie hat recht. Sie sind langweilig. Und schon fühlen Sie sich klein und mies. Oder sie verkündet: »Du bist ein Schaumschläger. Du kannst froh sein, wenn die andere nicht herausfinden, wie wenig du im Grunde über die Sache weißt.« Ja, stimmt. Sie wissen viel zuwenig. Schon schrumpfen Sie in Ihrer eigenen Achtung.

Das Gefährliche an unserer negativen inneren Stimme ist, daß wir ihr bedingungslos glauben. Wir hinterfragen nicht, ob sie wirklich recht hat. Niemals kämen wir auf die Idee, ihr den Mund zu verbieten. Deshalb kann sie unbeeinflußt ihre Wirkung entfalten und unseren Haß auf uns selbst verstärken. Genau damit aber hält sie uns weiterhin in Isolation. Wenn wir tatsächlich so klein, dumm und schlecht sind, dann zeigen wir das besser nicht. Das ist schließlich nur logisch.

Der negativen Stimme Paroli bieten

Als erstes müssen wir die negative Stimme überhaupt als solche erkennen. Bisher hielten wir sie ja für die Stimme der Wahrheit oder für diejenige, die es gut mit uns meint, weil sie uns so deutlich auf Fehler aufmerksam macht. Es gibt ein sicheres Anzeichen dafür, ob es sich um die negative Stimme handelt. Sie brauchen sich nur die folgenden zwei Fragen zu beantworten:

- Bewirkt meine innere Stimme, daß ich mich gut oder schlecht fühle?
- Baut mich meine innere Stimme auf oder verunsichert sie mich?

Wann immer Sie sich niedergedrückt fühlen, war es garantiert Ihre negative innere Stimme. Deren einzige Funktion besteht darin, Sie zu frustrieren und Ihre Einsamkeit zu verstärken. Deshalb ist es an der Zeit, sie endlich zu entmachten:

● *Wann immer Ihre negative Stimme sich meldet, wiederholen Sie, was sie soeben gesagt hat.*

Damit machen Sie sich ihre Botschaft bewußt. Z.B.: »Du bist ungeschickt«, »Du bist verklemmt«, »Du bist karrieresüchtig« usw.

● *Überlegen Sie, was eine liebevolle Freundin oder Mutter statt dessen zu Ihnen sagen würde.*

Z.B.: »Das war vielleicht ein bißchen ungeschickt, aber das macht doch nichts.« Oder: »Du hast eben Angst, deinen sexuellen Impulsen nachzugeben. Das ist bei deiner prüden Erziehung völlig verständlich. Im Laufe der Zeit wird sich das schon ändern.« Oder: »Deine Aufgabe ist dir sehr wichtig. Da schießt du leicht ein bißchen über das Ziel hinaus. Aber schau mal, ob du deine Anerkennung nicht auch anders bekommst.«

● *Wiederholen Sie sich diese neue, akzeptierende Botschaft mehrmals.*

Auf diese Weise lernen Sie allmählich, sich selbst zu akzeptieren. Sie gehen nicht länger beinhart mit sich um und sehen Ihre Schwächen in milderem Licht. Allmählich nehmen Sie sie als etwas an, das vielleicht nicht sonderlich erwünscht ist, das aber zur menschlichen Natur gehört und durchaus sein darf. Mit manchen Schwächen müssen wir einfach liebevoll leben lernen.

Inzwischen bin ich im Vergleich zu meinen Anfangsjahren als Therapeutin sanfter mit mir und anderen geworden und halte nicht mehr jede Veränderung für möglich, zumindest nicht auf die Schnelle. Der amerikanische Psychotherapeut Sheldon Kopp drückt es für sich so aus: »Also sage ich mir: Ich kann nur der werden, der ich bin. Und ich kann nur dieses ganz bestimmte Leben leben, das ich bekommen habe.«[39] Indem Sie das erkennen, fangen Sie an, sich selbst zu lieben.

Lassen Sie sich keine Mängel einreden

Oft redet uns die negative innere Stimme aber auch Schwächen ein, die überhaupt nicht vorhanden sind. Dann geht es weniger darum, sie entspannt zu akzeptieren, sondern ungerechtfertigte Kritik energisch zurückzuweisen.

In Seminaren erhielt ich reichlich Gelegenheit festzustellen, wie stark das eigene Bild und die Wahrnehmung der anderen auseinanderklaffen können. Die Erfahrungen dort zählen für mich besonders, weil ich mich dabei nicht nur auf meine eigene Sichtweise verlassen mußte, sondern durch die der übrigen Teilnehmer und Teilnehmerinnen unterstützt wurde.

Lena z. B., eine vierunddreißigjährige Optikerin, hielt sich für langweilig und unattraktiv. Kurt, ein neunundvierzigjähriger Grafiker, glaubte, daß er bereits zum alten Eisen gehöre und es bestimmt nicht schaffen könnte, sich selbständig zu machen. Die innere Stimme der beiden erzählte Unsinn: Lena bekam einstimmig das Feedback, eine warmherzige, interessante und attraktive Frau zu sein. Wohlgemerkt, das war die reine Wahrheit und kein Süßholzgeraspel. Kurt wirkte auf alle verbindlich, dynamisch, fachlich kompetent und realistisch – gute Voraussetzungen, um sich seinen Traum von der Selbständigkeit zu erfüllen.

Wenn Ihre negative innere Stimme Ihnen Fähigkeiten abspricht oder Sie ängstigt, dann sollten Sie das in keinem Fall hinnehmen. Von jemand anderem würden Sie sich ja auch kaum so beschimpfen lassen: Du siehst nicht gut aus. Du bist uninteressant. Du bist zu alt. Du bist unweiblich. Du bist unmännlich. Du bist ungeschickt. Dich will ja doch keiner. Du bist bindungsunfähig. Du bist nicht intelligent genug. Du bist verklemmt. Du bist verkrampft.

Aktivieren Sie gegen solche Anschuldigungen Ihre positive innere Stimme. Am besten gehen Sie dabei so vor:

● *Hören Sie genau hin, was die negative Stimme Ihnen sagt.*

Z.B.: »Das schaffst du nie«, »Du bist zu alt, um noch einmal von vorne anzufangen«, »Warum sollen die denn ausgerechnet dich nehmen?«, »Das hast du doch gar nicht gelernt«.

● *Spüren Sie bewußt, wie schlecht Sie sich nach dieser Aussage fühlen.*

Das ist wichtig, damit in Ihnen der Wunsch wächst, endlich von dieser Einstellung loszukommen.

● *Überlegen Sie, was Sie dieser Aussage direkt entgegenhalten können.*

Dazu reicht es nicht, eine negative Aussage einfach umzudrehen und z. B. zu kontern: »Das schaffe ich doch.« Sie müssen sich schon darum bemühen, sich selbst zu überzeugen. Etwa, indem Sie aufzählen, was Sie schon alles erreicht haben. Schließlich sagen Sie sich: »Ich habe schon so viel geleistet – das hier bewältige ich auch.« Oder auf die zweifelnde Frage, warum man bei einem Job ausgerechnet Sie nehmen sollte, antworten Sie z. B.: »Ich bin gut vorbereitet. Ich erfülle die meisten Anforderungen. Ich gebe jetzt mein Bestes. Damit habe ich eine reelle Chance.«

● *Seien Sie im Dialog zwischen der positiven und negativen Stimme beharrlich.*

Gehen Sie davon aus, daß die negative Stimme trainiert ist. Sie wird sich nicht so schnell geschlagen geben. Wahrscheinlich müssen Sie jedesmal einen längeren Dialog mit Pro und Contra durchstehen. Seien Sie kreativ, suchen Sie die besten Argumente für die positive Stimme. Aufhören dürfen Sie erst, wenn sie gewonnen hat.

Bauen Sie sich auf

Zusätzlich können Sie noch mit allgemein aufbauenden Affirmationen arbeiten. Affirmationen sind verstärkende positive Sätze, die wir uns wie ein Mantra oder eine Suggestion immer wieder vorsagen. Dazu zählen Sätze wie »Ich bin liebenswert«,

»Ich bin gut genug«, »Ich bin richtig, so wie ich bin«. Wenn Sie solche Sätze für sich selbst entwickeln möchten, sollten Sie sie in bestimmter Art formulieren:

- *Formulieren Sie Ihre Affirmation kurz und prägnant.*

Wenn Sie sie auswendig lernen, können Sie sie immer und überall wiederholen. Lange Sätze behält man schwer.

- *Formulieren Sie Ihre Affirmation positiv.*

D.h.: Negationen wie »kein«, »nicht«, »nie mehr« sollten möglichst vermieden werden. Nehmen Sie die positive Version. Statt: »Ich bin nicht dumm« heißt es also besser: »Ich bin klug.«

- *Formulieren Sie Ihre Affirmation so, als sei sie bereits Wirklichkeit.*

Benutzen Sie grammatikalisch das Präsens und nicht das Futur. Statt: »Ich werde locker sein« lautet die Feststellung: »Ich bin locker.«

Sie können auch Affirmationen benutzen, die bekannte Lebenshilfelehrer in ihren Büchern schon vorformuliert haben. Die New Yorker Psychologin Susan Jeffers schlägt z. B. einige vor, die sich bisher gut bewährten. Für sie stehen sie alle unter der großen Überschrift »Ich bin eine OK-Person«:

- Ich bin kraftvoll und voller Liebe.
- Ich habe dieser Welt viel zu geben.
- Ich bin wertvoll.
- Ich verdiene es, geliebt zu werden.
- Mein Leben hat eine Bedeutung.
- Mein Leben entwickelt sich richtig.
- Ich habe für meine Entwicklung jede Menge Zeit.[40]

Schreiben Sie Ihre Affirmationen auf Karteikarten und kleine Zettel. Verteilen Sie sie auf strategisch günstige Stellen, damit Sie so oft wie möglich darauf stoßen: ins Portemonnaie, in die Innentür vom Kleiderschrank, an den Kühlschrank, als Lesezeichen ins Buch. Falls Ihnen so viel Öffentlichkeit peinlich ist, suchen Sie sich eben verstecktere Möglichkeiten. Eine Freundin von mir fand einen Kompromiß. An ihrem Badezimmerspiegel prangte die Affirmation »Ich bin aufgeschlossen für Männer«. Bevor sie Besuch bekam, ließ sie die Karte jedesmal schnell in ihrem Kosmetikschrank verschwinden.

Der Erfolg bleibt nicht aus

Alle beschriebenen Methoden dienen dazu, daß Sie sich innerlich verändern. Sie werden im Laufe der Zeit sicherer und mutiger. Das ist nicht nur der fromme Wunsch einiger Anhänger des Positiven Denkens, sondern real nachweisbar. Shane Murphy, leitender Sportpsychologe des Olympischen Komitees der USA, hat diese Erfahrung häufig mit den Athleten gemacht. Sein mentales Training besteht darin, das Selbstbild der Sportler neu zu gestalten. Sein Fazit und sein Rat lauten: »Kommen Sie den negativen Denkgewohnheiten auf die Spur, die Sie davon abhalten, Ihre Ziele im Beruf, bei Hobbys und Freizeitaktivitäten oder auf zwischenmenschlicher Ebene zu verwirklichen. Ersetzen Sie jeden einzelnen Hemmschuh durch einen konstruktiven Denkansatz, und Sie werden sehen, daß Sie zu größeren Erfolgen imstande sind, als Sie es sich je haben träumen lassen. Ich habe diese Veränderungen bei vielen Menschen gesehen, und ich weiß, daß auch Sie dazu in der Lage sind.«[41]

Ihr Unterbewußtsein kann sich auf die Dauer der neuen Botschaft nicht entziehen. Diese innere Arbeit wird Sie verändern – vorausgesetzt, Sie machen sie regelmäßig und nicht nur mal ab und zu, weil es Ihnen gerade einfällt. Mit geistigen Veränderungen ist es genau wie beim Sport. Wenn Sie gelegentlich mal durch den Park joggen, ist das zwar immer noch besser als nichts, doch eine Topkondition erreichen Sie dadurch bestimmt nicht. Üben Sie dagegen regelmäßig und engagiert, wird sich der Erfolg einstellen. Wenn Sie sich in oben beschriebener Weise täglich um Ihr Innenleben kümmern, merken Sie, wieviel entspannter und selbstsicherer Sie dadurch werden.

Gehen Sie nach außen

Jetzt ist die Zeit gekommen, sich nach außen zu wenden. Um in unserem Bild zu bleiben: Die gefangene Maus sollte nun langsam ihre Freiheit erhalten. Bevor wir jedoch gemeinsam überlegen, wie Sie das am besten umsetzen, möchte ich, daß Sie folgendes wissen: Niemand drängt Sie oder zwingt Sie. Tun auch Sie es nicht. Das Allerwichtigste ist, daß Sie sich bei jedem weiteren Schritt gut fühlen, auch wenn er Mut und Energie kostet.

Lockerungsübungen

Sie haben lange Jahre mit einer starken Selbstkontrolle gelebt. Die war nötig, damit sich die Maus nicht nach draußen wagte. Ihre vermeintlichen oder echten Schwächen durften nicht sichtbar werden. Diese Haltung ist inzwischen zur Gewohnheit geworden. Wenn Sie jemand fragt, wie es Ihnen geht, kommt Ihnen wahrscheinlich schon automatisch ein strahlendes »Danke, sehr gut« über die Lippen. Oder wenn Sie im Job ungerecht behandelt werden, dann tun Sie das vor anderen achselzuckend ab: »Na ja, so ist es eben.« Niemand ahnt, daß es Ihnen schlechtgeht oder daß Sie gekränkt sind.

In solchen alltäglichen Situationen können Sie beginnen, die glatte Fassade etwas aufzurauhen. Tun Sie nicht länger so, als ob alles ganz wunderbar sei, sondern drücken Sie mehr von Ihren wahren Gefühlen aus. Wenn Sie jemand fragt: »Wie geht es Ihnen?«, sagen Sie vielleicht: »Na, es geht so, ich bin ziemlich im Streß.« Und wenn einer von Ihnen wissen möchte: »Sagen Sie mal, wie finden Sie das denn, daß man Ihnen den Kollegen Müller vor die Nase gesetzt hat?«, dann antworten Sie etwa: »Das macht mich schon betroffen. Ich hatte damit gerechnet, diese Position zu bekommen.«

Sie merken sicher: Sie sollen keinen Seelenstriptease machen, sondern sich Ihrer inneren Wahrheit etwas mehr nähern. Der amerikanische Psychologe Carl Rogers sprach in dem Zusammenhang von »Congruence«, einer Übereinstimmung zwischen dem, was wir wirklich fühlen, und dem, was wir äußern. Solche Kongruenz läßt sich auch an scheinbar unbedeutenden Situationen üben.

Suchen Sie sich Ihre Gesprächspartner sorgfältig aus

Unsere Probleme, unsere Träume, unsere geheimen Wünsche oder unsere extremen Schwächen sollten Menschen vorbehalten bleiben, denen wir vertrauen und die uns in Liebe und Freundschaft verbunden sind. Tiefere Selbstoffenbarung ist schließlich kein Kamikaze-Unternehmen. Ich würde niemals einer Plaudertasche meine intimsten Geheimnisse anvertrauen. Ebensowenig möchte ich, daß meine Zukunftsträume von einem Pessimisten gnadenlos zerpflückt werden. Ferner gibt es Menschen, die einfach nicht auf meiner Wellenlänge liegen. Auch mit ihnen vermeide ich es, persönliche Dinge zu erörtern.

Lassen Sie sich also Zeit, und beobachten Sie, wer vertrauenswürdig ist. Dafür gibt es einige Anhaltspunkte. Betrachten Sie Ihre nähere Umgebung unter den folgenden Gesichtspunkten:

- Wer ist verschwiegen?
- Wer kann zuhören?
- Wer spricht gut über andere?
- Wer hat eine überwiegend positive Lebenseinstellung?
- Wer hat in seinem Leben schon Leid erfahren?
- Von wem haben Sie den Eindruck, daß er/sie Sie gerne mag?
- Wen finden Sie sympathisch?

Insgesamt klingt diese Liste ziemlich anspruchsvoll. Sie fragen sich vielleicht, wo um Himmels willen Sie denn so ein ideales

Wesen auftreiben sollen. Keine Sorge, es ist nicht nötig, daß jede Eigenschaft hundertprozentig erfüllt ist. Ein gutes Mittelmaß reicht durchaus. Schauen Sie sich um. Vielleicht befindet sich die entsprechende Person ja schon längst an Ihrer Seite, als Freund oder Freundin, als Verwandte(r) oder Partner(in).

Springen Sie über Ihren Schatten

Sobald Sie jemanden gefunden haben, dem Sie vertrauen können, warten Sie die passende Gelegenheit ab. Sie brauchen Zeit und Ruhe, denn man kann nun mal nicht in zwanzig Minuten über Herzensangelegenheiten sprechen. Beginnen Sie nicht abrupt. Sondieren Sie erst einmal das Terrain, indem Sie allgemein über das Thema reden, das Sie gerne vertiefen möchten. Arbeit, Kindererziehung, Partnerschaft, Religion, Weltanschauung, Bücher oder Reisen sind bewährte Aufhänger. Ideal ist es, wenn Ihr Gegenüber selbst etwas von sich erzählt. Wenn Sie das Gefühl haben, daß die Bedingungen günstig sind, wagen Sie es, über sich zu sprechen. Wie sehr Sie dabei gewinnen können, zeigt das Beispiel von Karla.

Karla, eine zweiundvierzigjährige Lehrerin, erzählte mir: »Ich erinnere mich noch genau an die Situation, in der ich meine jahrelange innere Einsamkeit durchbrochen habe. Es war vor zwei Jahren im Zug von Köln nach München.« Karla hatte zu Hause viele Probleme. Ihr Mann betrog sie immer wieder. Sie litt sehr darunter, wollte sich aber wegen ihrer fünfjährigen Tochter nicht scheiden lassen. Für Karla war typisch, daß sie ihre »Löwinnen-Seite« zeigte: nach außen tüchtig, kompetent, selbstsicher. Niemand im Lehrerkollegium ahnte, daß Karlas ideale Ehe gar nicht so ideal war. Selbst in ihrem Freundeskreis wußte keiner, wie unglücklich sie sich fühlte und wie oft sie heimlich weinte. Karla hatte gelernt, so etwas mit sich selbst auszumachen und nach außen strahlend und zufrieden zu erscheinen. Anderen konnte sie gute Ratschläge geben, doch sie war nicht in der Lage, sich Hilfe zu holen. Trotz vieler Kontakte fühlte sie sich unendlich einsam.

Seit einem Dreivierteljahr war sie mit einer Kollegin befreundet, mit der sie auch immer mal wieder zu Fortbildungen fuhr. An diesem bewußten Tag saßen die beiden allein in einem Abteil. Die Kollegin, die selbst recht offen war, erzählte über ihre schwierige Beziehung. Und da sprang Karla über ihren Schatten: Stockend und verlegen erzählte sie von ihrer Partnerschaft. Sie konnte nicht verhindern, daß ihr dabei die Tränen in die Augen traten. Die Kollegin hörte aufmerksam und liebevoll zu. Karla spürte, wie gut es tat, sich einmal auszusprechen. Von diesem Tag an bröckelte ihre Fassade. Sie wagte es, auch mit anderen Menschen über sich und ihre Gefühle zu reden. Und siehe da, die erwartete Katastrophe blieb aus. Keiner verachtete sie, niemand reagierte hämisch. Heute hat Karla mehrere wirklich gute Freundinnen, denen sie sich so zeigen kann, wie sie wirklich ist. Die mögen an ihr nicht nur die Löwin, sondern gerade auch die Maus. Das Problem mit ihrem Mann hat Karla noch nicht gelöst, wohl aber das ihrer Einsamkeit.

Mit Karlas Geschichte möchte ich Ihnen Mut machen, über Ihren Schatten zu springen und sich zu zeigen.

Die Angst, sich zu offenbaren

Ich weiß wohl, daß der Moment des »Springens« ziemliche Angst auslöst. Schließlich garantiert uns keiner, daß wir auch wirklich sicher landen. Trotzdem sollten wir uns nicht unnötig fürchten. Dabei kann uns unser Verstand ein guter Verbündeter sein. Er hilft uns festzustellen, ob unsere Angst tatsächlich berechtigt ist oder ob uns unsere Phantasie verrückt macht.

Reale Ängste

Die Befürchtung, daß unsere Offenbarung nicht gut aufgenommen wird, ist zunächst einmal real. Kein Mensch ist perfekt, und so kann es passieren, daß wir uns zurückgestoßen fühlen. Vielleicht haben Sie auch schon mal jemanden verletzt, ohne es zu wollen. Ich erinnere mich noch gut, daß ich einmal aus allen Wolken fiel, als eine Bekannte zitternd und mit Tränen in den Augen auf eine unüberlegte Bemerkung von mir reagierte. Die Bemerkung war zugegeben ein bißchen unhöflich, aber relativ harmlos. Jeder andere hätte sie einfach überhört oder auf den aktuellen Streß geschoben. Zufällig hatte ich aber genau den Satz getroffen, mit dem die Mutter dieser Bekannten sie in ihrer Kindheit gedemütigt hatte. So zeigte die kleine Unachtsamkeit meinerseits eine große Wirkung.

Wenn Sie sich offenbaren, wird man nicht unbedingt angemessen reagieren. Sie können auf Unverständnis stoßen. Es kann sein, daß die betreffende Person damit nicht sorgsam umgeht. Möglicherweise werden Sie ausgenutzt, oder Ihr Bekenntnis wird später als Waffe gegen Sie verwendet.

Das sollte Sie trotzdem nicht von Ihrem Vorsatz abhalten. Je besser Sie sich Ihre Gesprächspartner aussuchen, desto weniger Angst müssen Sie haben. Eine Garantie gibt es allerdings nicht. Sollte es Ihnen tatsächlich passieren, ist das kein Grund, sich von nun an zurückzuhalten. Beziehen Sie die negative Reaktion nicht unbedingt auf sich. Meist hat sie weitaus mehr mit dem anderen zu tun als mit Ihnen. Wahrscheinlich hat er selbst ein Problem damit, offen zu sein, und sein Verhalten drückt aus, wie unsicher er sich fühlt.

Irreale Ängste

Außer der realen Angst, die sich auf die Unvollkommenheit der menschlichen Natur bezieht, existiert noch die alte Kinderangst, abgelehnt zu werden. Sie verhindert oft unbewußt, daß wir uns so zeigen, wie wir sind. Versuchen wir es dennoch, spüren wir sie sogar körperlich. Unser Mund wird trocken, das Herz klopft, der Kopf ist leer. Plötzlich sind wir stumm oder fühlen uns wie gelähmt. Das ist derart unangenehm, daß wir uns schnellstens wieder in unsere bewährte »Löwen«-Manier flüchten.

So mächtig sie auch daherkommt, diese Angst ist irreal und überholt. Es stimmt einfach nicht, daß uns heute jeder fallenläßt oder demütigt, wenn wir uns ganz zeigen. Im Gegenteil! Erst dadurch werden wir menschlich und bekommen für die anderen ein Gesicht. Vorher sind wir für sie wie eine glatte Puppe.

Carl Rogers hat einmal gesagt: »Wie kann ich dich lieben, wenn ich dich nicht sehe?« Rogers hat sich zeit seines Lebens dafür eingesetzt, daß Menschen wagen, ihre Fassaden abzubauen. Dazu hat er sogar eine ganz eigene Form geschaffen, die er »Encounter«, Begegnung, nannte. Dazu kamen Menschen über mehrere Tage in einer angenehmen Umgebung zusammen. In manchen Fällen waren es feste Gruppen, z. B. Manager, Lehrer, Sozialarbeiter oder Gefängnisinsassen. Es trafen sich aber auch solche, die sich nicht kannten und die einfach lernen wollten, sich zu öffnen und Zugang zu anderen zu finden. Für alle Zusammenkünfte galt, daß es zwar einen Leiter oder eine Leiterin gab, diese aber keine inhaltlichen Vorgaben machten. Er oder sie sorgte lediglich dafür, daß jede(r) zu Wort kam und ein Klima der Offenheit und des Wohlwollens herrschte. Ähnlich wie gute Eltern ihre Kinder in Freiheit spielen lassen, aber darauf achten, daß sie sich nicht gegenseitig verletzen.

Während meines Psychologiestudiums habe ich an solchen Encountern teilgenommen und später an der Uni Hamburg auch mit Studenten durchgeführt. Ich fand es unglaublich beeindruckkend, wie sich die Menschen und auch ihre Beziehungen zueinander veränderten, sobald sie es wagten, ihre irrealen Ängste abzulegen und offen über sich zu sprechen. Plötzlich schwanden Gefühle der Abneigung. Vorurteile konnten beseitigt werden. Die Gesichter wurden weicher, jünger und strahlender.

Die Angst, lästig zu fallen

Zur irrealen Angst gehört auch die Vorstellung, anderen lästig zu fallen, sobald man über seine Sorgen und Probleme spricht. Ich habe erlebt, daß selbst gute Freundinnen sich damit schwertaten. Sie entschuldigten sich etwa mit den Worten »Ich will dich nicht ausnutzen« oder stoppten sich selbst nach kurzer Zeit mit den Worten »Nun lassen wir das Thema aber!«

Ich habe noch nie erlebt, weder bei mir noch bei anderen, daß ein offenes Gespräch über persönliche Probleme lästig war. Wenn wir ehrlich fragen, um Rat bitten, eine innere Not offenbaren, appellieren wir in unserem Gegenüber an seine menschliche Solidarität. Es ist eine Freude und eine Ehre, jemanden zu unterstützen, der sich an uns wendet. Er zeigt uns damit ja, daß er uns Hilfe und Weisheit zutraut. So wird es auch von den meisten Menschen empfunden.

Lästig ist dagegen etwas ganz anderes: Wenn Sie immer wieder die alten Probleme auf den Tisch bringen, ohne etwas zu verändern. Niemand will ewig den seelischen Mülleimer spielen.

Lästig ist es auch, wenn Sie nicht darauf achten, in welcher Situation sich jemand befindet. Eine Mutter, die gerade ihr kleines Kind zu Bett bringen will, ein Freund, der an einer wichtigen Arbeit sitzt, ein todmüder Ehemann, eine Freundin mit Kopfschmerzen sind kaum in der Lage, sich auf Sie einzustellen.

Falls Sie Angst haben, lästig zu sein, gibt es ein ganz simples Mittel, das zu überprüfen: Fragen Sie nach. Wer die Frage »Hast du eine Stunde Zeit für mich?« bejaht, ohne daß es stimmt, ist selbst schuld.

Sie wissen jetzt, was notwendig ist, um sich aus Ihrer inneren Isolation zu befreien. Nun bleibt nur noch eines: Sie müssen Ihr Wissen anwenden und handeln.

In einer Talk-Show von TV-Pastor Fliege waren mehrere Heiler und Schamanen eingeladen. Einer von ihnen war der Mongole Galsan Tschinag, Stammesoberhaupt des kleinen Volkes der Tuwa-Jäger, ein Dichter und Sänger. Er hatte in Leipzig Germanistik studiert und sprach von daher sehr gut deutsch. Da stand nun dieser zierliche Mann mit den asiatischen Gesichtszügen auf der Bühne vor dem Publikum, vor schicken Frauen, gut angezogenen Männern, vor verschlossenen, skeptischen und neugierigen Gesichtern. Befragt, warum er denn dichte und singe, erklärte er: »Ich bin einsam.« Er wirkte optisch zerbrechlich, aber in diesem Moment war er der stärkste Mensch im ganzen Saal. Er verkörperte das Geheimnis, das wir niemals vergessen sollten: Wer sich wirklich zeigt, mitsamt seinen Schwächen, ist stark.

Die Therapeutin Susan Page bestätigt: »Die Wahrheit (beispielsweise seelische Ängste) ist fast immer schwierig. Deshalb braucht man auch so viel Energie, um sie zu verbergen beziehungsweise sie zu maskieren. Und darum fühlt man sich auch so verletzlich, wenn man die Wahrheit preisgibt. Doch gerade das macht einen frei. Demnach ist Verletzlichkeit ein wichtiger Schritt auf dem Weg zur Selbstliebe, zur Intimität und zu einem tiefen inneren Frieden. Was für eine Welt wäre es wohl, wenn wir alle begriffen, daß Verletzlichkeit etwas ist, worauf es sich lohnt hinzuarbeiten, statt ihr aus dem Wege zu gehen!«[42]

Offenbar wäre es eine Welt, in der wir uns nicht länger einsam fühlen. Ich wünsche Ihnen diese Stärke und Menschen, die Ihr Vertrauen verdienen.

Kapitel 9

Einsam, weil wir andere abschrecken

Warum haben andere einen großen Freundeskreis, obwohl sie viel weniger zu bieten haben als ich? Warum melden sich Leute einfach nicht mehr oder ziehen sich mit Ausreden zurück? Warum lädt man mich nicht häufiger ein?

Wenn Sie sich ähnliche Fragen stellen, ist es immerhin möglich, daß Sie ohne es zu wissen Eigenschaften zeigen, die andere Menschen in die Flucht schlagen. Sagen Sie jetzt bitte nicht zu schnell: »Das kann gar nicht sein. Ich weiß schließlich über meine Schwächen Bescheid.«

Wir täuschen uns gerne selbst

Natürlich halten wir uns nicht für fehlerlos, doch im großen und ganzen neigen wir schon dazu, uns positiv zu sehen. Das ist menschlich und völlig natürlich. Allerdings birgt es auch ein Risiko in sich: Wir blenden unangenehme Wahrheiten über uns aus, weil sie nicht in unser Selbstbild passen. Im Zweifelsfall schieben wir sie kurzerhand den anderen zu. Wenn sich etwa jemand durch eine bissige Bemerkung von uns gekränkt fühlt, dann versteht er eben nicht unseren speziellen Humor, oder wenn uns jemand vorwirft, wir hätten nur unsere Karriere im Kopf, dann ist der einfach neidisch auf unseren Erfolg.

Wie wir andere vertreiben, weil uns unsere unangenehmen Eigenschaften nicht bewußt sind, zeigt das Beispiel von Doris. Die siebenunddreißigjährige freie Illustratorin fühlte sich einsam. Immer spielte sich das gleiche ab: Anfänglich waren alle von ihr begeistert, weil sie lebhaft und unterhaltsam war, doch dann verloren sie schnell das Interesse. Erklären konnte Doris sich das nicht. Ihr war nicht bewußt, daß ihre versteckten Minderwertigkeitsgefühle sie immer wieder dazu brachten, sich auf Kosten anderer zu profilieren – bis zu dem Tag, an dem sie Angela kennenlernte.

Doris hatte den Auftrag erhalten, für eine Frauenzeitschrift Zeichnungen von der neuen Herbstmode zu machen. Dabei lernte sie die Redakteurin Angela kennen, eine offene und warmherzige Frau. Die beiden kamen auch privat ins Gespräch, und Doris bemühte sich intensiv um Angelas Freundschaft. Mit Erfolg: Angela lud sie zu einem Abendessen im kleinen Kreis zu sich ein. Wie es der Zufall wollte, war unter den Gästen auch Ilona, eine alte Bekannte von Doris, mit ihrem neuen Freund. Die beiden Frauen hatten sich schon lange nicht mehr gesehen. Bei der Vorspeise sagte Doris laut und vernehmlich mit einem Blick auf Ilonas kunstvoll gelegte Hochsteckfrisur: »Die Frisur steht dir wirklich gut, Ilona. Hast du eigentlich immer noch diesen schrecklichen kreisrunden Haarausfall, unter dem du damals gelitten hast?« Ilona wurde knallrot und warf einen verzweifelten Blick auf ihren Freund. Angela rettete die Situation, indem sie schnell das Thema wechselte. Bei ihrer nächsten Begegnung mit Doris sagte sie ganz unverblümt: »Es tut mir leid, aber ich möchte keinen Kontakt mehr zu dir. Ich fand es ausgesprochen gemein, wie du dich gegenüber Ilona verhalten hast. Bei einer Freundschaft mit dir hätte ich immer die Sorge, daß du eines Tages mit mir genauso umgehst.« Doris fiel aus allen Wolken.

Was vergrault andere Menschen?

Theoretisch kann jede beliebige Schwäche der Grund dafür sein, daß man uns meidet. Ob Sie nun ständig an den Fingernägeln kauen oder chronisch unpünktlich sind, ob Sie mit schriller Stimme sprechen oder anzügliche Witze erzählen. Deshalb sollten sämtliche Schwächen unter die Lupe genommen werden. Obwohl ich Sie gleichzeitig auch ein wenig beruhigen möchte: Mit den meisten Mängeln können unsere Mitmenschen recht gut leben. Schließlich gilt für uns alle der Spruch »Nobody is perfect«.

Doch es gibt auch Eigenschaften, die, wenn sie ausgeprägt sind, garantiert dazu führen, daß sich andere von uns zurückziehen.

Im folgenden habe ich diejenigen zusammengestellt, die sich besonders nachteilig auswirken. Wenn Sie mögen, können Sie die Aufzählung als Checkliste nutzen. In dem Fall kreuzen Sie bitte alle Eigenschaften an, die in größerem Maße für Sie zutreffen.

○	gehässig	○	neidisch
○	geschmacklos	○	launisch
○	pessimistisch	○	geschwätzig
○	taktlos	○	langweilig
○	geizig	○	angeberisch
○	wehleidig	○	rechthaberisch
○	beleidigt	○	ungepflegt
○	bösartig	○	abwertend
○	ironisch	○	egozentrisch
○	gierig	○	kalt
○	verlogen	○	klatschsüchtig
○	vereinnahmend	○	hämisch

Wie viele Kreuze haben Sie gemacht? Ich muß gestehen, daß ich von vornherein erwartet habe, daß Sie keine Eigenschaft oder nur wenige markieren. Habe ich recht? Wenn ja, liegt das entweder daran, daß wirklich keine oder kaum eine auf Sie verstärkt zutrifft – oder Ihnen geht es wie den meisten von uns: Solche häßlichen Eigenschaften gesteht man sich selbst einfach nicht ein. Das wäre für unser Ego denn doch ein zu harter Schlag. Schließlich macht es einen Unterschied, ob ich sage: »Ich bin ungeduldig« oder »Ich bin bösartig«. Sogar wenn wir ahnen, daß wir vielleicht die eine oder andere der obigen Eigenschaften aufweisen, formulieren wir sie eher um, als daß wir sie zugeben: Wir sind nicht geizig, sondern sparsam, nicht geschwätzig, sondern kommunikativ, nicht taktlos, sondern ehrlich.

Benutzen Sie ein Handicap als Alibi?

Wie ungern wir die Verantwortung für unsere Einsamkeit übernehmen, zeigt sich auch noch bei anderer Gelegenheit: Wir führen unsere äußeren Mängel an, um diesen Zustand zu erklären. Auf den ersten Blick klingt das überzeugend. Wer wollte leugnen, daß ein sportlicher Mensch attraktiver ist als einer, der im Rollstuhl sitzt. Oder daß jemand mit Pfirsichhaut anziehender erscheint als einer mit Aknenarben. Wer stottert, dem hört man weniger gern zu. Körpergröße beeindruckt mehr als Zwergwuchs. Die Vergleiche ließen sich mühelos fortsetzen.
Allerdings täuschen wir uns, wenn wir glauben, hierin lägen die Ursachen unserer Einsamkeit. Unser Handicap mag auf den ersten Blick abschrecken, doch der erste, spontane Eindruck, den wir auf unser Gegenüber machen, hält nicht automatisch an. Das können Sie leicht selbst überprüfen. Angenommen, Sie fühlen sich von einer bildhübschen Frau oder einem gutaussehenden Mann angezogen. Und dann entpuppt sie oder er sich als arrogant, langweilig oder strohdumm: Aus ist es mit dem Reiz. Das gleiche gilt auch umgekehrt. Wir können unsere Gesprächspartner jedes äußere Handicap vergessen lassen. Unsere Persönlichkeit zählt mehr als unsere Erscheinung, sie ist stärker als die

meisten Beeinträchtigungen. Wichtiger als die äußere Vollkommenheit ist, wie warmherzig, klug, charmant, liebenswürdig und interessant wir sind.

Glauben Sie mir, damit will ich Sie nicht billig trösten, falls Sie unter einem Handicap leiden. Es ist eine Tatsache, für die es jede Menge Belege gibt: An einem meiner Seminare nahm z. B. eine junge Frau teil, die stotterte. Sie ging damit so selbstsicher und liebenswert um, daß wir ihr Stottern schließlich sogar als ihre persönliche Note betrachteten. Oder: Ich kenne einen Mann, dessen Gesicht von einem großen Blutschwamm entstellt ist. Sobald man sich mit ihm unterhält, tritt das völlig in den Hintergrund. Man nimmt nur noch sein Lächeln und seine Augen wahr.

Andererseits habe ich auf einem Fest einmal einen kleingewachsenen Mann kennengelernt, der offenbar damit Probleme hatte. Ich begegnete ihm nett und freundlich, wie allen anderen auch. Er aber fühlte sich wohl durch meine Länge von einsachtzig provoziert und benahm sich mir gegenüber so zynisch und bösartig, daß ich ihn nach kurzer Zeit stehenließ. Ich wette, er glaubt, keiner mag ihn, weil er so klein ist.

Verdrängen hilft nichts

Ob es sich nun um harmlose oder gefährliche Schwächen handelt, der allererste und wichtigste Schritt besteht darin, daß wir uns für unser Verhalten verantwortlich fühlen. Wir müssen aufhören, es anderen zuzuschieben oder Entschuldigungen zu finden. Ehrliche Selbstkritik ist hart, aber notwendig, wenn wir aus unserer Einsamkeit herauswollen. Denn eines steht fest: Egal, wie sehr wir unser Selbstbild auf Hochglanz polieren, unsere Schwächen leugnen oder verdrängen – die Stunde der Wahrheit schlägt spätestens, wenn wir anderen begegnen. Denen ist es nämlich recht gleichgültig, was wir von uns halten.

Sie reagieren einzig und allein auf das, was wir ihnen tatsächlich bieten.

Deshalb empfehle ich eine Generalinventur. Nichts wäre mir lieber, als daß sie sich am Ende als überflüssig herausstellt. Doch bevor wir sie nicht gemacht haben, können wir das nicht beurteilen.

Wie wir uns auf die Spur kommen

Nachdenken allein bringt uns nur mühsam weiter. Schließlich werden wir nicht aus dem Stand heraus plötzlich scharfsichtig, wo es sich doch um unseren blinden Fleck handelt. Dennoch gibt es einen effektiven Weg, herauszufinden, was uns einsam macht: indem wir die Meinung der anderen über uns erkunden. Ihre Rückmeldung ist ein Spiegel, in dem wir uns deutlicher sehen können als je zuvor.

Wenn wir diesen Weg einschlagen, geht es zunächst noch nicht darum, gezielt nachzufragen, was unsere Umwelt an uns stört. Für den Anfang reicht es, wenn wir die Augen aufmachen und vorurteilslos beobachten, wie sich andere uns gegenüber verhalten. »Man kann nicht nicht kommunizieren«, lautet das Credo des Kommunikationsexperten Paul Watzlawick. Damit will er sagen, daß wir sogar dann Signale senden und erhalten, wenn es gar nicht beabsichtigt ist. Von daher lohnt es sich, einmal sorgfältig auf die Rückmeldungen zu achten, die wir täglich gratis und ungebeten bekommen. Sie werden staunen, was Sie herausfinden, wenn Sie erst einmal mit Ihrer Beobachtung beginnen.

Feedback ohne Worte

Selten verraten uns andere offen, was sie über uns denken. Vielleicht sind sie dazu zu höflich, ängstlich oder einfach nur gleichgültig. Doch ihre Körpersprache ist ebenso aussagekräftig wie ihre Worte. Das läßt sich schon an einem einfachen Beispiel beweisen: In meinem Fitneßkurs ist eine Frau, die offenbar nichts davon hält, ein Deodorant zu benutzen. Weil sich niemand gerne in ihrem Dunstkreis bewegt, bleibt um sie herum immer deutlich Platz. Auf diese Weise erhält sie mindestens einmal pro Woche ein nonverbales Feedback dafür, daß es mit ihrer Körperpflege hapert. Nur hat sie es leider noch nicht genutzt.

Nonverbales Feedback kann noch viele andere Formen annehmen: z.B. daß man Ihnen nur zerstreut zuhört, in der Konferenz Ihre Wortmeldung übergeht, Ihre Gesprächspartner sich immer schnell wieder verabschieden oder Sie im Restaurant vom Kellner übersehen werden. Manchmal erhalten wir indirekte Rückmeldung dadurch, daß man uns an bestimmten Ereignissen nicht beteiligt. Sie erfahren etwa, daß sich die meisten Kollegen aus Ihrer Abteilung nach der Arbeit noch auf ein Bier getroffen haben. Sie hat man nicht gefragt. Oder Sie hören im nachhinein, daß gute Bekannte eine tolle Gartenparty veranstaltet haben. Sie waren nicht eingeladen.

Nonverbales Feedback verrät Ihnen zwar nicht, aus welchem Grund man Sie meidet, doch es zeigt, wo etwas nicht stimmt. Verzichten Sie darauf, gleich eine Entschuldigung zu finden, die Ihr verletztes Ego tröstet, wie: »Die wissen ja, daß ich sowieso nicht gerne in die Kneipe gehe« oder »Auf der Party hätte ich mich eh gelangweilt«. Schauen Sie lieber genau hin!

Feedback mit Worten

Noch deutlicher als die stumme ist die verbale Rückmeldung. Im positiven Fall macht man Ihnen Komplimente, im negativen werden Sie kritisiert. Verständlicherweise hören wir Kritik höchst ungern. Unsere natürliche Reaktion darauf ist, uns zu verteidigen. Wir erklären, warum wir so und nicht anders handeln konnten. Oder wir fahren eine Retourkutsche nach dem Motto: »Schau dich doch mal selbst an, du bist auch nicht besser.«

Wenn Sie jedoch beschließen, Rückmeldung als Quelle neuer Erkenntnisse zu nutzen, dürfen Sie diesen Impulsen nicht nachgeben. Statt dessen sollten Sie genau hinhören, was man Ihnen vorwirft.

Jetzt wollen Sie es wissen

Nachdem Sie eine Zeitlang nonverbales Feedback und direkte Kritik offen aufgenommen und gesammelt haben, dürfte Ihnen dadurch manches klarer geworden sein als bisher. Sie ahnen nun, wo Ihre kritischen Punkte liegen. Aber damit wissen Sie immer noch nicht genau, womit Sie die ablehnende Wirkung erzielen.

Der nächste Schritt besteht darin, danach zu fragen. Ich kann verstehen, wenn Sie davor zurückschrecken, denn ich weiß wohl, wie schwer das ist. Mit einer so persönlichen Frage öffnen wir uns und zeigen ohne Schutzschild, daß wir unsicher sind. Trotzdem hoffe ich sehr, daß Sie es wagen, denn nur so erhalten Sie konkrete Anhaltspunkte, was Sie ändern müssen.

Damit Sie sich sicherer fühlen, möchte ich Ihnen vorab einen kleinen Feedback-Führer an die Hand geben.

● *Suchen Sie sich passende Partner für Ihr Feedback.*

Diejenigen, die Sie fragen, sollten in dem entsprechenden Punkt *kompetent* sein. Es macht z. B. wenig Sinn, eine Freundin oder einen Freund, die selbst nur in Jeans und Pulli herumlaufen, zu fragen, ob Sie sich passend kleiden. Da sind Sie bei modischen Bekannten, deren Stil Sie bewundern, wesentlich besser beraten.

Neben der Kompetenz spielt eine Rolle, wie *sympathisch* Sie sich

gegenseitig sind. Sie sollten wirklich nur mit jemandem sprechen, der Ihnen wohlgesonnen ist. Andernfalls werden Sie vielleicht durch harte Formulierungen oder hämische Bemerkungen
verletzt.

Berücksichtigen Sie auch, wie *vertrauenswürdig* Ihr(e) Ge-
sprächspartner(in) ist. Es wäre fatal, wenn Ihre Nachfrage
wenig später unter Ihren Bekannten oder Kollegen die Runde
macht.

● *Wenn Sie um Feedback bitten, müssen Sie es auch aushalten.*

Machen Sie es nicht wie die römischen Cäsaren, die jeden Boten töten ließen, der eine schlechte Nachricht überbrachte. Eine
ehrliche Antwort ist nicht immer schmeichelhaft. Völlig falsch
wäre es, darauf beleidigt oder aggressiv zu reagieren. Dann bekommen Sie ganz sicher nie mehr die ungeschminkte Wahrheit
zu hören.

● *Lassen Sie sich das Urteil mit Fakten belegen.*

Mit der puren Aussage können Sie noch nicht viel anfangen. Sie
müssen wissen, woraus sich das Urteil des anderen zusammen-
setzt. Wenn Ihr Gegenüber Ihnen beispielsweise eröffnet: »Du
hast immer so schlechte Laune«, dann fragen Sie nach den Details: »Woran zeigt sich das für dich?« Auf diese Weise erfahren
Sie vielleicht, daß Sie selten lächeln, daß Sie nur kurz grüßen,
daß Sie sich oft negativ äußern.

Solche konkreten Beschreibungen bieten Ihnen die Möglichkeit, etwas an Ihrem Verhalten zu verändern.

● *Hören Sie zu, ohne Stellung zu nehmen.*

Sie müssen sich weder verteidigen noch erklären, warum Sie so
und nicht anders sind oder handeln. Schließlich stehen Sie
nicht vor dem Obersten Gerichtshof, sondern möchten etwas
über sich wissen. Bedanken Sie sich in jedem Fall für die Rückmeldung, und sagen Sie freundlich, daß Sie darüber nachdenken
werden.

● *Prüfen Sie in Ruhe, ob Ihr Gegenüber tatsächlich recht hat.*

Was Sie über sich gehört haben, muß nicht in jedem Fall zutreffen. Das Urteil über Sie hängt auch von der *persönlichen Inter-*

pretation Ihres Gegenübers ab. Beispiel: Wenn Ihnen jemand vorwirft, Sie würden sich immer in den Mittelpunkt stellen, projiziert er vielleicht seine heimlichen narzißtischen Wünsche auf Sie oder urteilt auf der Basis seiner eigenen Schüchternheit.

Auch das *Umfeld* wirkt sich aus. Was in dem einen Milieu positiv angesehen wird, erscheint im anderen negativ. Z.B. werden Sie im Designerkostüm in der Edelboutique akzeptiert, im Frauenbuchladen dagegen als aufgedonnerte Tussi skeptisch betrachtet. Oder: In Künstlerkreisen dürfen Sie exzentrisch und emotional reagieren, im Management einer Bank gelten Sie damit als unzuverlässig und seelisch labil.

Bleiben Sie trotz dieser nachträglichen Prüfung ehrlich mit sich selbst. Horchen Sie in sich hinein: Meist fühlen Sie es an einem kleinen »Stich im Herzen«, ob Ihr Gegenüber mit seinem Urteil ins Schwarze getroffen hat.

● *Holen Sie eventuell weiteres Feedback ein.*

Wenn Sie mit Ihren Überlegungen zu keinem eindeutigen Ergebnis kommen, sollten Sie zur Sicherheit weitere Rückmeldungen einholen. Einer kann sich schon mal irren, zwei oder drei gleiche Meinungen von unterschiedlichen Personen lassen sich nicht mehr so einfach übergehen.

Jetzt ist es Zeit, die neuen Erkenntnisse umzusetzen

Nachdem Sie die verschiedenen Rückmeldungen eingeholt und für sich ausgewertet haben, ist Ihre Vorarbeit abgeschlossen. Jetzt wissen Sie genau, durch welche Ihrer Eigenheiten Sie sich isolieren. Auf dieser Grundlage können Sie das ändern. Nutzen Sie dazu sämtliche Unterstützung. Besorgen Sie sich z. B. Ratgeberbücher zu Ihrem speziellen Problem, melden Sie sich zu Seminaren an. Bitten Sie Menschen in Ihrer Umgebung, Ihnen mitzuteilen, wann Sie wieder in alte Muster zurückfallen. Üben Sie das neue Verhalten täglich. Geben Sie nicht auf, bleiben Sie wachsam. Wenn Sie geduldig und beharrlich sind, werden Sie früher oder später Ihre ehemals unbewußten Schwächen ablegen.

Bedürftigkeit schreckt ab

Obwohl Sie bis hierher schon viel geleistet haben, sind wir damit noch nicht am Ende unserer Inventur angelangt. Individuelle Schwächen sind nicht der einzige Grund, aus dem wir andere Menschen in die Flucht schlagen. In manchen Fällen liegt es auch daran, daß uns unsere Einsamkeit so verzweifelt macht.

Vor kurzem machte ich mit meiner Familie Urlaub am Plöner See. Ich saß gerade auf einer Bank am Ufer und ließ mir die Sonne ins Gesicht scheinen, als ein durchaus sympathischer Herr sich neben mich setzte und ein Gespräch begann. Wir unterhielten uns nett über das Wetter und die schöne Landschaft. Es stellte sich heraus, daß er allein unterwegs war und plante, sich die Holsteinische Schweiz anzusehen. Als ich nach einer Weile aufbrechen wollte, hielt er mich zurück, indem er hastig immer wieder neue Themen anschnitt, meine Körpersprache übersah und mein »Ich muß jetzt leider gehen, auf Wiedersehen« ignorierte. Als ich es endlich geschafft hatte, mich loszureißen, rief er mir noch nach: »Vielleicht sieht man sich hier ja mal wieder!«

Ich bin sicher, ihm war ziemlich egal, wer da eigentlich neben ihm saß – Hauptsache, er war nicht allein. Und genau damit hatte er die Möglichkeit zu einer weiteren Bekanntschaft zerstört. Sobald ich ihn in den folgenden Tagen von weitem sah, bog ich in den nächsten Seitenweg ab.

Die Symptome, die mein Gesprächspartner zeigte, waren mir durchaus bekannt. Es handelte sich um den verhängnisvollen

Kreislauf, den Einsamkeit in Gang setzen kann: Weil wir uns einsam fühlen, klammern wir uns an andere Menschen – und weil wir uns an sie klammern, bleiben wir einsam.

Kein Mensch läßt sich gerne vereinnahmen. Wir brauchen das Gefühl, unsere Kontakte freiwillig zu knüpfen, und möchten selbst darüber bestimmen, wann wir andere treffen. Ausreden zu erfinden, Einladungen abzulehnen oder jemanden zurückzuweisen, ist ziemlich unangenehm. Falls man uns dazu zwingt, finden wir uns feige, unhöflich oder sogar grausam. Diese negativen Gefühle lasten wir dann unwillkürlich demjenigen an, der sie verursacht hat, und meiden ihn entsprechend.

Hinzu kommt noch eine weitere typisch menschliche Eigenschaft: Gewöhnlich schätzen wir das am meisten, wofür wir uns anstrengen müssen. Was uns dagegen mühelos in den Schoß fällt, ist in unseren Augen oft nicht soviel wert. Die Stereoanlage, auf die Sie lange gespart haben, macht Sie wahrscheinlich glücklicher als eine, die man Ihnen schenkt. Ähnliches gilt auch für Bekanntschaften. Wir möchten ein bißchen erobern und mögen nicht, daß man uns nachläuft.

Bleiben Sie trotz Ihrer Einsamkeit souverän

Ihre Einsamkeit kann Sie dazu verführen, sich innerlich auf andere Menschen zu stürzen wie ein Verdurstender in der Wüste auf eine Wasserquelle. An dieser Stelle möchte ich ein großes Stopschild aufstellen. Und wenn Sie noch so glücklich sind, endlich einen Gesprächspartner oder eine Gesprächspartnerin gefunden zu haben – halten Sie sich zurück, und bleiben Sie souverän. Indem Sie in den folgenden Punkten Selbstdisziplin üben, haben Sie die größte Chance, eine Begegnung auf natürliche Weise zu vertiefen:

- *Klagen Sie nicht darüber, wie einsam Sie sind.*

Damit kein Mißverständnis entsteht: Sie sollen nicht so tun, als wäre in Ihrem Terminkalender keine Zeile mehr frei oder als könnten Sie sich vor Einladungen kaum retten. Sie müssen nicht einmal verschweigen, daß Sie alleine sind. Aber: Der Ton macht die Musik. Entscheidend ist, wie Sie über Ihre Situation sprechen. Es ist etwas völlig anderes, ob Sie eher informativ äußern: »Zur Zeit bin ich allein. Das ist natürlich nicht so schön, aber man kann es sich nicht immer aussuchen« oder ob Sie dabei Gott und die Welt anklagen. Dazu fällt mir ein alter Schlagertext ein: »Ich bin ja so allein, um mich ist leer, hab' keine Freunde, man liebt mich nicht mehr ...« Das klingt vielleicht ein bißchen übertrieben, aber ich glaube, es illustriert recht gut, was ich mit Klagen meine. Mit einem bitteren, verzweifelten oder vorwurfs-vollen Unterton schlagen Sie garantiert auch diejenigen in die Flucht, die durchaus an Ihnen interessiert gewesen wären.

● *Lassen Sie innerlich los.*
Sagen Sie sich wie ein Mantra vor: »Dieser Mensch ist nicht mein Retter.« Weder ist er dazu da, Ihnen eine einsame Stunde zu vertreiben, noch Sie aus vielen einsamen Tagen zu erlösen. Es ist einfach jemand, dem Sie zufällig begegnet sind. Ob sich aus diesem Zusammentreffen demnächst mehr ergibt, wird sich zei-gen. Bleiben Sie also ganz gelassen. Sie müssen ihn nicht krampfhaft festhalten.

Nehmen Sie Ihr Gegenüber bewußt wahr. Beachten Sie seine Körpersprache. Ist sie zugewandt oder abgekehrt? Hören Sie ge-nau hin, ob Ihr Gesprächspartner schon dezent den Abschied ankündigt, z. B. mit Sätzen wie »Na, gleich muß ich aber mal se-hen, daß ich noch meinen Bus kriege ...« Nehmen Sie diese Si-gnale locker auf, und kommen Sie ihm zuvor. Verabschieden Sie sich freundlich lächelnd. Sie werden merken, wie gut es Ihrem Selbstbewußtsein bekommt, die Kontrolle zu behalten. Außer-dem gibt es dann bei der nächsten Begegnung keinen Grund, sich zu meiden.

Diese Verhaltensweisen können Sie wie ein guter Schauspieler spielen. Damit sind Sie bereits erfolgreich und erreichen, daß Sie nicht anklammernd oder bedrängend wirken. Doch noch überzeugender ist Ihr Verhalten, wenn es echt ist und es Ihnen wirklich nichts ausmacht, Menschen innerlich loszulassen. Volle innere Freiheit erreichen Sie dadurch, daß Sie gut mit sich allein sein können.

Lernen, allein zu sein

Auf einem Seminar erzählte mir eine Teilnehmerin: »Ein Freund von mir bekämpft seine Einsamkeit, indem er in jedem Zimmer einen Fernseher laufen läßt.« Die Variante, daß in *jedem* Raum ein TV-Programm zu sehen ist, war mir neu. Aber die Tatsache, daß viele Menschen elektrische Hilfsmittel benutzen, um ihrer Einsamkeit zu entfliehen, ist allgemein bekannt. Kaum kommen sie nach Hause, stellen sie das Radio oder den Fernseher an, greifen zum Telefonhörer oder surfen im Internet. Sie halten es nicht aus, mit sich allein zu sein.

Leider nützt es wenig, sich zu betäuben. Zwar fühlt man sich für den Moment besser, doch dadurch ändert sich nichts grundlegend. Im Gegenteil, je heftiger wir vermeiden, unserer Einsamkeit zu begegnen, desto weniger werden wir sie los.

Das Tao der Einsamkeit

Im Taoismus, einer alten chinesischen Weisheitslehre, lautet eine wichtige Regel: »Was du vernichten willst, mußt du sich erst einmal ausdehnen lassen.« Das klingt orakelhaft, ist aber leicht zu verstehen: Was wir verdrängen oder angestrengt klein halten, hat uns voll im Griff. Unterdrückter Zorn brodelt weiter, verleugneter Haß vergiftet uns das Herz, heimlicher Ehrgeiz oder Kummer zerfressen uns. Wenn wir davon loskommen wollen, müssen wir uns unseren Emotionen oder Wünschen stellen. Erst wenn wir sie nach allen Seiten ausloten, sie soweit wie möglich aussprechen und ausleben, verlieren sie ihre Macht. Dann ist, wie man so schön sagt, »die Luft raus«.

Das gilt auch für die Einsamkeit. Anstatt sie mit hektischen Aktivitäten oder Unterhaltung zu verdrängen, sollten Sie ihr bewußt ins Auge sehen und sie groß und deutlich werden lassen. Nach der Regel des Taoismus möchte ich Ihnen dazu gerne eine Anleitung geben.

- *Setzen Sie sich zehn Minuten lang still hin.*

Warten Sie auf einen Moment, in dem Sie eigentlich aktiv werden und die Einsamkeit verdrängen möchten, z. B. den Fernsehknopf drücken, eine Illustrierte lesen oder jemanden anrufen wollen. Führen Sie Ihr Vorhaben nicht aus, sondern setzen Sie sich statt dessen ein paar Minuten lang ruhig in einen bequemen Sessel. Wenn Sie möchten, schließen Sie dabei die Augen.

- *Nehmen Sie einen Beobachterstatus ein.*

Beobachten Sie, was während dieser Ruhephase in Ihnen abläuft. Schauen Sie sich aus einer wohlwollenden Distanz zu. Lassen Sie sämtliche Gedanken und Gefühle zu, und registrieren Sie sie ganz neutral. Z.B.: »Ich fühle mich leer«, »Ich langweile mich«, »Ich werde nervös«, »Was soll der Psychoquatsch, das ändert ja doch nichts«. Auf diese Weise erfahren Sie, was unter Ihren bisherigen Abwehrmechanismen verborgen liegt. Darüber hinaus stellen Sie fest, daß offenbar ein Teil von Ihnen – nämlich der »Beobachter« – durchaus den Überblick über Ihre Einsamkeitsgefühle behält und Sie nicht völlig darin versinken. Das ist ein sehr beruhigendes Gefühl.

- *Schreiben Sie auf, was Sie in diesen zehn Minuten gedacht oder empfunden haben.*

Es entlastet, sich einmal alles von der Seele zu schreiben. Außerdem protokollieren Sie Ihre Gefühle und Gedanken und können genau verfolgen, wie sie sich im Laufe der Zeit positiv verändern.

Diese kleine Übung sollten Sie regelmäßig durchführen. Sie

können sie auch gerne verlängern. Schon bald werden Sie feststellen, daß es Ihnen sehr gut bekommt, Ihre Aufmerksamkeit von außen nach innen zu richten. Gewiß begegnen Sie dabei auch dem Schmerz, den Einsamkeit auslöst, doch er ist heilsam. Auf diese Weise unterdrücken Sie Ihre Einsamkeit nicht mehr, sondern verwandeln sie nach und nach in innere Stärke.

Unterhalten Sie sich bestens mit sich selbst

Unabhängig von anderen werden Sie auch, wenn Sie sich selbst gut beschäftigen können. Vielen Menschen fällt die Decke auf den Kopf, sobald sie alleine sind. Schon die bloße Tatsache, daß niemand in der Nähe ist, macht sie panisch. Teilweise ist das natürlich eine Temperamentsfrage. Introvertierte Typen haben es in dem Punkt oft leichter als die schon von ihrer Veranlagung her mehr nach außen gerichteten, extrovertierten Typen. Für beide lassen sich jedoch angenehme und passende Beschäftigungen auch ohne Gesellschaft finden. Hier ist eine kleine Auswahl. Kreuzen Sie doch einmal an, was Ihnen Spaß machen könnte:

○ spazierengehen
○ fotografieren
○ ein Musikinstrument spielen
○ etwas sammeln, sei es Briefmarken, Kunstdrucke oder Porzellanelefanten
○ Sport machen
○ eine Sprache lernen
○ malen
○ nähen
○ Gartenarbeit
○ heimwerken

- ○ CDs hören
- ○ Briefe schreiben
- ○ kochen
- ○ baden
- ○ Ausstellungen besuchen
- ○ ins Kino oder Theater gehen
- ○ sich in ein Spezialgebiet einarbeiten, z. B. Geschichte des Mittelalters, Pflanzenkunde
- ○ besondere Techniken erlernen, z. B. Kalligraphie, Buchbinden, Seidenmalerei
- ○ Drachen fliegen lassen
- ○ einen Einkaufsbummel machen
- ○ reisen

Haben Sie einige Dinge angekreuzt, die Ihnen gefallen könnten? Dann möchte ich Sie ganz direkt fragen: »Warum haben Sie das denn bisher noch nicht oder nur sporadisch getan?« Die Antwort kann ich mir denken. Ich kenne sie von mir selbst und von vielen anderen: Wir sind zu bequem. Irgend etwas hindert uns daran, die Dinge zu tun, von denen wir genau wissen, daß sie uns Spaß machen, sobald wir erst einmal dabei sind. Entschuldigungen finden wir dafür immer. Wenn wir einsam sind, lautet sie häufig pauschal: »Allein macht das doch keinen Spaß.«

Für diese Fälle habe ich ein Rezept entwickelt, mit dem sich die Anlaufschwierigkeiten überwinden lassen.

Die Robotermethode

Normalerweise warten wir darauf, daß uns die Lust packt, etwas zu unternehmen. Und wenn sie sich nicht einstellt, rühren wir uns nicht vom Fleck, selbst dann nicht, wenn wir genau wissen, daß uns diese Aktivität lebendiger und glücklicher machen würde. Offenbar bringt uns das Warten auf den großen Kick nicht weiter. Die Lösung besteht darin, zunächst zu handeln, ohne in Stimmung zu sein. William Glasser, der Begründer der Realitätstherapie, vertritt die Ansicht: »Handeln können wir immer!« Er rät seinen depressiven Patienten, nicht zu warten, bis ihre Depression vorüber ist, um dann aktiv zu werden, sondern aktiv zu werden, damit ihre Depression vergeht.

Mit der Robotermethode können Sie sich ganz einfach in Bewegung setzen: Sie beschließen, was Sie tun möchten und wann genau es stattfinden soll. Zur geplanten Zeit geben Sie sich dann die entsprechende Anweisung und führen sie wie ein Roboter aus, egal in welcher Stimmung Sie sind.

Sie nehmen sich z. B. vor, am Sonntagnachmittag um 15 Uhr einen Spaziergang zu machen. Um 14.45 Uhr hängen Sie noch schlapp vor dem Fernseher und ziehen sich die Wiederholung eines Spielfilmes rein. Lust zum Spazierengehen? Null. Trotzdem: Punkt 15 Uhr sagen Sie sich: »Du gehst jetzt spazieren.« Daraufhin stehen Sie ganz mechanisch auf, gehen an Ihre Garderobe, ziehen Ihren Mantel an, stecken den Schlüssel ein, gehen zu Ihrem Auto, fahren irgendwo hin, wo es schön ist, machen dort Ihren Spaziergang, fahren wieder zurück. Ich wette, bei Ihrer Rückkehr fühlen Sie sich zufrieden und wesentlich frischer als vorher. Sie haben sich selbst in Schwung gebracht.

Nur ein Viertelstündchen

Eine weitere Methode, die vor allem dazu dient, sich zu Hause zu beschäftigen, stammt aus der Verhaltenstherapie. Auch sie hat den Zweck, die vertrackte Anfangshürde zu überwinden. Sobald wir erst einmal dabei sind, packt uns meist die Leidenschaft. Nicht umsonst sagt das Sprichwort: »Der Appetit kommt beim Essen.«

Hier hilft ein kleiner Vertrag mit sich selbst: Erlauben Sie sich vorab, die geplante Tätigkeit nach fünfzehn Minuten wieder abzubrechen, wenn sie Ihnen wirklich nicht gefällt. Diese Zeit müssen Sie allerdings durchhalten.

Angenommen, Sie möchten für sich allein ein Menü kochen, überlegen aber noch, ob das nicht doch zuviel Aufwand ist. Dann sagen Sie sich: »Nur fünfzehn Minuten« und beginnen, die passenden Lebensmittel und Töpfe zusammenzustellen. Nach einer Viertelstunde können Sie frei entscheiden, ob Sie jetzt die Utensilien doch lieber wieder im Schrank verstauen wollen oder ob Sie weitermachen möchten. Die Erfahrung zeigt, daß man in neunundneunzig Prozent der Fälle sein Werk zu Ende führt.

Mit der Robotermethode und der Fünfzehn-Minuten-Technik wird es Ihnen gewiß gelingen, sich aus dem eigenen Dornröschenschlaf zu wecken und aktiv zu werden, auch ohne daß Sie dabei Gesellschaft haben. Das wiederum gibt Ihnen persönliche Sicherheit und eine souveräne Ausstrahlung, mit der Sie auf andere Menschen auch dann anziehend wirken, wenn Sie zur Zeit einsam sind.

Schaffen Sie sich ein Refugium

Ich kenne einige Frauen und Männer, bei denen sich deutlich an ihrer Wohnung zeigt, daß sie innerlich in der Warteschleife hängen: Sie leben schon einige Jahre in einem häuslichen Provisorium. Christina haust noch immer in ihrer Studentenbude, obwohl sie sich als Chemikerin längst eine komfortablere Bleibe hätte suchen können. Sie fürchtet: »Wenn ich jetzt eine teure Wohnung miete und dann jemanden kennenlerne, der in einer anderen Stadt lebt, habe ich den ganzen Umzug umsonst gemacht.«

In Ralfs Küche sieht es aus wie auf dem Campingplatz. In den

Regalen stapelt sich Plastikgeschirr. Seine Einstellung: »Für einen allein lohnt es sich doch nicht, Aufwand mit Porzellan und Kristallgläsern zu treiben.« Sein Arbeitszimmer wirkt, als wäre kürzlich ein Tornado durchgefegt. »Sieht doch keiner«, meint er lakonisch.

Wir sollten es uns selbst wert sein, eine Umgebung zu schaffen, in der wir uns richtig wohl fühlen. Überlegen Sie doch einmal, was Sie sich bisher verkniffen haben, weil es sich für Sie alleine angeblich nicht lohnt. Das gemütliche breite Bett? Den neuen Teppichboden? Die dicken Frotteehandtücher? Die Original-Graphik? Gönnen Sie sich den Luxus. Machen Sie mit Block und Bleistift einen Rundgang durch Ihre Wohnung, und notieren Sie, was Sie dort angenehmer und schöner gestalten können. Wenn Sie alleinerziehend sind, schaffen Sie eine kinderfreie Zone, in der keine Legosteine oder Bravo-Hefte herumfliegen, und die nur Ihnen vorbehalten bleibt.

Sollten Sie sich – und das gilt besonders für Männer – für innenarchitektonisch unbegabt halten, dann bitten Sie eben jemanden um Anregung.

Sinn dieser Übung ist, daß Sie gerne zu Hause sind und nicht am liebsten fluchtartig Ihr Heim verlassen, weil es keine Geborgenheit, Wärme und Schönheit ausstrahlt.

Hiermit ist alles getan

Wir sind nun am Ende der »Generalinventur« angelangt. Wenn Sie bis hierher durchgehalten haben, wissen Sie die Antwort darauf, ob irgend etwas an Ihnen andere Menschen abschreckt und Sie auf diese Weise einsam macht. Gegebenenfalls arbeiten Sie daran, sich zu verändern und gerne mit sich allein zu sein.

Sollte das der Fall sein, tun Sie weit mehr, als die meisten Menschen zu tun bereit sind, und dürfen auf Ihr Engagement wirklich stolz sein. Sie schaffen die Basis dafür, daß Sie den Kontakt mit anderen erfolgreich aufnehmen können. Mehr noch: Sie erwerben damit ein unvergängliches inneres Kapital, von dem Sie auch dann noch zehren werden, wenn Sie längst nicht mehr einsam sind.

Kapitel 10

Die Kunst, Kontakt zu knüpfen

Bei Tennisturnieren können Sie es ganz deutlich sehen: Ob ein Spieler gewinnt, hängt nicht allein davon ab, wie gut er spielen kann, sondern wie sicher er innerlich ist. Aus diesem Grund haben die meisten Spitzenspieler einen Coach, der sie nicht nur in ihrer sportlichen Disziplin fördert, sondern auch mental trainiert. Sie lernen, sich in kritischen Situationen zu entspannen und an ihre Fähigkeiten zu glauben.

Ein guter Kontakt ist ähnlich wie ein gelungener Ballwechsel. Wollen wir die positive Aufmerksamkeit unseres Gegenübers gewinnen, müssen wir die Technik beherrschen – und wir müssen an uns glauben.

In diesem Bereich möchte ich gerne Ihr Coach sein. Ich werde Ihnen die wichtigsten Kommunikationstechniken vermitteln und Sie mental so vorbereiten, daß Sie selbstsicher und gelassen auftreten. Einverstanden? Dann lassen Sie uns mit dem Training beginnen. Wie im Sport sollten Sie auch hier geistig vorbereitet sein, bevor Sie aktiv werden.

Angst gehört dazu

Stellen Sie sich bitte vor, Sie sind auf einen Empfang eingeladen und kennen nur die Gastgeber. Oder: Sie wollen unbedingt einen bestimmten Job und müssen sich dazu einem kritischen Vorstellungsgespräch unterziehen. Oder: Sie finden jemanden sympathisch und möchten ihn (sie) gerne zum Kaffee einladen.

Wie geht es Ihnen dabei? Ich vermute, Sie sind ziemlich nervös und ängstlich. Kein Grund, deshalb mit sich zu hadern. Ihr Gefühl ist völlig natürlich. Alles Unbekannte, also auch die Begegnung mit Menschen, die uns nicht vertraut sind, birgt ein potentielles Risiko in sich. Sie könnten uns zurückweisen, verachten, auslachen, irritiert sein, uns langweilig, dumm oder unattraktiv finden. Vor solchen Reaktionen fürchten wir uns.

Das gilt übrigens keineswegs nur für schüchterne Personen, sondern auch für solche, die im zwischenmenschlichen Umgang versiert sind. Auch sie fühlen sich durch unbekannte Situationen verunsichert. Wenn eine Fernsehmoderatorin zum hundertdreißigsten Mal vor ihr Publikum tritt, dann hat sie wahrscheinlich kaum noch Lampenfieber. Sie ist routiniert genug, um sich aus dem Stand heraus mit jedem beliebigen Gesprächspartner zu unterhalten. Wenn sie jedoch das erste Mal zu einer Psychotherapeutin geht, klopft ihr garantiert das Herz bis zum Hals, denn diese Art des Kontaktes ist für sie ungewohnt. Jede neue Begegnung macht uns angst, und das geht allen anderen auch so. Die Frage ist, wie wir diese Angst loswerden.

Der Weg führt mitten durch die Angst

Eine verbreitete Taktik lautet: »Ich arbeite daran, selbstbewußt zu werden, und wenn ich das geschafft habe, dann spreche ich locker diejenigen an, die mich interessieren.« Wir glauben, wir müßten erst unsere Angst, unsere Verlegenheit oder Schüchternheit überwinden, um mit anderen zu kommunizieren. Das ist ein Irrtum. Umgekehrt wird ein Schuh daraus. Wir werden erst dann selbstsicher, wenn wir genau das tun, wovor wir uns fürchten. Sobald wir feststellen, daß sich das Drama, mit dem wir gerechnet haben, gar nicht ereignet oder wir es zumindest überstehen, schwindet unsere Angst. »Was uns nicht umbringt, macht uns stärker«, wußte schon der Dichter Bert Brecht.

Als ich zum ersten Mal einen Vortrag hielt, war mir vor Aufregung richtig schlecht. Ich fürchtete, jeder im Saal könnte merken, wie meine Hände zitterten und meine Stimme wackelte. Am Rednerpult fummelte ich so lange mit meinem Manuskript herum, bis ich ein bißchen ruhiger geworden war. Inzwischen habe ich so häufig Vorträge gehalten, daß ich gelassen vor jedem Publikum stehe und mich nur noch freue, etwas mitteilen zu dürfen.

Susan Jeffers, meine New Yorker Kollegin, hat das Rezept, die Angst zu verlieren, auf eine wunderbar griffige Formel gebracht. Sie rät: »Hab die Angst – und tu's!«[43] Warten Sie also nicht darauf, daß sich Ihre Scheu, Kontakt aufzunehmen, im stillen Kämmerchen verflüchtigt. Wagen Sie es, sprechen Sie andere an. Ich garantiere Ihnen, daß Ihre Angst dabei von Mal zu Mal geringer wird.

Nehmen Sie sich an

Jede Angst, Kontakt aufzunehmen, läßt sich im Grunde auf einen einzigen Nenner bringen: »Ich bin nicht gut genug.« Kaum nähern wir uns einem sympathischen Menschen, flüstert unsere negative innere Stimme: »Du bist nicht richtig angezogen«, »Wenn du diesen geistlosen Spruch von dir gibst, hast du sowieso verspielt«, »Du bist für so einen attraktiven Mann (eine attraktive Frau) viel zu unscheinbar«, »Was du zu sagen hast, ist uninteressant«, »Halte lieber den Mund, davon verstehst du nichts«, »In diesem Kreis paßt du sowieso nicht«, »Laß das, du bist aufdringlich«.

Die Wirkung Ihrer negativen Stimme haben Sie ja inzwischen kennengelernt und wissen, wie Sie ihr begegnen können. Auch in diesem Zusammenhang müssen Sie ihr Paroli bieten. Nehmen Sie sich Zeit, und entkräften Sie sie Punkt für Punkt, wie Sie es im achten Kapitel gelernt haben. Sie können sie aber notfalls auch mit einem kurzen Satz stoppen: »Mag sein, daß ich nicht perfekt bin, aber ich bin o. k.«

Machen Sie sich bewußt, daß Sie als Mensch auch dann in Ordnung sind, wenn Sie keinen glanzvollen Auftritt hinbekommen. Sollten Sie zu den Stillen im Lande gehören, dann akzeptieren Sie sich so, wie Sie sind, und quälen Sie sich nicht damit, ein Partylöwe oder eine Entertainerin zu werden. Der amerikanische Genforscher Dean Hamer hat nachgewiesen, daß unser Temperament angeboren ist und nicht verändert werden kann. Wohl aber ist es uns möglich, aus unseren Anlagen das Beste zu machen.[44] Wenn Sie kein Talent dafür besitzen, sprühend Geschichten zu erzählen, dann können Sie eben wunderbar zuhören, und wenn Sie nicht durch witzige Bemerkungen auffallen, dann halt durch kluge Beiträge.

Nehmen Sie sich nicht so wichtig

Ich kann mir Ihren erstaunten Blick vorstellen. Da lege ich Ihnen immer wieder nahe, auf sich zu achten, Ihre Gefühle ernst zu nehmen – und nun bitte ich Sie, sich nicht so wichtig zu nehmen! Stimmt, das ist ein Widerspruch, aber diese Aufforderung gilt auch nur für einen bestimmten Bereich.

Wenn wir scheu oder schüchtern sind und Angst haben, jemanden anzusprechen, sind wir in Wirklichkeit ziemlich egozentrisch, in des Wortes eigentlicher Bedeutung. Unser Ego steht im Zentrum unserer Wahrnehmung: *Ich* könnte mich ja blamieren. Er (sie) könnte *mich* aufdringlich finden. *Mir* ist das schrecklich peinlich, wenn *ich* abgewiesen werde. Tatsache ist, daß unser Gegenüber uns gar nicht so bedeutend findet, wie wir glauben. Wenn wir durch ein vollbesetztes Restaurant gehen, starren uns längst nicht alle Gäste neugierig an. Niemand findet es weltbewegend, wenn wir etwas nicht wissen. Keiner bemerkt unseren Pickel am Kinn oder rümpft die Nase, weil wir nicht ausreichend informiert sind. Dazu sind die anderen viel zu sehr mit sich selbst beschäftigt. Sobald wir uns klarmachen, daß es für den anderen gar nicht so bedeutend ist, was wir tun oder lassen, können wir wesentlich entspannter reagieren. Sagen Sie sich immer dann, wenn Sie angespannt sind und sich auf dem Präsentierteller fühlen: »Ich bin nicht so wichtig« oder »Es kommt nicht darauf an«.

Wenn Sie erkennen, daß sich jeder selbst für den Nabel der Welt hält, können Sie das außerdem noch dazu nutzen, ihm näherzukommen.

Interessieren Sie sich für andere

Der Philosoph John Dewey war der Ansicht, daß der stärkste Trieb in der menschlichen Natur darin besteht, bedeutend zu sein. Ich glaube, daß er recht hat. Niemand ist gerne eine kleine Nummer, ein Rädchen im Getriebe. Wir möchten wahrgenommen, beachtet, gelobt und geliebt werden. Dann fühlen wir uns wohl und blühen auf wie eine Blume in der Sonne. Menschen, die uns das bieten, finden wir außerordentlich sympathisch. Wenn Sie sich also für Ihr Gegenüber interessieren, sind Sie garantiert erfolgreich. Dabei können Sie Ihr Interesse auf zwei Arten vermitteln:

● *Fragen Sie.*

Fragen zeigen, daß wir vom anderen mehr als nur oberflächliche Fakten wissen möchten. Regen Sie ihn dazu an, ausführlicher über sich zu sprechen. Allerdings sollten Sie vermeiden, einen inquisitorischen Ton anzuschlagen oder eine Quiz-Sendung zu veranstalten. Niemand läßt sich gerne verhören. Damit Sie Fragen stellen können, die eine Unterhaltung in Gang bringen, ist es wichtig, daß Sie die beiden unterschiedlichen Fragetypen kennen:

»*Geschlossene« Fragen* sind solche, die nur eine kurze, knappe

Antwort verlangen. Z.B.: »Wie schmeckt dir das Essen?«
»Danke, gut.« Das war's. Falls jemand nun noch daranhängt:
»Besonders dieses zarte Filet ist ein Gedicht. So eines habe ich
bisher nur im Ritz in Paris gegessen«, ist das seine Kür, keine
Pflicht. Mit »gut« hat er die Frage schließlich ausreichend be-
antwortet. Geschlossene Fragen beginnen mit: Wer? Wann?
Wo? Welche(r)? Wie lange? Wie oft? Glauben Sie, daß …? Da
sie sich mit einem einzigen Wort oder Satz beantworten lassen,
sind sie für sachliche Informationen gut, können aber für ein
Gespräch tödlich sein.

»*Offene*« *Fragen* geben in dieser Hinsicht wesentlich mehr Spiel-
raum. Sie führen dazu, daß Ihr Gegenüber Ihnen etwas länger erklärt oder beschreibt. Beispiele für offene Fragen: »Wie sind Sie
eigentlich dazu gekommen, sich mit Handlesen zu beschäftigen?« »Warum sind Sie von München nach Hamburg gezogen?«

Offene Fragen beginnen mit: Warum? Wie? Weshalb? Auf welche Weise? Mit ihnen können Sie nicht nur ein Gespräch eröff-
nen und in Gang halten, sie zeigen auch deutlicher, wie interessiert Sie sind.

● *Machen Sie Komplimente.*

Jeder hört gerne etwas Nettes über sich selbst. Eines ist jedoch
unbedingt Voraussetzung: Das Kompliment muß ehrlich sein.
Bei falschen Tönen spürt man die Absicht und ist verstimmt.
Suchen Sie sich etwas heraus, das Sie am anderen wirklich bewundern. Sein schönes Haar, eine extravagante Brosche, eine
berufliche Leistung. Sprechen Sie das offen aus. Sie brauchen
sich keine Sorgen darüber zu machen, ob das vielleicht als
plumpe Schmeichelei angesehen wird. Sie zeigen damit, daß Sie
den anderen wirklich wahrgenommen haben. Es gibt niemand,
der sich nicht über ein echtes Lob freuen würde, selbst diejenigen, von denen wir annehmen, daß sie ohnehin mit Kompli-
menten überschüttet werden. Wir alle sind hungrig nach Anerkennung, weil wir davon gewöhnlich viel zuwenig erhalten.

Seien Sie großzügig

Neulich las ich den Spruch »Freude ist das einzige, was sich verdoppelt, wenn man es teilt«. Das stimmt nicht ganz. Es gilt auch für Liebe, Lächeln, Hilfsbereitschaft, Mutmachen, Verständnis, Zeit und Zuwendung. Teilen Sie mit vollen Händen aus, was Sie selbst gerne hätten, noch bevor es Ihnen andere geben. Ein esoterisches Gesetz besagt, daß Sie genau das zurückerhalten. »Was Ihr wollt, daß Euch die Leute tun sollen, das tut Ihnen selbst«, sagt Jesus in der Bergpredigt. »Wie man in den Wald hineinruft, so schallt es heraus«, bestätigt das Sprichwort. Wenn Sie liebevoll sind, wird man Ihnen liebevoll begegnen, wenn Sie herzlich sind, kommt man Ihnen warmherzig entgegen, wenn Sie sich für andere interessieren, interessiert man sich für Sie. Das heißt nun nicht, daß jeder Mensch dankbar reagiert und Ihnen Ihren ideellen Einsatz garantiert zurückerstattet. Manche nehmen nur und halten für selbstverständlich, was sie bekommen. Doch das sollte Sie nicht weiter kümmern. Indem Sie großzügig mit Ihrem Wissen, Ihren positiven Empfindungen, Ihren materiellen Möglichkeiten umgehen, vermitteln Sie anderen ein Gefühl von Fülle. Die fühlen sich davon angezogen und geben in den meisten Fällen zurück, was sie von Ihnen erhalten. Großzügige Menschen können sich selten über Kontaktmangel beklagen.

Achten Sie auf Ihre Körpersprache

Stellen Sie sich vor, jemand reicht Ihnen zur Begrüßung eine schlaffe Hand, schaut an Ihnen vorbei und sagt mit kühler Stimme: »Ich freue mich, Sie kennenzulernen.« Glauben Sie ihm das? Wahrscheinlich nicht. Verhaltenspsychologen haben herausgefunden, daß unsere Körpersprache entscheidender ist als das, was wir sagen. Diese Tatsache sollten wir nutzen, um unseren Wunsch nach Kontakt zusätzlich zu unterstreichen.

Dazu benötigen Sie kein umfangreiches Wissen über Körpersprache. Die Faustregel lautet ganz einfach: Alle offenen Gesten wirken einladend, alle geschlossenen abweisend.

Offene Gesten:

- Die Hände liegen locker im Schoß oder auf den Armlehnen.
- Sie gestikulieren (maßvoll!) mit den Händen, wobei man häufig die Handflächen sieht.
- Ihre Beine sind parallel, im Sitzen wie im Stehen.
- Ihre Vorderpartie ist frei und offen. Sie pressen weder Ihre Handtasche an den Oberkörper, noch drehen Sie mit beiden Händen Ihren Kugelschreiber vor der Brust.
- Ihr Kopf ist erhoben.

Geschlossene Gesten:

- Ihre Hände sind ineinander verkrampft.
- Sie haben die Arme vor der Brust verschränkt und machen damit die sogenannte »Armbarriere«.
- Sie haben die Beine übereinandergeschlagen oder um die Stuhlbeine geschlungen.
- Ein Unterschenkel ruht auf dem Knie des anderen Beines (»Beinbarriere«).
- Sie bedecken Ihre Vorderfront, indem Sie z. B. einen Aktenordner oder eine Tasche im Arm halten.
- Sie halten den Kopf gesenkt.

Neben den Gesten sind vor allem Blick, Mimik und Stimme für einen guten Kontakt bedeutsam:

- *Schauen Sie Ihr Gegenüber voll an, während Sie sprechen.*

Falls Ihnen das schwerfällt, blicken Sie einfach auf die Stelle zwischen die Augenbrauen Ihres Gesprächspartners. Das merkt keiner, aber es kann Sie entlasten.

- *Lächeln Sie, aber nicht zu oft.*

Lächeln, besonders zu Anfang, bricht das Eis. Falls Sie jedoch dauernd lächeln, verkehrt sich die positive Wirkung ins Gegenteil. Sie erscheinen unsicher und künstlich. Dosieren Sie deshalb Ihr Lächeln.

- *Lassen Sie Ihre Stimme warm und weich klingen.*

Das läßt sich trainieren. Achten Sie darauf, in sämtlichen Worten die Vokale a, e, i, o, u rund und deutlich auszusprechen. Vokale sind stimmlich die Träger des Gefühls, im Gegensatz zu den harten Konsonanten.

Möglicherweise sprechen Sie zu laut, zu leise, undeutlich, schrill oder hastig. Weil wir selbst nicht gut einschätzen können, wie unsere Stimme klingt, holen Sie sich Feedback, indem Sie z. B. eine gute Freundin fragen. Sollte es negativ ausfallen, können Sie selbst etwas ändern, indem Sie auf die entsprechenden Mängel achten, z. B. langsamer oder deutlicher sprechen. In schwierigeren Fällen lohnt sich ein Stimmtraining bei einer Logopädin.

Schauen Sie sich ab, wie es die »Profis« machen

Die Methode hat einen Namen. »Benchmarking« nennt sich in der Wirtschaft die hohe Kunst des Abkupferns. Sie basiert darauf, daß man das Rad nicht selbst neu erfindet, sondern schaut, womit die anderen erfolgreich sind – und das nachahmt. Benchmarken Sie auf dem Gebiet »Kontakt«. Sehen Sie sich dazu in Ihrer Umgebung um: Gibt es jemanden, der viele Freunde hat, beliebt ist, schnell mit Fremden ins Gespräch kommt, bei Parties umlagert wird, leicht in Gruppen aufgenommen wird? Halten Sie sich unauffällig an seiner (ihrer) Seite, und analysieren Sie dabei genau, wie er (sie) das macht.

Manche Dinge können Sie direkt übernehmen, wie z. B. freundlich, höflich, offen und herzlich zu sein. Manches dagegen läßt sich nicht so ohne weiteres übertragen, weil Ihre Temperamente eventuell unterschiedlich sind. Mit etwas Überlegung können Sie dennoch davon profitieren.

Angenommen, Ihr Vorbild, ein extrovertierter Typ, erzählt hinreißend Geschichten, so daß sich alle vor Lachen biegen. Sie als ruhiger Mensch würden das *so* nie hinkriegen. Überlegen Sie, wie Sie auf Ihre Art unterhaltsam sein können. Vielleicht indem Sie über ein besonderes Erlebnis sprechen, das Sie kürzlich hatten, oder über etwas, das Sie begeistert. Das ist nur eine Frage der Übung.

Präzisieren Sie Ihr Ziel

Bis hierher haben Sie sich intensiv darum gekümmert, wie Sie anziehend wirken und Ihr Interesse signalisieren können. Natürlich können Sie es nach dem Gießkannenprinzip über alle ausschütten, die Ihnen im Laufe des Tages begegnen. Doch das wäre gewiß viel zu anstrengend. Deshalb empfiehlt es sich, erst einmal die Frage zu stellen: »Warum möchte ich andere Menschen kennenlernen?« Mit der pauschalen Antwort »Weil ich nicht mehr einsam sein will« ist es nicht getan. Erst wenn Sie wissen, wie Ihre Beziehungen eigentlich aussehen sollen, wissen Sie, wo Sie suchen und auf welche Weise Sie sich engagieren müssen. Damit Sie sich über Ihre Ziele genauer klarwerden, schlage ich Ihnen vor, einen Wunschzettel zu verfassen. Schreiben Sie unzensiert auf, wen Sie gerne wofür hätten.

Nina, 42, freie Journalistin, geschieden, Mutter einer zwölfjährigen Tochter, notierte:

- Einen Mann, der sehr in mich verliebt ist. Er sollte Geld haben und mich verwöhnen.
- Drei Frauen, mit denen ich ein Journalistenbüro gründen kann. Sie sollen selbstbewußt und kompetent sein.
- Jemand, der mit mir Sport macht und mich antreibt, wenn ich mal wieder zu faul bin.
- Eltern, deren Kind in die Klasse von Judith geht, damit ich mich mal austauschen kann.

- Zwei oder drei nette Paare, die mich auf Parties einladen.
- Eine richtige Busenfreundin, der ich alles erzählen kann.
- Eine amerikanische Brieffreundin, die ich im nächsten Jahr besuchen kann. Am liebsten eine aus New York oder Kalifornien.

Robby, 34, Computerfachmann, unverheiratet, wünschte sich folgende Bekanntschaften:

- Jemand, der mit mir Schach spielt, damit ich nicht immer allein vor dem Schachcomputer hocke.
- Jemand, der mit mir den Motorbootführerschein macht.
- Eine liebe, zärtliche, sportliche Frau – nicht so eine Intellektuelle wie meine letzte Freundin.
- Ein Kumpel, mit dem ich mal abends auf ein Bier weggehen kann.
- Einen guten Steuerberater.

Sobald Ihnen bewußt ist, was Sie wollen, können Sie gezielt vorgehen. Nina kann sich z. B. beim nächsten Elternabend neben eine Mutter setzen, die ihr sympathisch ist, und sie ansprechen. Sie kann sich über Fitneßcenter informieren und eine Bekannte fragen, ob sie Lust hat mitzumachen. Robby kann am Schwarzen Brett des örtlichen Wassersportvereins einen Zettel anbringen, daß er einen Mitstreiter sucht. Er kann in den Gelben Seiten nachschauen, wo ein Schachcafé in seiner Nähe ist.

Schließen Sie sich einer Interessengemeinschaft an.

Nirgendwo finden Sie auf unkomplizierte Weise so viele Menschen, die Ihnen ähnlich sind, wie in einer Interessengruppe. Wer sich für Bücher interessiert und einem Literaturclub beitritt, hat gewiß auch darüber hinaus andere Lebensgewohnheiten als einer, der leidenschaftlich Eishockey spielt.

Falls Sie bereits ein Hobby oder Interesse haben, sollten Sie sich unbedingt nach einer Gruppe umsehen, die sich damit beschäf-

tigt. Tun Sie es auch dann, wenn Sie normalerweise Vereinsmeierei hassen. In jeder Gruppe gibt es erfahrungsgemäß mindestens einen Menschen, den Sie anziehend und sympathisch finden. Vielleicht können Sie mit ihm schon bald privaten Kontakt
aufnehmen.

Als ich während meines Germanistikstudiums nach Freiburg
wechselte, kannte ich dort keinen einzigen Menschen. In meiner Freizeit zog ich mit meinem Skizzenblock durch die Gegend.
Das war zwar eine schöne, aber ziemlich einsame Tätigkeit. Also
meldete ich mich zu einem Zeichenkurs an, obwohl ich eigentlich wenig Lust dazu hatte, mit irgendwelchen Hobbymalern
Tonkrüge aus verschiedener Perspektive zu skizzieren. In diesem
Kurs war auch Anita, eine Kunststudentin. Wir wurden gute
Freundinnen und zogen schon bald zu zweit los, um unsere Skiz-
zen zu machen.

Sollten Sie noch kein Hobby haben, überlegen Sie, was Ihnen
Spaß machen könnte, und testen Sie verschiedene Angebote.
Treten Sie aber bitte niemals einer Gruppe aus dem einzigen
Grund bei, Kontakte zu knüpfen. Es wird garantiert eine Enttäuschung für Sie, wenn Sie sich zur Seidenmalerei oder zum
Squashspielen zwingen, obwohl Sie das sterbenslangweilig finden. Sie müssen schon echten Spaß an der Sache haben. So
haben Sie selbst dann einen Gewinn, wenn Ihnen dort niemand
gefällt.

Bevor Sie sich jedoch einer Gruppe anschließen, ist es sinnvoll,
sich ein wenig mit Gruppendynamik zu beschäftigen.

Eine Interessengemeinschaft, die schon länger besteht, wird Sie
nicht gleich mit offenen Armen empfangen. Im Laufe der Zeit
haben sich Strukturen und Rangordnungen gebildet, denen Sie
sich als Neuankömmling anpassen müssen. Niemand rollt Ihnen
den roten Teppich aus. Machen Sie sich darauf gefaßt, daß Sie
erst einmal unbeachtet am Rande stehen. Es empfiehlt sich, zunächst zu beobachten und zurückhaltend zu sein. Der beste Weg,
akzeptiert zu werden, ist, sich zu engagieren. Backen Sie Kuchen
für das Vereinsfest, oder zapfen Sie das Bier, übernehmen Sie ein

Ehrenamt, um das sich sonst keiner reißt, nehmen Sie regelmäßig an Besprechungen teil, seien Sie hilfsbereit. Dann werden Sie schon bald richtig dazugehören.

Tun Sie den ersten Schritt

Sie haben herausgefunden, was Sie wollen, und wissen auch, wo Sie Ihre Kontakte knüpfen können. Vermutlich befinden Sie sich inzwischen am richtigen Ort und haben bereits jemanden im Visier, den Sie näher kennenlernen möchten. Oder Sie treffen ganz spontan einen Menschen, der Ihnen gefällt. Jetzt geht es darum, ihn anzusprechen. Warten Sie nicht darauf, daß Ihr potentieller Gesprächspartner den ersten Schritt tut. Möglicherweise ist er genauso unsicher oder schüchtern wie Sie. Übernehmen Sie selbst die Verantwortung, trauen Sie sich, nach dem bewährten Motto »Hab die Angst und tu's!«. Mit welchen Worten Sie beginnen können, erfahren Sie gleich in der Anleitung zum Small talk. Doch vorher möchte ich Ihnen noch ein bißchen Theorie vermitteln, damit Sie beim Small talk auch die richtigen Themen finden.

Die Kreise der Nähe

Ist Ihnen schon mal ein fremder Mensch so nahegerückt, daß Sie seinen Atem spüren konnten? Dann wissen Sie, welches Unbehagen bis hin zur Panik das auslösen kann. Verhaltensforscher haben festgestellt, daß wir innerhalb bestimmter Distanzzonen zueinander in Kontakt treten, die dem jeweiligen Grad der Vertrautheit entsprechen. Stellen Sie sich diese Zonen wie Kreise vor, in deren gemeinsamem Mittelpunkt das Individuum steht. Von innen nach außen betrachtet sehen sie so aus:

- *Erster Kreis: Die Intimzone.*
Wer hier eintritt, kann Sie leicht berühren. Er riecht den Duft Ihrer Haut und Ihres Haares. Freiwillig gestatten wir den Zutritt nur denjenigen, mit denen uns Liebe und Intimität verbindet, z. B. Partner, Eltern, Kinder, eventuell die beste Freundin oder der beste Freund.

- *Zweiter Kreis: Der persönliche Abstand.*
Er beginnt, wo die Intimzone endet, und reicht bis zu eineinhalb Metern. Hier hinein dürfen Freunde und gute Bekannte.

- *Dritter Kreis: Der gesellschaftliche Abstand.*
Er reicht von eineinhalb bis dreieinhalb Meter. In dieser Spanne bewegen sich Menschen, die wir nur flüchtig kennen, z. B. der Maler, der unsere Wohnung tapeziert, oder jemand, der gleichzeitig mit uns Gast auf einer Party ist.

- *Vierter Kreis: Der öffentliche Abstand.*
Er beginnt bei dreieinhalb Metern. Diese Distanz wahren wir zu Respektspersonen und zu Menschen, mit denen wir nichts zu tun haben, z. B. denjenigen, die mit uns gleichzeitig die Straße benutzen.

Ähnlich wie im körperlichen gibt es auch im geistigen Bereich Distanzzonen. Hier gilt ebenfalls, daß man sich nicht zu nahe kommen darf, solange man noch nicht vertraut miteinander ist – nur bezieht es sich auf die Gesprächsthemen. Normalerweise fallen Sie ja einem Fremden auch nicht gleich um den Hals. Entsprechend sollten Sie sich auch mit Ihren Themen langsam von dem äußeren zum inneren Kreis vorarbeiten und mehrere Begegnungen abwarten, bevor Sie offenherziger werden. Das gilt selbst dann, wenn die Versuchung groß ist, viel von sich zu erzählen.

Susan, eine sechsunddreißigjährige Steuerberaterin, lernte auf einem Weiterbildungsseminar eine Kollegin kennen, die ihr sehr sympathisch war. Offenbar beruhte das auf Gegenseitigkeit, denn die Kollegin schlug vor, sich doch am Abend auf ein Glas Wein zusammenzusetzen. In der gemütlichen Stimmung, unterstützt vom Alkohol, kamen die beiden bald auf private Probleme zu sprechen. Susan erfuhr, daß der Mann ihrer Kollegin schon lange nicht mehr mit ihr schlief, weil er Potenzprobleme hatte, und daß die Kollegin sehr darunter litt. Susan hörte verständnisvoll zu. Am nächsten Morgen wunderte sie sich, daß die Kollegin sie förmlich schnitt. Sie grüßte nur knapp, setzte sich woanders hin und schmetterte Susans schüchternen Versuch, sich für den Abend wieder zu verabreden, ab. Susan konnte sich das nicht erklären. Sie wußte nicht, daß sie das typische Opfer einer zu schnellen Intimität geworden war. Ihrer Kollegin war es am nächsten Morgen peinlich, daß sie soviel von sich preisgegeben hatte, und deshalb mied sie Susan.

Damit Ihnen so etwas nicht passiert, möchte ich Ihnen Themen für jeden Kreis vorschlagen. Betrachten Sie das bitte als Anregung, keinesfalls als strikte Auflage. Natürlich dürfen Sie jedes Thema aus einem äußeren Kreis auch in einem inneren anschneiden, doch möglichst nicht umgekehrt.

Erster Kreis (Intimzone):

Sexualität, Finanzen, Schuldgefühle, Liebeserklärungen, heimliche Hoffnungen und Wünsche, persönliche Schwierigkeiten, Krankheiten, Sehnsüchte, Sorgen, religiöse oder esoterische Erfahrungen, Zukunftspläne.

Zweiter Kreis (persönlicher Abstand):

Allgemeine Sorgen, normale Probleme im Alltag, z. B. am Arbeitsplatz oder mit den Kindern, Erlebnisse, freudige Ereignisse, traurige Ereignisse, leichte Unpäßlichkeiten, Politik, Vorlieben, Abneigungen.

Dritter Kreis (gesellschaftlicher Abstand):

Reisen, Bücher, Filme, Theater, In-Lokale, Informationen aus Zeitung und Illustrierten, unterhaltsame Geschichten, Hobbys.

Vierter Kreis (öffentlicher Abstand):

Meist findet in diesem Kreis kein Gespräch statt. Wenn doch, dann beschränkt es sich auf Floskeln (»Danke, mir geht es ausgezeichnet«) oder sehr allgemeine Themen wie das Wetter.

Sie liegen im Schwimmbad auf Ihrer Decke. Direkt neben Ihnen hat ein sympathischer Mann oder eine sympathische Frau das Handtuch ausgebreitet.

Elternabend in der neuen Schule Ihres Kindes. Man sitzt an Vierertischen, knabbert Kekse und trinkt Saft. Einige kennen sich bereits, Sie kennen keinen.

Seit kurzem sind Sie Mitglied im Segelverein. Sie bewegen sich zwischen alteingesessenen Seglern, die schon Cliquen gebildet haben.

Im Urlaub am Frühstücksbuffet schauen Sie sich um. Lauter Grüppchen und Paare, keiner scheint hier solo zu sein, so wie Sie.

Das sind einige Beispiele für die vielen klassischen Momente, in denen Sie versuchen müssen, ins Gespräch zu kommen, wenn Sie nicht einsam bleiben wollen. Also: Wie fangen Sie ein Gespräch an?

Ich kann mir vorstellen, daß Sie intensiv nach einer lockeren, besonders intelligenten Bemerkung suchen, die zwar eine geschickte Verbindung herstellt, aber gleichzeitig nicht bedrängend wirkt.

Lassen Sie's gut sein! Wenn Sie nicht gerade Thomas Gottschalk sind oder eine ähnliche Begabung dafür haben, spontan witzig und eloquent zu sein, wirkt das nur verkrampft. Mehr noch: Diese Anstrengung, selbst wenn sie gelingt, schreckt eher ab, weil sie Ihr Gegenüber in den Zugzwang setzt, ebenso brillant zu kontern. Sie dürfen Ihre Meßlatte viel niedriger hängen: Untersuchungen haben ergeben, daß es zu Beginn eines Gespräches weniger darauf ankommt, was man sagt, als daß man überhaupt etwas sagt. Quälen Sie sich also nicht länger damit, etwas Besonderes hervorzubringen. Es gibt einfachere und bessere Möglichkeiten, verbal einzusteigen:

● *Greifen Sie auf, was Sie mit den anderen teilen.*

Welche Partei Ihr Gesprächspartner wählt, in welchem Lokal er am liebsten ißt oder welche Filme er gerne sieht, wissen Sie (noch) nicht. Wohl aber, wo Sie beide sich gerade befinden: in der Bücherei, beim Bäcker, bei einem Vortrag, auf der Party. Sie wissen auch, was es da zu sehen, zu fühlen, zu riechen und zu schmecken gibt. Genau das ist Ihr Einstieg. Sprechen Sie etwas an, das mit Ihrer gemeinsamen Umgebung zu tun hat. In der Bücherei kann es ein Bestseller sein: »Ich sehe gerade, Sie bringen den neuen Roman von Ken Follett zurück. Ist der wirklich so spannend?« Beim Vortrag in der Pause klingt es etwa: »Ich finde die Thesen von Herrn Meyer-Möllerhof sehr interessant. Was meinen Sie dazu?«

- *Bitten Sie um Hilfe.*

Wir lieben es, anderen zu helfen, solange uns das nicht allzu sehr beansprucht. Sie können deshalb auch geschickt Kontakt knüpfen, indem Sie um eine kleine Gefälligkeit bitten. Im Schwimmbad sagen Sie z. B.: »Ich möchte mir nur schnell ein Eis holen. Sind Sie wohl so nett und achten in der Zeit auf meine Sachen?« Im Segelverein hört sich das dann vielleicht so an: »Sie sind doch schon länger dabei. Können Sie mir sagen, wo ich preiswerte Segelkleidung bekomme?«

- *Machen Sie Ihr Gegenüber zum Thema.*

Wie gut das ankommt, haben Sie ja schon unter der Überschrift »Zeigen Sie Interesse« erfahren. Nun geht es darum, das auch verbal umzusetzen. Sie können z. B. mit einem Kompliment einsteigen: »Ich bewundere schon die ganze Zeit Ihre aparte Brosche. Wo bekommt man denn so ein schönes Schmuckstück?« Oder: »Ich habe gerade zufällig mitgehört, was Sie über Picassos Spätwerk gesagt haben. Ich finde das außerordentlich interessant.« Sie können aber auch Fragen stellen, mit denen Sie signalieren, daß Sie mehr über Ihr Gegenüber wissen möchten: »Sind Sie eine Bekannte des Bräutigams oder der Braut?«

Wie Sie im Gespräch weiterkommen

Nachdem Sie mit Small talk die Angel ausgeworfen haben und dabei herausgefunden haben, daß Ihnen Ihr Gesprächspartner oder Ihre Gesprächspartnerin sympathisch ist, möchten Sie sich wahrscheinlich nicht länger nur über allgemeine, oberflächliche Dinge unterhalten. Den nächsten Schritt tun Sie, indem Sie eine kleine Vorleistung bringen und etwas Persönliches von sich einfließen lassen.

Sie reden dann z. B. am Party-Buffet nicht pauschal darüber, welche Weißweinsorte besonders gut ist, sondern erwähnen: »Ich fahre im Frühjahr öfter in die Pfalz und hole mir da auf einem kleinen Weingut einen wunderbaren Weißwein.« Im Gegenzug kann Ihr Gegenüber etwas von sich beitragen. Etwa: »Ach, Sie fahren in die Pfalz? Da wollte ich auch schon immer mal hin, aber ich scheue die lange Autofahrt.« Auf diese Weise kommen Sie einander näher. Und wer weiß, vielleicht führt das dazu, daß Sie Ihre Adressen oder Telefonnummern austauschen.

Und so geht es weiter . . .

Sie haben beiläufig vereinbart, sich doch einmal anzurufen. Nun geht es darum, wer den Kontakt weiterführt. Schon oft habe ich den Satz gehört: »Wieso immer ich? Der (die) kann sich doch auch mal melden.« Sicherlich. Doch hier gilt ebenfalls: Geben Sie nicht die Verantwortung ab, tun Sie den ersten Schritt.

Das lohnt sich besonders, weil Funkstille nicht automatisch Ablehnung bedeutet. Menschen, die beruflich stark eingespannt sind, oder Mütter mit kleinen Kindern, bringen selten die Energie auf, sich ans Telefon zu hängen und ein neues Treffen auszumachen. Der Alltagsstreß hält sie ab. Auch diejenigen, die bereits einen großen Freundeskreis haben, sind in diesem Punkt oft träge. Ihr Bedürfnis nach neuen Bekanntschaften ist weniger ausgeprägt als bei Ihnen. Deshalb müssen sie durch Ihre Initiative angestoßen werden. Also übernehmen Sie es, »am Ball zu bleiben«. Es lohnt sich ganz gewiß. Ich könnte Ihnen aus meinem Umfeld viele Verbindungen nennen, die nur durch die Beharrlichkeit einer Seite zur intensiven Freundschaft oder zur guten beruflichen Zusammenarbeit gediehen sind. Erst wenn Ihre Einladungen oder Kontaktangebote wiederholt mit fadenscheinigen Begründungen abgelehnt werden, können Sie davon ausgehen, daß tatsächlich kein Interesse besteht.

Nur Mut

Als Ihr Coach möchte ich Sie jetzt Ihrem eigenen Training überlassen. Sie kennen inzwischen die wichtigsten Regeln und wissen, welche Grundeinstellung Ihnen einen guten Kontakt bringt, für den Moment und für lange Zeit. Nun ist es an Ihnen, das umzusetzen. Sie können es! Richten Sie Ihr Augenmerk immer auf Ihre Erfolge, und seien sie noch so klein. Lassen Sie sich von Rückschlägen nicht entmutigen. Boris Becker hat sowohl Wimbledon gewonnen als auch fürchterliche Niederlagen einstecken müssen. So ist das nun mal im Leben. Wenn Sie Ablehnung erfahren, nehmen Sie das sportlich, nicht persönlich. Es hat nichts mit Ihrem Wert als Mensch zu tun, sondern nur mit der Vorliebe der anderen. Ich wünsche Ihnen viel Glück und Spaß beim Kontaktknüpfen.

Kapitel 11

Aktionsplan gegen die Einsamkeit

Wenn Sie etwas gegen Ihre Einsamkeit unternehmen wollen, sollten Sie das täglich tun. Gelegentliche Anstrengungen nutzen wenig.

Sie nicken zustimmend? Damit habe ich gerechnet. Unser Verstand sieht sofort ein, daß wir uns regelmäßig engagieren müssen, um etwas zu verändern oder aufzubauen. Schön wär's, wenn es mit dieser Einsicht getan wäre, doch leider hat unser kluger Kopf nicht immer die Oberhand.

Die Seelenhunde des Frederick Perls

Frederick Perls, der Begründer der Gestalttherapie, war ein unkonventioneller Therapeut. Er verzichtete auf psychoanalytische Begriffe und nannte die gegensätzlichen Kräfte in uns einfach »Top-Dog« (»Oberhund«) und »Under-Dog« (»Unterhund«).

Der *Top-Dog* in uns weiß ganz genau, was für uns gut ist. Entsprechend stellt er Regeln auf und gibt Anweisung, wie wir uns verhalten sollen. Folgen wir ihm nicht, macht er uns ein schlechtes Gewissen und kritisiert uns. Der Top-Dog ist das Sprachrohr für unsere vernünftigen Erkenntnisse und guten Vorsätze.

Der *Under-Dog* verhält sich nach dem Lustprinzip und benutzt gerne Tricks, um sich durchzusetzen. So gibt er sich hilflos und jammert: »Ich schaff das einfach nicht.« Oder er erfindet plausible Ausreden: »Also, heute habe ich dazu wirklich keine Zeit.«

Manchmal ist er auch bockig: »Ich habe keine Lust mehr, mich anzustrengen.« In unserer Sprache kennen wir ihn auch als den »inneren Schweinehund«.

Mit Perls' unkomplizierter Einteilung in »Top-Dog« und »Under-Dog« läßt sich gut erklären, was in uns passiert, sobald wir intensiv gegen unsere Einsamkeit angehen wollen.

Die innere Zwiespältigkeit

»Top-Dog« und »Under-Dog« liegen oft im Clinch miteinander: Auf der einen Seite wünschen wir uns ganz ehrlich eine Veränderung (Top-Dog), auf der anderen Seite sabotieren wir sie, indem wir uns nicht so anstrengen, wie es nötig wäre (Under-Dog). Das haben Sie bestimmt selbst schon oft erlebt. Etwa wenn Sie beschlossen haben, täglich zu joggen, mehr Obst zu essen oder Italienisch zu lernen. Nach einem schwungvollen Anfang haben Sie es nur noch ab und zu geschafft oder schließlich ganz aufgegeben. Daß wir nicht durchhalten, liegt keineswegs immer nur an unserer Bequemlichkeit oder Willensschwäche. Sobald wir genauer hinschauen, entdecken wir bei unserem »Under-Dog« manchmal Motive, die durchaus überzeugend sind. Während unser »Top-Dog« uns nur die Nachteile des gegenwärtigen Verhaltens vorführt, kennt unser »Under-Dog« seinen versteckten Gewinn. Das gilt auch für unser Bemühen, uns von der Einsamkeit zu befreien. Unser »Under-Dog« wehrt sich dagegen, weil er seinen heimlichen Gewinn nicht aufgeben möchte.

Solange uns nicht bewußt ist, was unsere Einsamkeit auch an Positivem bringt, können wir nicht eindeutig und zielgerichtet handeln.

Der heimliche Gewinn der Einsamkeit

Wahrscheinlich haben Sie Ihren Blick bisher automatisch darauf gerichtet, welche Nachteile Ihnen die Einsamkeit bringt. Nun möchte ich Sie bitten, sich einmal mit den Vorteilen zu beschäftigen. Wohlgemerkt geht es hier nicht um die Vorteile des Alleinseins. Die haben wir ja bereits an anderer Stelle untersucht. Es geht um den Gewinn, den jede Art von Einsamkeit bringt, auch die in der Partnerschaft oder diejenige, die wir in der Gesellschaft zahlreicher Menschen empfinden. Diesem Gewinn können Sie auf die Spur kommen, wenn Sie ganz ehrlich mit sich sind.

Nehmen Sie sich Zeit, und überlegen Sie einmal in Ruhe, was dafür spricht, daß Sie weiter in Ihrer Einsamkeit verharren. Sie dürfen das auch gerne schriftlich tun. Mit den folgenden Vorschlägen möchte ich Sie anregen:

- Ich muß mein Inneres nicht nach außen kehren.
- Ich kann mein Image aufrechterhalten.
- Ich gerate nicht in peinliche Situationen.
- Ich werde nicht zurückgewiesen.
- Ich kann mich weiter meinen Tagträumen hingeben, ohne sie an der Realität zu überprüfen.
- Ich kann mich als Opfer fühlen.
- Ich kann bittersüß leiden.
- Ich kann in Ruhe meine seelischen Wunden pflegen.
- Ich bleibe in meiner eigenen Welt und werde nicht durch fremde Ansichten gestört.
- Ich kann weiterleben wie bisher.
- Ich muß mich nicht ändern.
- Ich gehe kein Risiko ein, bei meinen Versuchen zu versagen.
- Ich spare Zeit.
- Ich muß mich nicht meinen eigenen Mängeln stellen.
- Ich verärgere niemanden mit meinen Änderungsversuchen.

Sie sehen, es geht um weit mehr als pure Bequemlichkeit. Die

Vorteile lassen sich nicht einfach vom Tisch wischen, zumal sie eng mit Gefühlen verbunden sind, etwa mit unserer Angst. Um sie zu entkräften, müssen wir uns etwas Besseres einfallen lassen: Überzeugen wir unseren »Under-Dog« davon, daß sein Gewinn im Vergleich zu dem, was wir verlieren, wenn wir in der Einsamkeit verharren, dürftig ist.

Überzeugen Sie sich emotional

»Schmerz ist der beste Lehrmeister«, sagt ein Sprichwort. Ich will hier nicht Masochismus befürworten, aber leider ist es tatsächlich so, daß wir meist erst dann aktiv werden, wenn es uns richtig schlechtgeht. So kommen z. B. die meisten Paare in eine Paartherapie, wenn ihre Beziehung schon fast am Ende ist. Oder Patienten warten mit ihrem Besuch beim Arzt, bis die körperlichen Schmerzen unerträglich sind. So gesehen ist Schmerz heilsam, weil er uns zur Veränderung zwingt.
Damit in puncto Einsamkeit ein aktivierender Druck in uns entsteht, können wir ein bißchen nachhelfen. Anthony Robbins, ein bekannter amerikanischer Lebensberater, sagt dazu: »Das stärkste Druckmittel, das Sie selbst erzeugen können, ist der Schmerz, der nicht von außen, sondern von innen kommt. Zu wissen, daß Sie es nicht geschafft haben, den eigenen Normen für Ihr Leben gerecht zu werden, ist der größte Schmerz.«[45]
Die folgenden Phantasieübungen können Ihnen dabei helfen, gefühlsmäßig zu erleben, daß Sie unbedingt aus Ihrer Einsamkeit herausmüssen. Allerdings sollten Sie sie nur machen, wenn Sie sich dabei wohl und sicher fühlen. Falls währenddessen unangenehme Empfindungen auftauchen, brechen Sie einfach ab und beschäftigen sich mit etwas anderem.

Übung 1: Die Zeitmaschine

Setzen Sie sich bequem hin, und achten Sie darauf, daß Sie nicht gestört werden. Schließen Sie die Augen.

Stellen Sie sich nun vor, Sie sitzen in einer Zeitmaschine und fahren fünf Jahre voraus in die Zukunft. Schauen Sie sich in Ruhe um, wie Ihr Leben in fünf Jahren aussieht, wenn Sie nichts gegen Ihre Einsamkeit tun. Wo leben Sie? Wie leben Sie? Wer ist bei Ihnen? Was tun Sie? Spüren Sie, wie es Ihnen geht. Sind Sie glücklich oder deprimiert?

Wenn Sie sich in der Zukunft genug umgesehen haben, fahren Sie wieder in die Gegenwart zurück. Öffnen Sie die Augen, und reiben Sie die Handflächen fest aneinander, um wieder ganz da zu sein.

Übung 2: Die letzte Stunde

Legen Sie sich bequem auf den Rücken. Schließen Sie die Augen, atmen Sie tief und ruhig. Stellen Sie sich vor, Ihre letzte Stunde hat geschlagen und Sie schauen auf Ihr Leben zurück. Sie haben nichts unternommen, um etwas an Ihrer Einsamkeit zu ändern. Sind Sie zufrieden mit dem Leben, so wie es verlaufen ist? Gibt es etwas, das Sie bereuen? Lassen Sie sich Zeit, um Ihre Gefühle genau wahrzunehmen.

Öffnen Sie die Augen, setzen Sie sich langsam auf. Reiben Sie wie nach der ersten Übung Ihre Handflächen aneinander.

Falls Ihnen Phantasieübungen nicht liegen, können Sie statt dessen auch eine *Verlustliste* erstellen: Malen Sie sich sämtliche Nachteile aus, die es Ihnen bringt, wenn Sie nicht aus Ihrer Einsamkeit herausfinden. Was wird Ihnen an Lebensfreude, an beruflichem Erfolg und privatem Glück entgehen? Stellen Sie sich vor, was Sie in Ihrem Leben vermissen werden. Schreiben Sie alle diese Verluste auf.

Ich bin sicher, daß die Phantasieübungen oder die Verlustliste ihre emotionale Wirkung nicht verfehlen. Diese Hilfsmittel zeigen Ihnen: Was Sie im Augenblick noch irgendwie aushalten können, wird auf die Dauer unerträglich. Wie schon das Sprichwort sagt, trägt die Länge die Last. Sie fühlen, wie es sein wird, wenn Sie Ihren einsamen Zustand weitere Jahre hinnehmen oder gar am Ende Ihres Lebens erkennen müssen, daß Sie versäumt haben, rechtzeitig die Weichen zu stellen. Ich hoffe sehr, daß Sie dadurch den entscheidenden Impuls erhalten, schon jetzt konsequent etwas gegen Ihre Einsamkeit zu tun.

Ziele setzen

Während meiner Referendarzeit als Lehrerin am Gymnasium mußten wir für jede Unterrichtsstunde ein schriftliches Lernziel formulieren. Es begann immer mit dem gleichen Satz: »Die Schüler sollen erkennen, daß ...« Dieses Lernziel wurde dann in einzelne Schritte unterteilt. Wichtig war, daß wir die Ziele »operationalisierten«. Das heißt, wir mußten genau angeben, woran ein Außenstehender sehen konnte, daß die Schüler das Ziel oder Teilziel auch wirklich erreicht hatten.

So vorzugehen ist nicht nur für den Unterricht nützlich. Auch in Seminaren und Sachbüchern werden Sie immer wieder darauf stoßen. Bevor wir aktiv werden, müssen wir uns konkrete Ziele stecken, sonst treiben wir wie ein steuerloses Boot im Wind.

Nun würde ich Ihnen ja gerne Ihre Ziele formulieren. Schließlich bin ich – siehe oben – inzwischen darin Profi. Aber leider ist mir das nicht möglich, weil ich nicht weiß, unter welcher Art von Einsamkeit Sie leiden. Wenn Sie einen Partner suchen, sieht Ihre Zielsetzung etwas anders aus, als wenn Sie die Einsamkeit in der Beziehung beenden wollen. Sollten Sie sich durch den Verlust eines lieben Menschen einsam fühlen, geht es um andere Ziele, als wenn Sie sich ohne äußeren Grund isoliert fühlen.

Sie kommen deshalb nicht umhin, Ihr Ziel selbst zu benennen. Letztlich ist das auch der bessere Weg, denn niemand weiß so genau wie Sie, was Sie wollen. Ich möchte Ihnen jedoch bewährte allgemeine Regeln geben, die Sie leicht auf Ihre speziellen Wünsche anwenden können:

● *Schaffen Sie einen »Zielpool«.*

Schreiben Sie spontan und unzensiert alles auf, was Sie gerne verändern, erreichen oder tun möchten, um Ihre Einsamkeit aufzuheben. Dazu können Sie alles benutzen, was Sie bisher in diesem Buch angeregt hat.

Z.B. Leute treffen, einen Freundeskreis haben, optimistischer denken, einen Partner finden, sich trauen, allein etwas zu unternehmen, nicht mehr traurig sein, trotz Angst handeln, mit dem Partner ein offenes Gespräch führen, sich akzeptieren, Blickkontakt aufnehmen, der negativen Stimme Paroli bieten, offene Fragen stellen, eine einladende Körpersprache entwickeln, von sich selbst sprechen, ermutigende Ratgeberbücher lesen, mehr von sich offenbaren, Schwächen zugeben, eine Kontaktanzeige aufgeben usw.

● *Bringen Sie Ihre Ziele in eine Rangfolge.*

Nun erstellen Sie aus Ihrem Zielpool eine Prioritätenliste. Das für Sie persönlich wichtigste Ziel schreiben Sie an die erste Stelle, das unwichtigste steht am Schluß.

● *Konkretisieren Sie Ihre Ziele.*

Mit allgemeinen Zielen erreichen Sie nur vage Ergebnisse. Gehen Sie deshalb Ihre Rangliste durch, und präzisieren Sie jedes Ziel. Beschreiben Sie genau, was in Ihren Augen dazugehört, um dieses Ziel zu erreichen.

Beispiel: »Ich will mich akzeptieren« ist zwar ein gutes, aber zu allgemein formuliertes Ziel. Fragen Sie sich: »Wie sieht es konkret aus, wenn ich mich akzeptiere?« Mögliche Antwort: »Ich nehme Komplimente lächelnd und mit einem Dankeschön entgegen. Ich achte auf meine negative innere Stimme und setze ihr sofort etwas Positives entgegen. Ich rede gut über mich selbst. Ich höre auf, mich mit Diäten zu quälen.«

● *Machen Sie Ihre konkreten Ziele meßbar.*

Notieren Sie, wann, in welcher Situation und wie oft Sie das bestimmte Verhalten zeigen wollen. Z.B.: »Ich spreche dreimal am Tag Menschen an, die ich noch nicht so gut kenne und mache mit ihnen mindestens vier Minuten Small talk.« Oder: »Am nächsten Sonntag nach dem Frühstück sage ich meinem Mann, daß ich in unserer Beziehung unter seiner Schweigsamkeit leide.«

● *Suchen Sie sich ein Ziel aus.*

Wenn Sie alles auf einmal ändern wollen, übernehmen Sie sich und sind am Ende frustriert. Gehen Sie lieber Schritt für Schritt vor. Suchen Sie sich ein Ziel aus, mit dem Sie beginnen. Falls Sie es sich zutrauen, dürfen Sie auch zwei oder drei in Angriff nehmen. Das hängt von Ihrer Zeit und Ihrer Energie ab.

Wenn Sie bis hierher gekommen sind, müßten Sie folgendes erreicht haben:

● Sie besitzen eine Liste mit konkret formulierten Zielen.
● Zu jedem Ziel gehören genau beschriebene Verhaltensweisen.
● Sie haben festgelegt, wann, wo und wie Sie diese Verhaltensweisen zeigen wollen.
● Sie haben sich eines dieser Ziele ausgesucht, um mit ihm zu beginnen.

Stundenplan mit eingebauter Kontrolle

Nun geht es darum, Ihr(e) Ziel(e) in den Alltag zu übertragen. Normalerweise notieren wir einen Termin, den wir nicht vergessen wollen, in unserem Kalender. Genau das sollten Sie jetzt auch mit Ihren Zielen gegen die Einsamkeit tun. Falls es sich um eine Aktion handelt, die sich genau datieren läßt, sieht das dann etwa so aus: »Montag, 13 Uhr, Frau Ellermann für Freitag zum Kaffee einladen.«

Auch wenn es Ihnen nicht möglich ist, Ihr Ziel so präzise anzugeben, sollten Sie es eintragen. Angenommen, Sie möchten Small talk trainieren und haben sich vorgenommen, jeden Tag mindestens dreimal täglich mit Bekannten zu plaudern. Dann notieren Sie in Ihrem Terminkalnder: »Dreimal Small talk«. Falls Sie fürchten, jemand anders könnte das lesen, erfinden Sie dafür ein Kürzel oder ein Codewort. Keiner ahnt schließlich, was »3 ST« bedeutet.

Machen Sie hinter jede Aufgabe ein Häkchen, sobald Sie sie erledigt haben. Am Abend nehmen Sie sich Ihren Kalender vor und ziehen Bilanz:

- Was hat gut geklappt?
- Was war nicht so erfolgreich?
- Warum nicht?
- Was kann ich besser machen?
- Habe ich ein Ziel schon erreicht?
- Welches nehme ich mir jetzt vor?

Gönnen Sie sich ruhig die Zeit, Ihre Bilanz in ein Tagebuch einzutragen. Das hat den Vorteil, daß Sie auch zurückblättern und nachlesen können, was Sie alles schon erreicht haben und wie sich Ihre Gefühle wandeln.

Wenn Sie mit Ihren Bemühungen nicht zufrieden sind, dürfen Sie sich auf keinen Fall beschimpfen. Selbstkritik ist allerhöchstens in Form einer sachlichen Überlegung erlaubt: Wie kann ich das demnächst noch besser machen?

Visualisieren Sie Ihre Ziele

In Managementtrainings wird es gerne als moderne Methode verkauft. Im Grunde aber steckt hinter dem imponierenden Begriff »Visualisieren«, d. h. sich etwas bildlich vorstellen, nichts anderes als der gute alte Tagtraum, den wohl jeder von uns seit Kindertagen kennt. In diesem Fall geht es allerdings nicht darum, sich als Popstar oder Prinzessin zu sehen. Visualisieren gibt uns die Möglichkeit, risikolos vorab zu proben, wie wir unsere Einsamkeit ablegen können.

Angenommen, Sie leiden unter der Einsamkeit in der Partnerschaft und haben beschlossen, mit Ihrem Mann (Ihrer Frau) darüber zu reden. Sie möchten sicher und ruhig auftreten, haben aber Angst und sind nervös. Bevor das Gespräch tatsächlich stattfindet, bereiten Sie sich darauf vor, indem Sie die Situation visualisieren. Sie lassen sie detailliert vor Ihrem inneren Auge vorüberziehen, wie sie vermutlich in der Realität ablaufen wird. Etwa so: Sie nehmen auf der Couch Platz. Ihr Mann (Ihre Frau) sitzt im Sessel und sieht Sie etwas befremdet an. Dann fragt er (sie): »Na, was ist denn los?« Sie antworten ruhig: »Ich möchte etwas Wichtiges mit dir besprechen.« Ihre Hände liegen dabei locker auf Ihrem Schoß usw.

Sie kennen Ihren Mann (Ihre Frau) gut genug, um seine (ihre) Reaktionen vorherzusehen. Denken Sie sich das Verhalten Ihres Gegenübers nicht schön. (»Und dann nimmt er mich in den Arm und sagt überrascht: ›Liebling, es tut mir ja so leid, davon wußte ich gar nichts‹.«) Wie in der Realität ist es Ihnen in der Vorstellung nur möglich, Ihre eigene Haltung zu ändern und daran zu arbeiten. Wenn Ihnen Ihr Verhalten in der Phantasie nicht gefällt, korrigieren Sie es eben so lange, bis es für Sie stimmig ist, als ob Sie für einen Film Probeszenen drehen. Erst wenn Sie zufrieden sind, hören Sie auf zu visualisieren.

Auf diese Weise bereiten Sie die Realität optimal vor. Sie machen sozusagen einen Trockenkurs für den Ernstfall und verstärken damit die Aussichten, erfolgreich gegen Ihre Einsamkeit vorzugehen.

Visualisierungen können Sie für Ihre sämtlichen Ziele einsetzen. Sie sehen sich z. B., wie Sie einer Freundin offenbaren, daß Sie sich einsam fühlen. Sie malen sich aus, wie Sie sich zum ersten Mal mit einem Mann treffen, der auf Ihre Kontaktanzeige geantwortet hat. Sie sprechen in Ihrer Vorstellung auf einer Party einen anderen Gast an.

Sie werden sich wundern, wie genau Sie Ihre Vorstellung in die Realität umsetzen können. Ich habe schon häufig erlebt, daß mir Klienten verblüfft bestätigten, das Gespräch sei haargenau so abgelaufen, wie sie es sich vorgestellt hatten.

Verstärken Sie Ihre Energie und Ihren Willen

Jedes Auto braucht nach einiger Zeit Sprit, jedes Windrad eine frische Brise, jedes Produkt seine Werbung, wenn es weiterlaufen soll. Auch wir benötigen mehr als einen einmaligen Anstoß. Deshalb sollten wir uns nach Mitteln umsehen, mit denen wir uns selbst in Schwung halten können.

Loben Sie sich!

In John F. Kennedys Familie war der absolute Erfolg oberstes Gesetz. John F. und seine Geschwister wurden mit dem Satz erzogen: »Come in first. Second place is failure«, frei übersetzt: »Wer Zweiter ist, hat schon verloren.«

Mag sein, daß Sie besonders erfolgreich sind, indem Sie sich selbst antreiben und hart kritisieren, doch weit häufiger verlieren wir die Lust, wenn man uns fertigmacht, sobald wir nicht optimal agieren. Deshalb möchte ich Ihnen lieber eine umgekehrte Kennedy-Maxime vermitteln: Auch wenn Sie bei Ihren Bemühungen auf dem dritten oder vierten Platz landen, sind Sie ein(e) Sieger(in).

Entscheidend ist, daß Sie es versucht haben. Dafür dürfen Sie sich innerlich auf die Schulter klopfen. Sagen Sie sich: »Das habe ich klasse gemacht.« Loben Sie sich für die kleinste Anstrengung. Und wenn Sie außerdem noch Erfolg haben, dürfen Sie das feiern und sich mit einer Extrafreude belohnen.

Affirmationen wirken auch hier

Wie man Affirmationen einsetzt, habe ich Ihnen ja schon im Zusammenhang mit Selbstbewußtsein in Kapitel acht vorgestellt. Noch einmal kurz zur Erinnerung: Das Ziel muß immer positiv formuliert werden und so, als ob es schon Wirklichkeit geworden sei.

Affirmationen können Sie anwenden, um Ihre Ziele zu bekräftigen. Beispielsweise: »Jeden Tag ein Small talk« oder »Heute wage ich es, Schwäche zuzugeben« oder »Ich habe es verdient, daß mein Mann (meine Frau) mich liebevoll behandelt«.

Nutzen Sie die Kraft der Bilder

Worte bestärken uns, doch auch Bilder besitzen suggestive Kraft. Sicherlich kennen Sie den Tip, den man in Frauenzeitschriften gerne Diätwilligen gibt: »Kleben Sie sich das Bild eines schlanken Models an den Kühlschrank.« Immer, wenn wir mit unseren paar Kilos zuviel an den Kühlschrank gehen und uns den leckeren Schokoladenpudding mit Sahne herausnehmen wollen, erinnert uns das Bild an unser Ziel. Im besten Fall klappen wir dann die Schranktür energisch wieder zu und verzichten auf die Süßspeise.

Für unsere Bemühung, die Einsamkeit zu überwinden, können wir nach genau der gleichen Methode vorgehen. Wir machen uns im wahrsten Sinne des Wortes ein Bild von dem, was wir erreichen wollen.

Wir alle haben Bilder im Kopf, wie es aussieht, wenn sich unsere Wünsche erfüllen. Jugendliche hängen sich zum Beispiel das Poster eines Popstars an die Wand und hoffen, irgendwann ebenso cool oder berühmt zu werden. Wer von einem Segelboot träumt, hat vielleicht einen Bildband mit den schönsten Yachten der Welt auf dem Couchtisch liegen. Auch für abstrakte Wünsche wie Liebe oder Nähe haben wir Bilder vor Augen. Wie stellen Sie es sich optisch vor, nicht mehr einsam zu sein? Vielleicht taucht das Bild einer glücklichen Familie auf. Oder ein Paar, das Hand in Hand spazierengeht. Oder ein Mensch mit zufriedenem Gesichtsausdruck, eine ausgelassene Freundesclique.

Wie immer Ihre Bilder vom »Nicht-mehr-einsam-Sein« aussehen, es existieren bereits solche, die das gut wiedergeben. Blättern Sie doch einmal einige Illustrierten durch, und suchen Sie darin nach Abbildungen, z. B. aus der Werbung, die in etwa das wiedergeben, was Sie sich vorstellen. Sie können sich auch Kunstpostkarten kaufen oder Fotos aus Ihrem Album nehmen, die Sie in glücklicheren Zeiten zeigen. Aus diesem Material fertigen Sie eine Collage an. Kleben Sie Ihre Bilder dazu auf einen großen weißen Zeichenkarton. Hängen Sie Ihr Werk gut sichtbar auf. Es wird Ihnen immer wieder bildlich vor Augen führen, welche Belohnung Sie erwartet, wenn Sie durchhalten und täglich Ihre Ziele verfolgen.

Das Anti-Einsamkeitsteam

Bis hierher waren Sie eine Einzelkämpferin oder ein Einzelkämpfer gegen die Einsamkeit. Das kann, aber muß nicht unbedingt sein. Schließlich sind gemeinsame Bemühungen ein wirksames Mittel, um durchzuhalten. Denken Sie nur an die Tour de France oder Diätclubs. In einer Zeitschrift las ich kürzlich sogar von einem neuen Trend: Man bildet private Teams, um sich gegenseitig dabei zu unterstützen, individuelle Ziele zu erreichen. Ein Teammitglied möchte z. B. seinen Arbeitsplatz wechseln, aber traut sich nicht. Ein anderes will das Abitur nachmachen und fürchtet, nicht durchzuhalten. Man hilft sich untereinander, es tatsächlich zu schaffen.

Die Idee ist gut: Viele Augen sehen mehr als zwei. Viele Köpfe produzieren mehr kluge Gedanken als einer. Viele Menschen können auf Wunsch viele gute Ratschläge, Trost und Tips geben. Und vor allem: Sie stellen eine Kontrollinstanz dar. Vor sich selbst kann man sich ja mit Ausreden einigermaßen durchmogeln, doch vor anderen ist es einem peinlich zuzugeben, daß man wieder nicht genügend Mut oder Energie aufgebracht hat.

Davon, wie nützlich solche Teams sind, konnte ich mich kürzlich wieder einmal überzeugen. Während einer Lesung zu meinem Buch »Mich übersieht keiner mehr. Größere Ausstrahlung gewinnen« erfuhr ich, daß sich vor Ort bereits zwei Gruppen zusammengeschlossen hatten. Mit Erfolg arbeiteten die Mitglieder daran, ihren persönlichen Aspekt der Ausstrahlung zu vergrößern.

Was für die Ausstrahlung funktioniert, läßt sich auch auf die Einsamkeit übertragen. Ich möchte Sie deshalb ermutigen, ein »Anti-Einsamkeitsteam« zu gründen. Sie müssen es ja nicht unbedingt so nennen, falls Ihnen das unangenehm ist. Bezeichnen Sie es einfach als »Team zur Entfaltung der Persönlichkeit« oder »Team zur Erreichung persönlicher Ziele«. Es ist gar nicht so schwer, so eine Gruppe zu gründen und zu führen. Falls Sie Lust dazu haben, möchte ich Ihnen gerne die wichtigsten Anhaltspunkte geben:

- *Suchen Sie passende Teammitglieder.*

Entscheiden Sie als erstes, ob Sie eine reine Männer- bzw. Frauengruppe gründen wollen, oder ob Ihnen eine gemischte lieber ist.

Sprechen Sie eine Frau (einen Mann) an, die (den) Sie sympathisch finden und von der oder dem Sie vermuten, daß sie (er) Interesse hat. Diese(r) fragt dann ebenfalls jemanden aus dem eigenen Bekanntenkreis und so weiter. Mit dem Schneeballsystem vermeiden Sie, daß sich alle von vornherein zu gut kennen. Die meisten Menschen fühlen sich freier, wenn sie zunächst nicht allzu vertraut miteinander sind.

Sie können auch eine Anzeige unter Chiffre in Ihrer Stadtteilzeitung oder einem Veranstaltungsblatt aufgeben. Etwa mit folgendem Text: »Wer hat Lust, ein Team zur Erreichung persönlicher Ziele zu gründen? Männer (Frauen) von x bis y Jahren sind willkommen.« Oder noch gezielter: »Wer hat Lust, in einer Kleingruppe mit dem Buch ›Jetzt geh ich's an. Wege aus der Einsamkeit‹ zu arbeiten?«

Chiffreanzeigen haben den Vorteil, daß Sie in Ruhe vorsortieren können, wer vermutlich zu Ihnen paßt.

Insgesamt sollten es nicht mehr als sechs Teilnehmer(innen) sein, denn sonst kommen die einzelnen zu wenig zum Zuge.

● *Treffen Sie sich zur Vorbesprechung.*

Die erste Begegnung dient dazu, einander kennenzulernen und sich über die Erwartungen auszutauschen. Jede(r) sollte die Gelegenheit erhalten, etwas von sich zu erzählen, z. B. was sie (ihn) dazu bringt, an einer solchen Gruppe teilzunehmen. Wenn Sie selbst beginnen und relativ offen sind, setzen Sie Maßstäbe für die Nachfolgenden.

In dieser Sitzung wird auch die Organisation geklärt: Wann, wo und wie oft wollen Sie sich treffen? Wieviel Zeit soll die einzelne Sitzung einnehmen? Wie lange soll die Gruppe insgesamt laufen? Zu diesen Fragen sollten Sie feste Vorstellungen vorgeben. Es ist ziemlich frustrierend, wenn das halbe Treffen mit organisatorischen Überlegungen vergeht.

● *Jeder legt seine persönlichen Ziele fest.*

Nach der Vorbesprechung kann sich jede(r) überlegen, ob die Gruppe den eigenen Erwartungen entspricht. Ist das nicht der Fall, kann man zu diesem Zeitpunkt noch abspringen. Danach ist die Teilnahme verbindlich. In der nächsten Sitzung geht es darum, das individuelle Ziel festzulegen (Anleitung siehe oben). Für diese Basisarbeit sollten Sie sich genügend Zeit nehmen. Am besten schreibt man die Ziele mit Namen auf ein großes Flipchart oder ein anderes Blatt Papier.

● *Treffen Sie sich regelmäßig und verbindlich.*

Zu Beginn ist es sinnvoll, sich einmal pro Woche zu treffen. Auf diese Weise entsteht ein Zusammenhalt. Zudem gibt es am Anfang besonders viel zu besprechen. Später, wenn die Gruppe gut läuft, reicht es aus, sich alle vierzehn Tage zu sehen.

Die in der Vorbesprechung festgelegte Länge der Sitzung sollte strikt eingehalten werden. Nach meiner Erfahrung sind zwei Stunden eine gute Zeit. Ein Treffen mit offenem Ende schwächt die Arbeitsmoral. Feste Anfangs- und Schlußzeiten dagegen zwingen dazu, diszipliniert und effektiv vorzugehen. Wer mag, kann sich ja später noch privat unterhalten.

Wichtig ist, daß Sie sich verbindlich treffen. Wenn jeder nach Lust und Laune erscheint, ist kein erfolgreiches Arbeiten möglich. Vor allem aber werden Sie nicht vertraut miteinander. Absagen müssen deshalb rechtzeitig mitgeteilt und begründet werden. Gehen Sie davon aus, daß man für das, was einem wirklich wichtig ist, auch Zeit findet. Häufiges Fehlen ohne guten Grund deutet meist auf eine Unzufriedenheit hin, die man offen ansprechen sollte.

- *Legen Sie Vertraulichkeit fest.*

Da es im Team um sehr persönliche Ziele geht, ist ein Klima des Vertrauens wichtig. Alle müssen sicher sein, daß über den Arbeitskreis nichts hinausgetragen wird. Auch der Partner oder die beste Freundin dürfen nichts erfahren. Falls man es gar nicht lassen kann, sich den Allernächsten mitzuteilen, dann nur so, daß niemand identifiziert werden kann. Alle Mitglieder sollten dieser Schweigepflicht zustimmen. Wer dagegen verstößt, darf nicht mehr mitmachen.

- *Vereinbaren Sie ein Sitzungsritual.*

Gesprächsgruppen ohne Struktur arten leicht zum gemütlichen Plausch aus. Deshalb sollte jede(r) reihum die Moderation übernehmen und darauf achten, daß keiner den roten Faden verliert und alle gleichermaßen zu Wort kommen.

Zu Beginn des Treffens empfiehlt es sich, eine Check-Runde zu machen, in der jede(r) kurz von Erfahrungen, Erfolgen oder Problemen in der vergangenen Woche berichtet.

Danach wird gesammelt, wer bei diesem Treffen etwas bearbeiten möchte. Das sind selten alle auf einmal. Entsprechend wird die zur Verfügung stehende Zeit aufgeteilt. Läßt ein Problem von vornherein erwarten, daß dafür mehr Zeit nötig sein wird, können sich die Teilnehmer untereinander einigen. Diejenigen mit weniger dringlichen Themen treten meist freiwillig zurück und sind zum Ausgleich beim nächsten Mal die ersten. Die Moderatorin oder der Moderator achtet jeweils darauf, daß die Zeit nicht überzogen wird.

Nach jeder Einzelarbeit können die Mitglieder Feedback geben oder erzählen, welche Erfahrungen sie in einer ähnlichen Situation gemacht haben.

Die gesamte Sitzung wird mit einer »Blitzlicht«-Runde abgeschlossen. Ein »Blitzlicht« ist ist eine Art Momentaufnahme, die erhellt, wie man sich gerade fühlt und was man aus der Sitzung mitnimmt. Dieses aktuelle Statement darf pro Person nicht länger als ein paar Sätze sein.

Noch einige grundsätzliche Regeln für das Team

Kommunikationsregeln helfen, daß sich alle wohl fühlen und effektives Arbeiten möglich ist. Hier sind die wichtigsten, die für sämtliche Teilnehmer(innen) gelten. Am besten werden sie als Stichwort aufgeschrieben und anfänglich zu jeder Sitzung aufgehängt, damit man sich jederzeit darauf berufen kann:

● *Keine ungebetenen Ratschläge.*

Sagen Sie statt dessen, was Ihnen in einer ähnlichen Situation geholfen hat. Ihr Gegenüber kann dann selbst entscheiden, ob sich das übertragen läßt.

● *Keine Kritik und Abwertung.*

Kritik fordert Verteidigung heraus oder wirkt verletzend. Von daher ist sie ebenso sinnlos wie überflüssig. Konstruktiver ist ein Feedback, z. B. »Ich nehme wahr, daß du dich immer aufregst, wenn du über deinen Chef redest«.

● *Keine Interpretation.*

Hobbypsychologen können jede Selbsterkenntnis zerstören. Fragen wie: »Könnte es sein, daß deine Mutter dich damals nicht genügend geliebt hat?« oder »Im Grunde willst du doch gar nicht mit deinem Freund zusammensein« führen oft auf die falsche Fährte.

- *Keine Theorien.*

Allgemeine Diskussionen lenken von den eigenen Erfahrungen ab. In einer normalen Teamsitzung sind Theorien deshalb tabu. Die Gruppe kann jedoch gerne eine besondere Theoriesitzung planen, in der dann z. B. auf der Basis von fachlicher Literatur Hintergründe besprochen werden.

- *Emotionen sind erwünscht.*

Die Mitglieder sollten ermutigt werden, ihre Gefühle zu zeigen. Wenn jemand zornig, ängstlich oder traurig ist, geben die übrigen Beteiligten dem Raum und versuchen nicht gleich zu beschwichtigen oder zu trösten. Heilsamer ist es, gut zuzuhören und dem Betroffenen das Gefühl zu vermitteln: »Ich verstehe dich und bin an deiner Seite.«

- *Banales Geschichtenerzählen vermeiden.*

Natürlich müssen wir uns warm reden und kommen nicht immer gleich zum Kern der Sache. Manchmal sind auch Nebensächlichkeiten wichtig. Das ist völlig in Ordnung. Wer jedoch episch breit Storys erzählt, die nicht direkt zum Thema gehören, hindert sich und die anderen daran weiterzukommen. Meist wird die Gruppe dann auch unruhig. Wer die Moderation macht, darf hier energisch »Stop« sagen.

- *Jede(r) spricht von sich.*

Wir sagen oft »man« und meinen in Wirklichkeit »ich«. Wichtig ist, daß wir für unsere Gefühle und Gedanken die Verantwortung übernehmen und in der Ichform sprechen. Wir müssen auch nicht für andere das Wort ergreifen, nach dem Motto: »Ich glaube, sie (er) meint ...«

- *Störungen haben Vorrang.*

Wenn sich jemand in der Sitzung unwohl fühlt, ein Streit entstanden ist oder heimlicher Ärger grummelt, muß das sofort auf den Tisch. Sonst kann es geschehen, daß einige Mitglieder oder sogar die ganze Gruppe nicht mehr handlungsfähig sind. Am besten melden sich die Betroffenen selbst. Ansonsten sprechen aufmerksame Beobachter das an. Die übrigen Themen werden dann erst einmal zurückgestellt.

Mit diesen Regeln haben Sie schon ein gutes Handwerkszeug, um ein erfolgreiches Team zu organisieren. Nur Mut, niemand verlangt, daß Sie plötzlich psychotherapeutische Fachkenntnisse entwickeln oder die Gruppe perfekt leiten. Sie und Ihr Team werden einen eigenen Weg und die bestmögliche Form finden.

Suchen Sie sich Ihre individuelle Unterstützung

Ob nun im Alleingang oder mit Hilfe einer Gruppe – ich hoffe, Sie finden aus den angebotenen Möglichkeiten genau das heraus, was zu Ihnen paßt. Seien Sie dabei nicht zu bescheiden, und verwenden Sie alles, was Sie anspricht. In diesem Fall gilt: Viel hilft viel. Je mehr Sie sich selbst bestärken oder unterstützen lassen, desto größer sind Ihre Chancen, Ihr Ziel zu erreichen.

Hilfsmittel sind kein Zeichen dafür, daß wir willensschwach sind, sondern dafür, daß wir unsere Energien gut einteilen. Das weiß man schon seit Jahrhunderten. Sie finden einen Hinweis darauf z. B. im biblischen Gleichnis von den zehn klugen und törichten Jungfrauen. Die machten sich auf den Weg zu einer großen Hochzeit. Fünf von ihnen nahmen zwar Lampen mit, aber kein Öl. Die übrigen fünf hatten sich vorausschauend außer den Lampen auch noch Öl in Krügen mitgenommen. Als nun der Bräutigam lange nicht kam, wurden alle müde und schliefen ein. Plötzlich, mitten in der Nacht, hörten sie rufen: »Der Bräutigam kommt, geht ihm entgegen.« Da standen alle auf und machten ihre Lampen zurecht. Die Dummen sagten zu den Klugen: »Gebt uns von eurem Öl, unsere Lampen erlöschen.« Die Klugen erwiderten: »Tut uns leid, aber dann reicht es weder für euch, noch für uns. Geht zum Kaufmann und holt euch selbst welches.«

Während die törichten Jungfrauen noch auf dem Weg dorthin waren, kam der Bräutigam. Die Klugen nahm er mit zur Hochzeit, die anderen kamen so spät, daß sie keinen Einlaß mehr fanden.

Ich finde, in dieser alten Geschichte steckt viel Weisheit. Sie dürfen mir glauben, daß auch diejenigen, die sich schon jahrelang mit persönlicher Veränderung beschäftigen, immer wieder ihre »Kraftspritze« brauchen. Ich reserviere dafür jeden Morgen eine halbe Stunde Zeit, in der ich in ermutigenden Büchern lese, meine Gedanken dazu aufschreibe oder meditiere. Wenn ich damit auch nur vierzehn Tage aussetze, weil ich meine, ich hätte keine Zeit und müßte sofort an die Arbeit gehen, merke ich sehr schnell, wie ich hektisch oder lustlos werde. Verstärkung richtet uns wie eine Kompaßnadel auf unser Ziel aus.

Ich hoffe, Ihr Ziel heißt jetzt: Ich überwinde meine Einsamkeit.

Es liegt in Ihrer Hand

Sie sind nun am Ende des Buches angelangt. Wenn Sie es von vorne bis hinten gelesen haben, dann haben Sie jetzt gewiß den Kopf voller Informationen, Ratschläge, Übungen und Hinweise, was Sie tun können, um aus der Einsamkeit zu gelangen.

Während ich dieses Buch schrieb, habe ich mich oft gefragt, ob ich Ihnen nicht zuviel zumute. Geht es nicht auch etwas einfacher? Müssen wir uns wirklich so anstrengen, um die innere oder äußere Isolation zu überwinden? Es ist verführerisch, es sich ein bißchen leichter zu machen. Schließlich gibt es dazu genügend andere Angebote. Ich kenne zahlreiche Lebenshilfebücher und Seminare, die in Hochstimmung versetzen und inspirierend wirken. Sie vermitteln, daß alles möglich ist, wenn wir nur entsprechend positiv denken und einfach tun, was wir schon immer tun wollten. Klingt gut. Aber dann legen wir das Buch mit der schnellen Lebenshilfe beiseite oder verlassen das Seminar und sind wieder auf uns selbst angewiesen. Ich muß gestehen, daß ich mich als Leserin oder Seminarteilnehmerin danach oft wie ein Frosch gefühlt habe, dem man kurzfristig eingeredet hat, er sei ein Adler. Der Absturz aus der Höhe war vorprogrammiert. Was einem nämlich keiner der Instant-Heilsbringer vermittelt, ist, wieviel Mühe und psychologisches Know-how es kostet, sich zu verändern.

Ich möchte Ihnen in diesem Punkt die Wahrheit sagen: Die schnelle Lösung gibt es nicht. In fünfundzwanzig Jahren Psychotherapie und Beratung habe ich keine Wunderheilungen, wohl aber wunderbare Veränderungen erlebt. Sie traten immer dann ein, wenn ein Mensch beharrlich mit ganzer Kraft an sich arbeitete und sämtliche angebotenen Möglichkeiten nutzte.

Quellen der Kraft

Wenn Sie sich entschließen, den Weg aus der Einsamkeit zu gehen, auch wenn er nicht immer leicht ist, dann werden Sie spüren, daß Sie Hilfe aus Ihrem Inneren erhalten. Vor allem zwei Kraftquellen gibt es, die Sie in sich aktivieren können: Geduld und Vertrauen.

Haben Sie Geduld

Es erfordert wirklich Geduld, sich zu verändern. Überlegen Sie doch einmal, wie lange es gedauert hat, bis sich bestimmte Verhaltensweisen verfestigt haben. Manchmal Jahre, vielleicht sogar so lange, wie Sie auf der Welt sind. Das läßt sich nicht per Knopfdruck auflösen.

Susan Jeffers, die zahlreiche Workshops zum Thema »Angst« gehalten hat, sagt: »Schnell gibt es nicht. Es gibt wunderbare Seminare, Workshops, Bücher und Kassetten, die uns Hilfsmittel an die Hand geben, doch die Hilfsmittel funktionieren nicht schnell. Man muß sie ein Leben lang benutzen, um sie zu beherrschen.«[46] Und Anthony Robbins, der in seinen Seminaren schon vielen Menschen Mut zur Veränderung gemacht hat, spricht von »konstanter und lebenslanger Verbesserung«. Keine Angst, das bedeutet nicht, daß Sie bis zum Greisenalter warten müssen, bevor Sie Ihre Einsamkeit überwunden haben. Es zeigt nur, daß die Arbeit an sich selbst nicht ruckzuck geht, sondern ein Prozeß ist. Die langfristige Perspektive, die Jeffers und Robbins beschreiben, macht Sie vielleicht ein wenig geduldiger mit sich selbst. Sie brauchen sich nicht zu hetzen. Im Gegenteil, auf die Weise würde Ihre Energie schnell erlahmen. Gehen Sie lieber nach der »Bergsteigermethode« vor: Gleichmäßig Schritt für Schritt zum Gipfel. Sagen Sie sich: »Ich habe alle Zeit der Welt.«

Rückschläge sind normal

Sie müssen auch nicht verzweifeln, wenn Sie Rückschläge erleiden. Wir sind schließlich keine Roboter, die man auf Erfolg programmieren kann. Gehen Sie davon aus, daß Sie sich bestimmt immer mal wieder einsam fühlen werden oder es nicht schaffen, sich anderen Menschen zu öffnen. Das ist menschlich und geht jedem so.

Vor zwei Jahren hatte ich viel gearbeitet und war ziemlich gestreßt. Als mich eine Bekannte einlud, mit ihr und zwei ihrer Freundinnen vierzehn Tage in einem kleinen Dorf in Griechenland Urlaub zu machen, sagte ich spontan zu. Was ich nicht ahnte: Die drei hatten völlig andere Interessen als ich. Zwar kann ich mich gut allein beschäftigen, doch zwei Wochen können ziemlich lang sein. Dreimal dürfen Sie raten, wie ich mich fühlte: furchtbar einsam. Ich war gezwungen, meine psychologischen Kenntnisse für mich selbst einzusetzen und mit den anderen offen zu sprechen. Das fiel mir ebenso schwer, wie es Ihnen vermutlich schwerfällt, wenn Sie sich trauen, Kontakte zu knüpfen.

Wie das Sprichwort sagt: »Hinfallen kann jeder mal. Hauptsache, man steht wieder auf.« Klopfen Sie sich den Staub von den Knien, und gehen Sie weiter auf Ihrem Weg aus der Einsamkeit.

Vertrauen ist gut

Die zweite Kraftquelle, die Ihnen hilft durchzuhalten, heißt Vertrauen. Vor ein paar Tagen las ich in der Zeitung von einer interessanten Untersuchung. Mediziner hatten festgestellt, daß Menschen, die auf eine höhere Macht vertrauen, gesünder sind als solche, die sich als Spielball des Schicksals betrachten. Ihre Blutdruckwerte sind besser, und ihr Immunsystem ist stabiler.

Neu ist es nicht, daß Vertrauen auch bei seelischen Problemen heilsam ist. Keine Sorge, ich will Sie nicht dazu überreden, wieder brav in die Kirche zu gehen, damit Sie Ihre Einsamkeit besser bewältigen können. Ich möchte Sie aber gerne dazu bewegen, Vertrauen in das Leben zu haben, auch wenn es zur Zeit vielleicht dunkel aussieht. Carl Rogers, der Begründer der Gesprächstherapie, glaubte fest an eine »Kraft des Guten«. Er sah sie als Impuls, der uns innerlich wachsen läßt, und spürte sie als lenkende Energie. Damit Sie ein Gefühl dafür bekommen, was Vertrauen bedeutet, möchte ich Ihnen eine – Ehrenwort, es ist die letzte! – Übung vorschlagen.

Übung: Mutter Erde trägt mich

Breiten Sie eine Decke über den Fußboden, oder legen Sie sich auf den Teppich. Strecken Sie sich auf dem Rücken aus. Die Arme liegen seitlich längs des Körpers, die Beine sind ausgestreckt. Atmen Sie ruhig ein und aus. Spüren Sie nun bewußt, wo Sie auf dem Boden aufliegen: auf Ihrem Hinterkopf, Ihrem Rücken, Ihrem Po, Ihren Beinen. Machen Sie sich ganz schwer, indem Sie alle Muskeln lockerlassen. Fühlen Sie nun, wie die Erde Sie trägt. Genießen Sie das Gefühl, solange es Ihnen angenehm ist.

Dieses Gefühl läßt sich auf die geistige Ebene übertragen. Vertrauen Sie darauf, daß Sie nicht nur per Zufall einsam sind, sondern daß Ihre momentane Einsamkeit einen Sinn hat. Sie bringt Sie dazu, sich zu verändern. Susan Jeffers drückt es so aus: »Jedesmal wenn wir großen Schwierigkeiten begegnen, wissen wir, da ist etwas, das wir noch nicht gelernt haben, und das Universum gibt uns jetzt Gelegenheit, es zu lernen. Wenn wir das im Hinterkopf behalten, während wir die Erfahrungen durchmachen, verliert die Situation Ihren ›Opfer‹charakter.«[47] So kann man es eben auch sehen. Vertrauen in das Leben oder, wenn Sie möchten, in eine höhere Macht, gibt Ihnen das Gefühl: Alles kommt schon richtig, auch wenn ich mich jetzt noch durchschlagen muß.

Je älter ich werde, desto mehr kann ich das aus meinem Leben und aus dem anderer bestätigen. Vieles sieht man ja erst im nachhinein mit größerem Abstand und nicht, wenn man gerade mitten darin steckt. Pflegen Sie Ihr Vertrauen. In der Rückschau werden Sie sehen, wie berechtigt es war.

Ich lege es in Ihre Hand

Stellen Sie sich vor, Ihr Kind, das Sie lieben, ist erwachsen geworden und verläßt nun das Haus, um auf eigenen Füßen zu stehen. Sie möchten ihm noch so viel mitgeben, damit es ausschließlich gute Erfahrungen macht. Sie möchten es vor Fallen und Tücken warnen, damit es keine Schmerzen erleidet. Am liebsten würden Sie überbehütend an seiner Seite bleiben, damit nur ja alles gutgeht.

So ähnlich fühle ich mich jetzt auch. Vielleicht sollte ich Sie doch noch auf dieses oder jenes Ratgeberbuch hinweisen? Oder eine zusätzliche Information einfügen, die auch wichtig sein könnte? Nein, ich setze jetzt einen Schlußpunkt. Es gäbe noch viel zu sagen, aber ich bin sicher, daß ich Ihnen die Essenz vieler Jahre, in denen ich mich mit Einsamkeit beschäftigt habe, weitergegeben habe. Ich hoffe, daß Sie zwischen den Fakten, dem Handwerkszeug, auch gespürt haben, daß ich Sie ermutigen und motivieren möchte. Alles steht Ihnen jederzeit wieder zur Verfügung, sobald Sie in dieses Buch schauen. Andere Bücher, Seminare, Gespräche werden es sinnvoll ergänzen.

So gebe ich es jetzt in Ihre Hand und wende das gleiche Vertrauen an, das ich Ihnen empfohlen habe. Ich glaube daran, daß Sie es schaffen, Ihre Einsamkeit zu überwinden. Sie besitzen in sich alles, was dazu nötig ist: Liebe, Mut und Konsequenz.

Anmerkungen

1 Allegra 8/97

2 Stern 48/96

3 Bernard Lievegoed: Lebenskrisen, Lebenschancen. Die Entwicklung des Menschen zwischen Kindheit und Alter. Kösel Verlag, München 1979, S. 51

4 Das Ich im Lebenslauf. Hrsg. Redaktion Psychologie Heute. Beltz Verlag, Weinheim, Basel 1989. Darin der Aufsatz von Henry Ebel: »Geburt: Die universelle Metapher«, S. 9/10

5 Heinz Kohut: Die Heilung des Selbst. Suhrkamp Verlag, Frankfurt 1979, S. 37

6 Susan Forward: Vergiftete Kindheit. Elterliche Macht und ihre Folgen. Goldmann Verlag, München 1990, S. 101

7 Ebd., S. 102

8 Clemens Freud: Grimpel. Verlag Friedrich Oetinger, Hamburg 1973, S. 29

9 John Bradshaw: Das Kind in uns. Wie finde ich zu mir selbst. Knaur Verlag, München 1994, S. 16

10 Ebd., S. 16 f.

11 Ebd., S. 9

12 Polly Young-Eisendraht: Die starke Persönlichkeit. Quellen der Lebenskraft. Deutscher Taschenbuch Verlag, München 1998, S. 67 f.

13 Junfermann Verlag, Paderborn 1992, S. 10

14 Das Ich im Lebenslauf. Hrsg. Redaktion Psychologie Heute. Beltz Verlag, Weinheim, Basel 1989, S. 141

15 Aufsatz von Louise Kaplan: »Der mühsame Abschied von der Kindheit«, S. 61, in: Das Ich im Lebenslauf, a. a. O.

16 Brigitte 20/96, S. 108–122

17 Kindler Verlag, München 1976

18 Ebd., S. 253

19 Ebd., S. 262

20 Ebd., S. 263

21 Verlag Hans Huber, Bern 1997, S. 39

22 Ebd., S. 43

23 Betty Friedan: Mythos Alter. Rowohlt Verlag, Reinbek bei Hamburg 1995, S. 86

24 Margot Benary-Isbert: Das Abenteuer des Alterns. Josef Knecht Verlag, Frankfurt a. M. 1978, S. 41

25 Ebd., S. 141

26 In: Hrsg. Karl Otto Conrady: Das große deutsche Gedichtbuch. Artemis und Winkler Verlag, München 1991, S. 527 f.
Der Abdruck des Gedichtes »Stufen« von Hermann Hesse erfolgte mit freundlicher Genehmigung des Suhrkamp Verlages. © Suhrkamp Verlag, Frankfurt am Main 1970

27 Susan Jeffers: Opening our hearts to men. Judy Piatkus Publishers, London 1997, S. 125

28 Cosmopolitan 7/98

29 Susan Page, ebd., S. 87

30 Deborah Tannen: Du kannst mich einfach nicht verstehen. Warum Männer und Frauen aneinander vorbeireden. Goldmann Verlag, München 1993

31 Aaron T. Beck: Liebe ist nie genug. Mißverständnisse überwinden, Konflikte lösen, Beziehungsprobleme entschärfen. Verlag Kiepenheuer & Witsch, Köln 1992, S. 17

32 Dan Kiley: Die Einsamkeit zu zweit. Ernst Kabel Verlag, Hamburg 1991, S. 18 f.

33 Ebd., S. 16 f.

34 Sandra Caplan/Gordon Lang: Trauer. Wie Sie nach einem schweren Verlust wieder neuen Mut schöpfen können. MVG Verlag, Landsberg am Lech, 1996, S. 20

35 Doris Wolf: Wenn der Partner geht. Wege zur Bewältigung von Trennung und Scheidung. PAL Verlag, Mannheim 1985, S. 32

36 Marlene Lohner: Plötzlich allein. Frauen nach dem Tod des Partners. Fischer Taschenbuch Verlag, Frankfurt a. M. 1997, ebd., S. 73

37 Ebd., S. 13

38 David Feinstein/Peg Elliott Mayo: Zeit des Lebens, Zeit des Sterbens. Rituale für den Umgang mit der eigenen Sterblichkeit. Kösel Verlag, München 1996, S. 14

39 Sheldon B. Kopp: Kopfunterhängend sehe ich alles anders. Psychotherapie und die Kräfte des Dunkels. Diederichs Verlag, Düsseldorf, Köln 1982, S. 7

40 Susan Jeffers: Dare to connect. Judy Piatkus Publishers, London 1992, S. 32, Übersetzung von Eva Wlodarek

41 Shane Murphy: Die Kunst, erfolgreich zu sein. Deutscher Taschenbuch Verlag, München 1998, S. 129 f.

42 Ebd., S. 215

43 So lautet der Originaltitel ihres Buches »Selbstvertrauen gewinnen«, Kösel Verlag, München 1992: »Feel the Fear and Do It Anyway«

44 Dean Hamer/Peter Copeland: »Die Suche nach dem Kern des Ich«, in: Psychologie Heute, 8/1998, S. 21 ff.

45 Anthony Robbins: Das Robbins Power Prinzip. Heyne Verlag, München 1997, S. 133

46 Jeffers: Selbstvertrauen gewinnen, ebd., S. 190.

47 Jeffers: Selbstvertrauen gewinnen, ebd., S. 191 f.

Gewinnen Sie im Spiel des Lebens!

Eva Wlodarek

Spielregeln des Lebens
für mehr Glück und Erfolg

224 Seiten. Geb.

Sie wissen genau, was Sie wollen: reich und glücklich sein, eine harmonische Beziehung haben, Karriere machen, Freunde gewinnen, etwas Sinnvolles schaffen, ein interessantes Leben führen. Doch wie sich das erreichen lässt, ist Ihnen weniger klar. Alle Anstrengung nutzt wenig, wenn Sie nicht gleichzeitig die grundlegenden Spielregeln des Lebens anwenden.

Eva Wlodarek zeigt, welche Gesetze wir unbedingt beachten müssen, um Glück und Liebe zu finden und Erfolg zu haben. Zum Beispiel, dass uns nur ein schrittweises Vorgehen auf die Dauer weiterbringt und wir immer einen Preis zahlen müssen. So werden Sie weiter kommen, als Sie es sich je erträumt haben.

Krüger Verlag